Die Rechtsgrundsätze

des

Königl. Preußischen

Ober-Verwaltungsgerichts.

Nach den gedruckten Entscheidungen zusammengestellt und mit Rücksicht auf die fortschreitende und auf die neuen Provinzen ausgedehnte Verwaltungsgesetzgebung erläutert

von

K. Parey,
Königl. Verwaltungsgerichts-Direktor a. D.

2te vermehrte und verbesserte Auflage.

Ergänzungsband 1893

enthaltend die Rechtsgrundsätze aus Band XXIII und XXIV sowie aus Band I der Entscheidungen in Steuersachen.

Berlin 1894.
J. J. Heines Verlag.

Vorwort.

Dieser neue Ergänzungsband umfaßt außer den im laufenden Jahre publicirten Bänden XXIII u. XXIV der Entscheidungen des Ober-Verwaltungs-Gerichts auch den ersten Band der „Entscheidungen in Steuersachen".

Der Verfasser hofft, daß der vorliegende Band gerade um dieser Bereicherung willen den Abnehmern besonders willkommen sein und dem Unternehmen zahlreiche neue Freunde zuführen werde.

Berlin, im November 1893.

Der Verfasser.

Inhalt.

Erste Abteilung.

Angelegenheiten der Kommunal- und staatlichen Verwaltungsbezirke.

Zweite Abteilung.

Kultus, Schule und Personenstand.

Dritte Abteilung.

Polizeiliche Angelegenheiten.

Vierte Abteilung.

Der Verwaltungsprozeß.

Fünfte Abteilung.

Entscheidungen in Staats-Steuersachen.

Erste Abteilung.

Angelegenheiten der Kommunal- und staatlichen Verwaltungsbezirke.

I.

Provinzialverbände.

D. Provinzialabgaben.

(Einzuschalten auf Seite 14 der II. Auflage des Hauptwerks.)

Nr. 5.

Endurteil des II. Senats vom 16. August 1892 (Entsch. Bd. XXIV. S. 3).

Nach § 106 der Provinzialordnung vom $\frac{\text{29. Juni 1875}}{\text{22. März 1881}}$ erfolgt die Verteilung der Provinzialabgaben auf die einzelnen Land- und Stadtkreise nach dem Maßstabe der in ihnen aufkommenden direkten Staatssteuern mit Ausschluß der Gewerbesteuer vom Hausiergewerbe. Diese Vorschrift wird durch § 107 a. a. O. nach zwei Richtungen hin modifiziert, indem einerseits nach dessen ersten Satze die behufs Aufbringung der Kreis-, bezw. der städtischen Kommunalabgaben in den einzelnen Land- und Stadtkreisen gemäß den betreffenden Bestimmungen der Kreisordnung und der Städteordnung besonders veranlagten Steuerbeiträge auf Höhe der entsprechenden Staatssteuern mit in Anrechnung gebracht werden sollen, und andererseits nach dessen zweiten Satze die von einer Belastung mit Kreis- und Gemeindeabgaben befreiten Steuerbeiträge — oder besser Steuerobjekte — insoweit außer Ansatz zu lassen sind, als dieselben durch die §§ 17 und 18 Kr. Ord., sowie durch den § 4, Abs. 7 ff. Städte-Ord. der Kreis- und der Gemeindebesteuerung entzogen sind.

Nr. 6.

Endurteil des II. Senats vom 22. April 1893 (Entsch. Bd. XXIV. S. 15).

1. Die vom Oberpräsidenten nach § 114 der Provinzialordnung zu übende Aufsicht über die Verwaltung der Angelegenheiten der Provinzialverbände ist nur nach Maßgabe derselben zu führen, sie ist lediglich eine kommunale, weil es sich um Provinzialangelegenheiten handelt. Durch dieselben werden daher sonstige Aufsichtsbefugnisse, welche den Behörden generell Jedem gegenüber verliehen worden sind, nicht beseitigt oder modifiziert.

2) Das Provinzialschulkollegium hat als Nachfolger der Bezirksregierungen zufolge des Allerh. Erlasses vom 27. Juli 1885 (G. S. S. 350) die Aufsicht über die provinziellen Taubstummenanstalten auf Grund des § 18 der Regierungsinstruktion vom 23. Oktober 1817 zu führen.

3) Die Verhältnisse der an solchen Anstalten angestellten Lehrer sind durch den VI. Abschnitt im zweiten Titel der Provinzialordnung erschöpfend geregelt. Danach sind dieselben gemäß § 60 a. a. O. von dem Provinzialausschuß ohne Vorbehalt einer staatlichen Bestätigung zu wählen. Ein dem gegenüber stehendes Verlangen des Oberpräsidenten auf staatliche Genehmigung ist daher ungesetzlich.

Nr. 6.

Endurteil des II. Senats vom 22. April 1893 (Entsch. Bd. XXIV. S. 20).

Die dem Oberpräsidenten zustehende Beanstandung eines Provinzialausschuß-Beschlusses hat nur den Zweck, einen Beschluß, welcher im öffentlichen Interesse nicht zu dulden ist, unschädlich und wirkungslos zu machen. Eine solche Beanstandung ist aber bei Beschlüssen und Reglements, welche der höheren Genehmigung bedürfen, wirkungslos; dagegen statthaft, wenn die Genehmigung ausgesprochen und auf diese Weise der Beschluß zur Ausführung reif geworden ist.

II.

Kreise.

A. Wahlangelegenheiten.

(Einzuschalten auf Seite 2 des Ergänzungsbandes 1892.)

Nr. 40.

Endurteil des II. Senats vom 7. Februar 1893 (Entsch. Bd. XXIV. S. 25.)

1) Zu den Mitgliedern einer Wahlversammlung, denen der § 113 Kr.-Ord. die Befugnis des Einspruchs gegen das zum Zwecke der Wahl der Kreistagabgeordneten stattgehabte Wahlverfahren gewährt, gehört ein jeder, der sich an der Wahlversammlung, sei es in Person, sei es durch einen Stellvertreter, beteiligt hat; diese Mitgliedschaft, welche solchergestalt seitens der erschienenen oder vorschriftsmäßig vertretenen Persönlichkeiten erworben worden ist, kann nicht etwa dadurch verloren gehen, daß einem Beteiligten das Mitstimmen seitens des Wahlvorstandes demnächst versagt wird. Zur Wahlversammlung gehören aber nicht die „Berechtigten", welche an der Wahl hätten Teil nehmen dürfen, es aber nicht gethan haben.

2) Gehört eine Stadt vermöge ihres Grundbesitzes zu dem Wahlverbande der größeren Grundbesitzer eines auswärtigen Kreises, so kann sie sich an der Wahl selbst nur durch einen nach § 97 der Kr.-Ord. qualifizierten Vertreter beteiligen. Als ein solcher kann der Bürgermeister, welchem die auswärtige erforderliche Kreisangehörigkeit fehlt, nicht angesehen werden.

Nr. 41.

Endurteil des II. Senats vom 6. Januar 1893 (Entsch. Bd. XXIV. S. 31).

1) Das dem Landrat zustehende Recht der „Beanstandung“ der Beschlüsse des Kreistages bezieht sich nicht auf die vom Kreistage vorzunehmenden Wahlen. In dieser Beziehung ist allein das Wahlreglement entscheidend. — Der Wahlact im Ganzen darf deshalb nicht als ein Beschluß des Kreistages gelten. Ebensowenig fallen die Entscheidungen des Wahlvorstandes, der nur aus 3 oder 5 Mitgliedern besteht, darunter. Mit der vom Wahlvorstande abgegebenen Erklärung des Stimmzettelergebnisses schließt der Act. Bis hier liegt aber kein Beschluß des Kreistags vor und damit fehlt ein dem Gesetz entsprechendes Object der Beanstandung.

Ein Beschluß des Kreistages würde nur derartig hier herbeigeführt werden können, daß ein Mitglied des Kreistages und zwar in der kurz bemessenen Frist bis zum Schluß des Kreistags Einspruch bei dem Vorsitzenden erhebt. In einem solchen Falle hat der Kreistag endgültig über den Einspruch Beschluß zu fassen, der event. einer Beanstandung unterliegen könnte.

2) Eine offizielle Prüfung der Legitimation eines vom Kreistage zum Kreisausschußmitgliede Gewählten ist gesetzlich nicht vorgesehen und weder dem Kreistage noch dem Kreisausschuß übertragen.

D. Disziplinarsachen.

(Einzuschalten auf Seite 96 der II. Auflage des Hauptwerkes.)

Nr. 5.

Endurteil des II. Senats vom 30. September 1892 (Entsch. Bd. XXIII. S. 1).

Wenn ein Einwohner eines Gutsbezirkes, der als von der Regierung ernanntes Mitglied der für die Voreinschätzung zur Staats-Einkommensteuer berufenen Kommission eines den Gutsbezirk mitumfassenden Voreinschätzungsbezirkes die Annahme dieses Amtes ohne gesetzlichen Entschuldigungsgrund ablehnt, so ist der Kreistag nicht zuständig, die Folgen der ungerechtfertigten Ablehnung über ihn zu verhängen. Es handelt sich dabei nicht um die Uebernahme eines Kreisamtes, auch nicht eines Gemeindeamtes, sondern eines den Inhaber nicht zum Staatsbeamten machendes Staatsamtes. Das Gesetz enthält in § 50 Abs. 2 des Einkommensteuergesetzes vom 24. Juni 1891 eine Lücke, welche der Verwaltungsrichter nicht ausfüllen kann. Aus dieser Entscheidung giebt sich der sicherlich für manchen überraschende Rechtsgrundsatz, daß es Inhaber von Staatsämtern giebt, welche durch die Uebertragung eines solchen Amtes nicht zu Staatsbeamten gemacht werden.

III.

Städte.

A. Städtische Gemeindeabgaben.

(Einzuschalten auf Seite 19 des Ergänzungsbandes 1892.)

Nr. 154.

Endurteil des II. Senats vom 26. April 1892 (Entsch. Bd. XXIII. S. 10).

1) Der § 119 der Kreisordnung für die Provinz Hessen-Nassau vom 7. Juni 1885 und die ebenso oder ähnlich lautenden Bestimmungen der nach und nach emanierten Kreisordnungen (vergl. auch § 154 Zust.-Ges.) verfolgen den

Zweck, den Weg zu eröffnen und darüber Bestimmung zu treffen, wie solche Angelegenheiten, die den bis dahin vorhandenen Behörden bereits vorlagen und zu ihrer Zuständigkeit gehörten, zu erledigen sind, wenn die Behörden überhaupt in Fortfall kommen oder wenn ihre Zuständigkeit eine Aenderung erfuhr. Die Notwendigkeit solcher Uebergangsbestimmungen tritt überall da hervor, wo sich Veränderungen in der Organisation der Behörden oder im Verfahren vollziehen; sie besteht aber eben nur in Ansehung der schwebenden, noch der Erledigung harrenden Angelegenheiten, denen solche gegenüberstehen, mit denen die Behörden überhaupt noch gar nicht befaßt sind, oder die sie bereits erledigt haben; trifft das eine oder das andere zu, so liegt eine anhängige Angelegenheit im Sinne der gedachten Uebergangsbestimmungen überhaupt nicht vor. Aehnliche Vorschriften auf anderen Gebieten enthält das Gesetz vom 31. März 1879, betreffend die Uebergangsbestimmungen zur deutschen Civilprozeßordnung ꝛc. (G.=S. S. 332). Auch hier besagt § 1, daß die vor dem Inkrafttreten der deutschen Civilprozeßordnung anhängig gewordenen Rechtsstreitigkeiten nach den bisherigen Vorschriften erledigt werden. Ganz ebenso disponiert dem Sinne nach § 119 der Kreisordnung dahin, daß behufs Erledigung der vor dem 1. Juli 1886 bereits anhängigen und noch unerledigten Sachen in Beziehung auf die Zuständigkeit der Rechtsmittel die Bestimmungen der früheren Gesetze Anwendung finden. Das Gesetz handelt nur von Angelegenheiten, die vor dem 1. Juli 1886 an die damals zuständigen Behörden gebracht und zugleich an diesem Tage bei ihnen noch in der Schwebe waren; sie sollten nicht auf die neuen Behörden übergehen, sondern an den alten Stellen durch alle Instanzen zu Ende geführt werden.

2) Vergl. K.=O. für Hannover § 120, Westfalen und Rheinprovinz § 102, Schlesw.=Holst. § 155.

Nr. 155.

Endurteil des II. Senats vom 26. April 1892 (Entsch. Bd. XXIII. S. 10).

Ob die vor der Geltung des Zuständigkeitsgesetzes von den Verwaltungsbehörden getroffenen Entscheidungen, wenn sie demnächst im Verwaltungsstreitverfahren als Grundlage eines Angriffs oder Einwands erscheinen, für die Verwaltungsgerichte das Gewicht und die Bedeutung endgültiger, einer Nachprüfung und Abänderung entzogener Aussprüche haben, ob sie, so zu sagen, res iudicata machen, läßt sich allgemein weder gültig bejahen noch verneinen. Die Frage ist je nach der Materie, um die es sich handelt, einer verschiedenen Beantwortung fähig.

War z. B. die Verpflichtung eines Korporationsmitgliedes auf Zahlung eines Gemeindebeitrages für eine bestimmte Periode nach Grund und Umfang einmal festgestellt, sei es dadurch, daß von den statthaften Rechtsmitteln kein Gebrauch gemacht ist, oder daß letztere zu einer Bestimmung der zuständigen Stelle geführt haben, so bestand vor dem Zuständigkeitsgesetze für die Verwaltungsbehörde keine Befugnis, daran für den entschiedenen Fall etwas zu ändern, und ebensowenig sind die Verwaltungsgerichte in der Lage, sich mit einer erneuten Prüfung zu befassen. Für jene wie für diese besteht res iudicata. Auch ein Wechsel der Rechtsansichten in der höheren Instanz läßt es nicht zu, bereits entschiedene Fälle anderweitig zu ordnen. Für die Vergangenheit muß es, sofern es sich um solche Verhältnisse des öffentlichen Rechts handelt, Inhalts deren, wie namentlich auf dem Gebiete der Kommunalbesteuerung, dem Forderungsrechte einer Gemeinde die Zahlungspflicht eines anderen Rechtssubjekts gegenübersteht, bei den endgültigen Entscheidungen sein Bewenden behalten, auch wenn sie mit den neuerlichen Rechtsansichten nicht übereinstimmen; eine endgültige Entscheidung aber liegt überall da vor, wo entweder die höchste Instanz im konkreten Falle entschieden hat oder die Entscheidung einer nachgeordneten Instanz durch die gesetzlich zulässigen Rechtsbehelfe nicht angefochten worden ist.

Nr. 156.

Endurteil des II. Senats vom 4. November 1892 (Entsch. Bd. XXIII S. 18).

1) Durch § 160 Zust.-Ges. vom 1. August 1883 ist in Steuersachen die Zuständigkeit der Verwaltungsgerichte auch in solchen Streitsachen begründet, wo bisher nach § 9 des Gesetzes vom 24. Mai 1861 der ordentliche Rechtsweg über die beiden privatrechtlichen Fragen der früheren Tilgung und der Verzinsung für zulässig erklärt war.

2) Bei Steuerklagen gilt im Verwaltungsstreitverfahren als unerläßliche Vorbedingungen: der rechtzeitige Einspruch und die auf den Einspruchsbescheid eingereichte Klage innerhalb der vorgeschriebenen Präklusivfrist von 2 Wochen. Der Fall des § 160 Zust.-Ges., für welchen die Verwaltungsgerichte an Stelle der Zivilgerichte berufen worden sind, ist in keiner Weise von diesen allgemeinen Verfahrenssatzungen ausgenommen, sondern führt gerade auch den Rechtsweg aus § 9 des Gesetzes vom 24. Mai 1861 fortan in den Rahmen des § 18 Zust.-Ges. ein. Daß es eines solchen Einspruchsverfahrens bei dem früheren Zivilprozeß nicht bedurft hat, ist dabei nicht maßgebend.

Nr. 157.

Endurteil des II. Senats vom 2. Februar 1892 (Entsch. Bd. XXIII. S. 25).

1) Die Stadtgemeinde hat auf die im Ortsstatut vorgesehenen, den an der Straße angrenzenden Eigentümern event. obliegende Leistungen nach § 15 des Gesetzes vom 2. Juli 1875 vor dem Beginne des Baues keinerlei Anspruch. Dieses Forderungsrecht gelangt erst in einem der Zukunft angehörigen Zeitpunkt zur Entstehung.

2) Die Polizei ist nicht befugt, die Erteilung der Bau-Erlaubnis von der vorgängigen Erfüllung des § 15 a. a. O. abhängig zu machen, da sie nicht zur Wahrnehmung der kommunalen Interessen in den Fällen des § 15 l. c. berufen ist.

3) Wird der Baukonsens von der Sicherstellung einer solchen Leistung abhängig gemacht, so stehen dem Betroffenen die in den §§ 127 ff. des Landesverwaltungsgesetzes vom 30. Juli 1883 gewährten Rechtsmittel offen. Auf keinen Fall aber dürfen den Straßenadjazenten Verpflichtungen zur Sicherheitsbestellung für die ihnen obliegenden Leistungen als eine öffentlich rechtliche Last auferlegt werden. Geschieht eine solche Sicherheitsleistung im Wege eines freiwilligen Uebereinkommens, kann später eine Klage im Sinne des § 18 Abs. 2 Zust.-Ges. auf Rückforderung der Kaution im Verwaltungsstreitverfahren nicht für zulässig erachtet werden. Denn in der Annahme der so versprochenen und erfüllten Leistungen liegt seitens der Stadtgemeinde keine Heranziehung zu den Gemeindeabgaben im Sinne des § 18 Abs. 2 Zust.-Ges. Das Merkmal einer Heranziehung zu den Anliegerbeiträgen liegt vielmehr darin, daß gegen den Bauenden nach der Inangriffnahme des Baues ein Anspruch erhoben wird, dem er unter allen Umständen zu genügen hat, während es vor Inangriffnahme des Baues noch von ihm abhängt, ob er die Straßenbaukosten zahlen oder auf den Bau verzichten und sich damit von jeder Leistung befreien will.

Nr. 158.

Endurteil des II. Senats vom 3. Mai 1892 (Entsch. Bd. XXIII. S. 29).

1) Auch im Wege ortsstatutarischer Bestimmung darf den Anliegern die Bestellung einer Sicherheit für die Kosten einer neuen Straße nicht auferlegt werden. (§§ 12, 15 Ges. vom 2. Juli 1875).

2) Ein Einspruch gegen eine solche Heranziehung kann auch noch nach Ablauf der im § 1 des Gesetzes vom 18. Juni 1840 (G.=S. S. 140) festgesetzten Frist von 3 Monaten erhoben werden, weil die bezeichnete Vorschrift sich nur auf wirkliche Steuern und Abgaben steuerpflichtiger Natur beschränkt. Sie bezieht sich daher nicht auf die Leistung einer Sicherheit im Sinne des Fluchtliniengesetzes.

Nr. 159.

Endurteil des II. Senats vom 5. Juli 1892 (Entsch. Bd. XXIII. S. 31)

1) Wo eine Schuld oder Last ungeteilt zugleich auf steuerpflichtigen und nicht steuerpflichtigen Einkommensquellen wie z. B. bei Beamten ruht, ohne daß die besondere wirtschaftliche Beziehung zu der einen oder der andern Quelle nachgewiesen werden kann, ist der Gesammtbetrag der Schuldenzinsen nach Verhältnis des Einkommens einerseits aus der steuerpflichtigen, andrerseits aus der nicht steuerpflichtigen Quelle zu teilen und der dem steuerpflichtigen Einkommen entsprechende Teilbetrag der Schuldenzinsen in Abzug zu bringen. Darin liegt keine neue positive Vorschrift, sondern nur eine Anwendung des allgemeinen von jeher in Geltung gewesenen Satzes, daß bei einem Nebeneinander von Aktivis und Passivis in einer Person an sich jedem Teile der ersteren ein entsprechender Teil der letzteren anhaftet, und daß, wo mehrere Aktivposten zusammen auszusondern sind, ihnen auch nur ein entsprechender Teil der Passiva und nicht mehr folgt.

2) Nach allgemeinen steuerpflichtigen Grundsätzen kommen an öffentlichen Abgaben nur solche in Bezug, welche auf der Einkommensquelle unmittelbar ruhen, also die vom Grundeigentum, dem Bergbau, dem Gewerbebetriebe zu entrichtenden directen Abgaben, während die Staats=Einkommensteuer, sowie die Abgaben an kommunale und andere öffentliche Verbände bei Bestimmung der Staats=Einkommensteuer nicht abzugsfähig sind. (vergl. § 9 Nr. 4 des Einkommensteuergesetzes vom 24. Juni 1891 und Art. 4 Nr. 5 der Ausführungsanweisung.) Die Gemeinden sind in dieser Beziehung nicht ungünstiger gestellt. Wie die Gemeinde=Einkommensteuer das Staatssteuerobjekt nicht verringert, so kann auch die Staatssteuer zum Nachteile der Gemeinde nicht abgesetzt werden.

3) Dagegen sind die elterlichen Zulagen an die im Heere stehenden Offiziere abzugsfähig, da die den Militärbehörden gegenüber eingegangenen Verpflichtungen rechtsverbindlicher Natur sind, also Ausgaben, welche auf besonderen Titeln beruhen.

4) Die Ausgaben für den Grundbesitz sind von dem Einkommen aus demselben abzurechnen, indessen nur insoweit, als das Aktiveinkommen aus dem Grundvermögen reicht. Uebersteigt die Schuld das Einkommen, muß der Mehrbetrag der Schuld den persönlichen Schulden hinzutreten.

5) Nach diesen Grundsätzen berechnet sich das steuerpflichtige Gemeindeeinkommen z. B. eines pensionirten Offiziers wie folgt:

Es werden angenommen	a) aus Pension	5945 M.
	b) aus Hausbesitz	480 „
	c) aus anderen Quellen . .	5440 „
	zus.	11865 M.
Da die Militärpension nicht gemeindesteuerpflichtig ist, gehen hiervon ab obige	. . . .	5945 „
	verbleiben	5920 M.

Dieser Einnahme stehen gegenüber als abzugsfähige Ausgabe:

a) Zulagen an 2 dem Offizierstande angeh. Söhne	1980 M.
b) Zinsen von Privatschulden	36 „
und c) Hypothekenzinsen vom Hausbesitz	654 „
	2670 M.
Da den Hypothekenzinsen aber nur 480 M. Einnahmen gegenüberstehen, mithin 174 M. weniger als Ausgaben, kann auch nur dieser Betrag hier in Abzug kommen; folglich gehen von obigen 2670 M. ab 654—174 = . . .	480 „
verbleiben abzugsfähig	2190 M.

Hiernach beträgt das steuerpflichtige Einkommen 5920 M. und nach Abzug des darin enthaltenen Bruttoeinkommens aus Hausbesitz mit 480 M. noch 5440 M. Auf diese Summe und auf das Pensionseinkommen von 5945 verteilen sich nunmehr die persönlichen Lasten von 2190 M. nach Verhältnis. Der auf das Resteinkommen mit 5440 M. fallende Ausgabebetrag ergiebt sich deshalb aus einer Proportion:

(5440 + 5945 =) 11 385 : 5440 = 2190 : X und beträgt 1046,40 M. Zieht man diese Summe von jenem Restprivateinkommen (5440 M.) ab, so erhält man das steuerpflichtige Einkommen von 4393,60 M., welches zur Steuerstufe von 4200—4800 M. gehört.

Nr. 160.

Endurteil des II. Senats vom 25. November 1892 (Entsch. Bd. XXIII. S. 44.)

1) Das jetzt geltende Einkommensteuergesetz vom 24. Juni 1891 (G.-S. S. 175) trennt das Einkommen aus Handel und Gewerbe (§ 14) von demjenigen aus gewinnbringender Beschäftigung, zu welchem es den Gewinn aus wissenschaftlicher Thätigkeit rechnet (§ 15), und der Artik. 21 der behufs seiner Ausführung ergangenen Ministerial-Anweisung vom 5. August 1891 erklärt in Folge dessen unter lit. c den Gewinn aus der Thätigkeit als Arzt zu einem Teile des Einkommens aus gewinnbringender Beschäftigung. Hiermit stimmt auch die Gemeindesteuergesetzgebung mit der allgemeinen Anschauung überein, nach welcher die ars liberalis des Arztes einen gewöhnlichen Gewerbebetrieb ohne weiteres, d. h. ohne das Vorhandensein besonderer, die konkrete Sachlage in einer andern Richtung beherrschender Verhältnisse, nicht darstellt. Hat das Erkenntnis des Kgl. Oberverwaltungsgerichts (Bd. 15 S. 47) vom 1. April 1887 einen Vorbehalt für den Fall des Bestehens eigenartiger Verhältnisse dahin gemacht, daß eine gewinnbringende Beschäftigung unter Umständen auch als Gewerbebetrieb im Sinne des Kommunalabgabegesetzes vom 27. Juli 1885 erachtet werden könne, so ist dabei nicht an irgend welche einen ganzen Stand betreffende Gesetzgebung, sondern nur an die auf besondere Thatsachen beruhende Ausnahmestellung einer *einzelnen* Persönlichkeit gedacht worden. Jedenfalls ist es verfehlt, andere Arten gewinnbringender Beschäftigung, bei denen Ele-

mente von öffentlich-rechtlicher Bedeutung fehlen, blos aus diesem Grunde dem Betriebe des stehenden Gewerbes hinzuzurechnen.

2) Bei der Verteilung auf Grund des § 11 Abs. 1 des Kommunalabgabengesetzes vom 27. Juli 1885 hat die Wohnsitzgemeinde die Staatssteuer des Censiten zu Grunde zu legen, weil es sich um Bruchteile des Gesammteinkommens handelt.

3) Da das Erbieten zur Eidesleistung im Verwaltungsstreitverfahren keine Berücksichtigung zu finden hat, hat der wegen Steuerüberbürdung vorgehende Kläger anderweitig sein Einkommen zu beweisen, falls er nicht beweisfällig bleiben will.

Nr. 161.

Endurteil des II. Senats vom 24. Mai 1892 (Entsch. Bd. XXIII. S. 47).

1) Der § 11 des Kommunalabgabengesetzes vom 27. Juli 1885 schreibt vor, daß Personen, welche wegen eines mehrfachen Wohnsitzes in mehreren Gemeinden zu Einkommensteuern beizutragen verpflichtet sind, in jeder dieser Gemeinden nur von einem der Zahl derselben entsprechenden Bruchteil ihres Einkommens aus Kapitalvermögen herangezogen werden dürfen. Es ist unstatthaft, hierbei einen Unterschied zwischen nichtpreußischen deutschen und nichtpreußischen außerdeutschen Gemeinden bei Handhabung jenes § 11 zu statuieren; nur das kommt in Frage, ob die bezeichnete Vorschrift ausschließlich bei einer Konkurrenz Preußischer Gemeinden unter sich oder auch bei einer solchen Preußischen Gemeinden mit außerpreußischen Platz greift. Das Gesetz stellt selbst einen derartigen Unterschied nicht auf und es hat daher einen solchen nach bekannter Rechtsregel auch nicht der Richter zu machen, da besondere Gründe für eine gegenteilige Ansicht fehlen. Bei einer solchen Einschätzung handelt es sich lediglich darum, inwieweit ein in Preußen wohnender Censit — mag derselbe Inländer oder Ausländer sein — in einer Gemeinde einkommensteuerpflichtig ist, wenn ihm bereits in einer anderen Gemeinde diese Verbindlichkeit obliegt. Hierüber entscheiden nur die inländischen Gemeindesteuergesetze, während für die andere Gemeinde, falls sich dieselbe im Auslande befindet, die dortigen Gesetze die Steuerpflicht normieren. Steuert darnach ein Censit mit seinem ganzen Einkommen im Auslande, giebt dieser Umstand keinen Grund dafür ab, ihn auch in Preußen voll zu besteuern. —

2) Die Vorschriften der Gemeindeverfassungsgesetze, welche die bedingte oder unbedingte Freilassung des in einer anderen Gemeinde entstehenden Einkommens der Einwohner anordnen, beziehen sich auch auf ausländische Gemeinden. —

3) Bei Durchführung des § 7 Abs. 1 litt. b. des Gesetzes vom 27. Juli 1885 muß behufs Ermittelung des in den Preußischen Gemeinden erfließenden Einkommens auch die in außerpreußischen Betriebsstätten erwachsenen Ausgaben an Gehältern und Löhnen mit in Rechnung gezogen werden.

4) Der preußischen Aufenthaltsgemeinde gebührt die Besteuerung der im § 11 Abs. 2 a. a. O. vorbehaltenen Quote des Gesammteinkommens auch für den Fall, daß das letztere ganz oder zum größten Teile in einer außerpreußischen Wohnsitzgemeinde entstehen sollte. Wenn hiernach die Existenz der letzteren nicht der Preußischen Wohnsitz- oder Aufenthaltsgemeinde, welche den Absatz 2 des § 11 für sich anrufen will, entgegengehalten werden darf, so hat jene Preußische Gemeinde ebenso im Falle des Abs. 1 eine solche Existenz gegen sich gelten zu lassen. Hierbei hat die Preußische Gemeinde keineswegs mit einer ausländischen in Verbindung zu treten.

Nr. 162.

Endurteil des II. Senats vom 16. September 1892 (Entsch. Bd. XXIII. S. 51).

Das Gesetz über die Verjährungsfristen bei öffentlichen Abgaben vom 18. Juni 1840 findet auf die Anliegerbeiträge des Fluchtliniengesetzes vom 2. Juli 1875 keine Anwendung. Den sog. Adjazentenbeiträgen wohnt eine ganz besondere, eigenartige Natur bei, indem den an eine Straße grenzenden Eigentümern ein Ersatz bestimmter, seitens einer Gemeinde für die Anlegung und zeitweise Unterhaltung der Straße ausgegebener Kosten auferlegt werden kann, falls die Gemeinde nicht vorzieht, ihnen die Herstellung und zeitweise Unterhaltung in natura zu überlassen. Eine solche Leistung fällt aber nicht unter die direkten Gemeindeabgaben. Denn der einzelne angrenzende Eigentümer wird erst dadurch pflichtig, daß er an der vollendeten Straße gebaut hat, womit die Aufstellung einer Heberolle regelmäßig ausgeschlossen ist. Es handelt sich um einmalige Leistungen, welche nicht wegen eines vorhandenen Eigentums oder Einkommens, sondern mit Rücksicht auf eine von dem Grundbesitzer vorgenommene oder geduldete Handlung gefordert werden. Ein Tarif fehlt, da eine Verteilung der Ausgaben nach Maßgabe der Grundstücksfronten stattfindet. Die Handlung, welche die Abgabepflicht herbeiführt, bringt nicht ohne weiteres die Verbindlichkeit zur Entrichtung einer gewissen Summe mit sich; vielmehr muß noch ein besonderer Akt der Heranziehung hinzutreten. Endlich steht auch die dingliche Qualität der Verpflichtung zur Ersatzleistung, welche letztere die Stelle der Naturalleistung einzunehmen bestimmt ist, der Annahme der Existenz einer indirekten Abgabe entgegen.

Nr. 163.

Endurteil des II. Senats vom 22. November 1892 (Entsch. Bd. XXIII. S. 55).

1) Ein an sich gewerbliches Unternehmen, wie die Errichtung eines Bades, hört nicht darum auf, ein solches zu sein, weil es von einer Kirchengemeinde betrieben wird, wobei es ganz unerheblich ist, zu welchem Zweck die Erträgnisse des Gewerbebetriebes verwendet werden. Es verhält sich damit ebenso wie mit den nutzbaren Aeckern der Kirchen, milden Stiftungen ꝛc., welche in der Praxis der Verwaltungsbehörden eine Steuerfreiheit auf Grund des § 4 Abs. 4 der Städte-Ord. ebenfalls nicht genießen.

2) Das Fluchtliniengesetz vom 2. Juli 1875 trifft alle Eigentümer ohne Ausnahme, also auch Kirchen pp., mögen sie im Uebrigen zu Gemeindelasten herangezogen werden können oder nicht. In diesem Gesetz handelt es sich weder um direkte oder indirekte Gemeindeabgaben, sondern um einen eigenartigen Erstattungsanspruch der Stadtgemeinde gegen die Grundeigentümer. An Analogien in den Gemeindeverfassungsgesetzen fehlt es überhaupt. Der Kreis der Pflichtigen, die jene eigentümlich gestaltete Gemeindelast trifft, kann daher nur aus dem Gesetz unmittelbar entnommen werden und wenn dasselbe ohne jede Ausnahme die Eigentümer für verpflichtet erklärt, so müssen dem gegenüber generelle Satzungen, wie eine solche der § 4 Abs. 7 Städte-Ord. enthält, umsomehr zurücktreten, als der § 19 des neueren Fluchtliniengesetzes an der Absicht des Gesetzgebers, die fragliche Materie erschöpfend zu regeln, kaum zweifeln läßt.

Nr. 164.

Endurteil des II. Senats vom 2. Februar 1892 (Entsch. Bd. XXIII. S. 59).

Zieht die Stadtgemeinde auf Grund des Fluchtliniengesetzes vom 2. Juli 1875 vom Straßenanlieger zunächst einen Teilbetrag ein, später den Rest der anteiligen Forderung, so verliert deshalb noch nicht die Stadtgemeinde den Anspruch auf diese Restsumme; denn kein Gesetz, insbesondere auch nicht dasjenige vom 2. Juli 1875 knüpft an die Einforderung oder die Annahme eines Teils einer Abgabe den Verlust des Restbetrages.

Nr. 165.

Endurteil des II. Senats vom 28. Februar 1893 (Bd. XXIV. S. 36).

1) Der § 10 Abs. 2 Zust.-Ges., zufolge dessen Einsprüche gegen die Giltigkeit der Wahlen zur Gemeindevertretung innerhalb 2 Wochen nach Bekanntmachung des Wahlergebnisses zu erheben sind, bestimmt nur, wann die zweiwöchentliche Frist abläuft, deshalb ist ein Einspruch, welcher unmittelbar nach Verkündigung des Wahlresultats beim Magistrat erhoben wird, nicht verfrüht, sondern zulässig, wie denn auch die ähnliche Vorschrift des § 86 Abs. 1 L. V.-G. die Einlegung eines Rechtsmittels gegen ein zwar verkündetes, aber noch nicht zugestelltes Erkenntnis nicht findet.

2) Für die Frage der Wählbarkeit zum Stadtverordneten entscheidet nicht der Inhalt der ausgelegten Wählerliste, sondern es sind die „stimmfähigen Bürger" wählbar, d. h. nach § 85 Abs. der Städte-Ordnung für Hannover vom 24. Juni 1858 diejenigen Bürger, welche die in dem § 83 a. a. O. verlangten Eigenschaften besitzen.

3) Nach § 21 a. a. O. wird in Hannover das Bürgerrecht der Regel nach durch ausdrückliche Verleihung erworben und § 97 Nr. 10 bestimmt ganz allgemein, daß die Bürgervorsteher vom Magistrat bei Entscheidungen über Verleihung und Versagung des Bürgerrechts zuzuziehen sind, so daß beide Kollegien mitzuwirken haben. Wenn aber das Gesetz bestimmte Geschäfte einzelnen Behörden und Kollegien in der Voraussetzung überweist, daß gerade die betreffenden Stellen zur Besorgung jener Geschäfte geeignet seien, so erscheinen dieselben nicht befugt, ihre Funktionen andern Organen zu übertragen, wie etwa eine Privatperson ihre Vermögensrechte zu cedieren pflegt. Die amtliche Thätigkeit der Behörden und Kollegien ist ein Ausfluß des öffentlichen Rechts und sonach jeder Modifikation und Einschränkung durch Verzichte und Ueberweisungen an einzelne Kommissionen entzogen.

4) Ist aber jemand ohne Beachtung der vorgeschriebenen Formen einmal durch den Magistrat unter die Zahl der Bürger aufgenommen, ist er nicht zur Nachforschung verpflichtet, ob der Vertreter der Stadtgemeinde zur Abgabe der betreffenden Erklärung durch einen gültigen Beschluß der zuständien Kollegien auch wirklich ermächtigt ist. Für ihn ist die Angelegenheit, soweit es sich um die Willenserklärung der Stadtgemeinde handelt, durch den Empfang der die Verleihung des Bürgerrechts aussprechenden Erklärung des Magistrats erledigt, wenn dieselbe vorschriftsmäßig durch den Bürgermeister oder dessen gesetzlichen Stellvertreter vollzogen ist.

Nr. 166.

Endurteil des II. Senats vom 14. März 1893 (Entsch. Bd. XXIV. S. 42).

Die Kommanditgesellschaft auf Aktien ist eine Unterart der Kommanditgesellschaft und ihr wohnt der Charakter der Sozietät und nicht der der juristischen Person bei.

Nach § 1 des Kommunalabgabengesetzes vom 27. Juli 1885 werden die Kommanditgesellschaften aus der Zahl der Erwerbsgesellschaften herausgehoben und für die Zwecke der Besteuerung personifiziert. Der § 1 erklärt positiv, daß es diese Gesellschaft selbst ist, welche in derjenigen Gemeinde, in der sie das stehende Gewerbe betreibt, hinsichtlich des ihr aus dieser Spezialquelle in der Gemeinde zufließenden Einkommens den auf das Einkommen gelegten Gemeindeabgaben unterliegt. Mithin fehlt jeder Titel, aus welchem eine Gemeinde noch neben der Gesellschaft einzelne Mitglieder derselben zur Steuer heranziehen kann.

Nr. 167.

Endurteil des II. Senats vom 17. Februar 1893 (Entsch. Bd. XXIV. S. 47).

Der Gemeindebesteuerung der Aktiengesellschaften ist das thatsächlich für die Staatsbesteuerung ermittelte Einkommen ohne den Abzug von 3 ½ % zu Grunde zu legen. (§ 16 Abs. 3 Einkommensteuergesetz vom 24. Juni 1891.) Nach § 3 Abs. 3 des Ges. vom 27. Juli 1885 darf das auf diesem Wege gefundene Einkommen von keinem Kommunalverbande nochmals eingeschätzt werden. Dies gilt sowohl für den Fall, daß die Aktiengesellschaft nur in einer einzigen Gemeinde thätig ist, als auch für denjenigen, daß das Unternehmen sich über verschiedene Gemeinden erstreckt. Im letzteren Falle ist nur der auf die betreffende Gemeinde entfallende Teil dieses Einkommens der Besteuerung zu Grunde zu legen, sodaß immer noch für die Gemeinde die Veranlagung des Einkommensbetrages zu einem bestimmten Steuersatze (§ 17 Ges. vom 24. Juni 1891) erforderlich bleibt.

Nr. 168.

Endurteil des II. Senats vom 7. Oktober 1892 (Entsch. Bd. XXIV. S. 51).

1) Ein einheitlicher, über mehrere Gemeinden sich erstreckender Gewerbebetrieb, welcher erst im Laufe eines Steuerjahres neu begonnen wird, genießt keineswegs etwa deshalb die Freiheit von der Gemeindesteuer für das erste Jahr, weil es bei ihm an erwachsenen Gehältern und Löhnen, welche in einem vor der Steuerperiode liegenden Zeitraume verausgabt sind, noch fehlt. Ebensowenig wird die Heranziehung eines derartigen Betriebes durch den Umstand gehindert, daß in den Vorjahren noch kein Gewinn erzielt werden konnte, und es ist, wenn demnach die Herranziehung überhaupt stattfinden soll, lediglich mit den Verhältnissen des Steuerjahres selbst zu rechnen. Der Unterschied besteht daher blos darin, daß da, wo ein Betrieb vor dem Steuerjahre schon stattfand, die Einkommen der Vorjahre ermittelt werden und hierdurch ein fingirter, für das Steuerjahr unbedingt maßgebender Betrag festgestellt wird, während im andern Falle von einer solchen Fingierung abgesehen und auf die Ergiebigkeit des im Steuerjahre selbst sich vollziehenden Betriebes Rücksicht genommen werden muß. In beiden Fällen vermag der Steuerberechtigte, sofern ihm die Ergebnisse der maßgebenden Periode unbekannt sind, nicht füglich anders als im Wege der Schätzung vorzugehen und er hat diesen Weg immer dann einzuschlagen, wenn er während des Betriebes des begonnenen Geschäfts im ersten Steuerjahre zur Heranziehung schreitet. (Vgl. auch § 10 Abs. 2 des Einkommensteuergesetzes vom 24. Juni 1891.) Ebenso ist der Pflichtige, welcher seine Ueberbürdung nachweisen will, während des letztgedachten Zeitraumes nur in der Lage, seinerseits nachzuweisen, daß eine andere, niedrigere Schätzung des voraussichtlichen Endergebnisses eine größere Wahrscheinlichkeit für sich habe, als diejenige des Steuergläubigers.

2) Soweit nicht der § 3 Abs. 3 des Kommunalabgabegesetzes Platz greift, sind die Gemeinden bei der Einschätzung der Forensen völlig frei, so daß sie sogar über das bei der staatlichen Veranlagung angenommene Gesammteinkommen hinausgehen dürfen.

Nr. 169.

Endurteil des II. Senats vom 13. Januar 1893 (Entsch. Bd. XXIV. S. 55).

1) Da wo die Gemeindesteuer unter Anwendung der für die Einschätzung zur Staatseinkommensteuer geltenden Grundsätze erhoben wird, kommen den Beamten nicht blos die Vorrechte des neben dem Einkommensteuergesetze fortbestehenden Gesetzes vom 11. Juli 1822, sondern auch diejenigen jenes neuen Gesetzes vom 24. Juni 1891 zu gute, soweit sie sich als Einschätzungsgrundsätze der Staatseinkommensteuer darstellen.

2) Im Gesetz von 1822, welches sich übrigens mit der Anrechnung von Schuldenzinsen 2c. überhaupt nicht beschäftigt, ist nirgends vorgeschrieben, daß die steuerfreie Hälfte des Diensteinkommens völlig außer Betracht zu bleiben hätte, als nicht vorhanden anzusehen, Schulden und Lasten demnach nicht auch auf diese, sondern nur allein auf die steuerpflichtige Hälfte zu verrechnen wäre. Nach den sonst geltenden Grundsätzen sind aber ebenso wie die Schuldenzinsen und Lasten auch alle abzugsfähigen Ausgaben auf die steuerfreie und auf die steuerpflichtige Einkommensquelle anzurechnen und, sofern neben dem Diensteinkommen ein Privateinkommen vorhanden ist, folgerichtig auf beide zu verteilen.

3) Nach diesem Grundsatze stellt sich das gemeindesteuerliche Einkommen eines Beamten mit einem Diensteinkommen von 2900 M. neben 31,50 M. Privateinkommen nach Berücksichtigung von 261.74 M. Abzüge wie folgt:

Diensteinkommen zus.	2900,—	M.
Privateinkommen	31,50	„
Auf der Gesammtsumme von	2931,50	M.
haften Abzüge von insgesammt . . .	261,74	„

Diese sind zunächst nach dem Verhältnis von 31,50 : 2900 M. zu teilen und es ergiebt sich daraus, daß

das Diensteinkommen mit	258,93	M.
das Privateinkommen „	2,81	„

belastet ist. Um diese Beträge sind die beiden Positionen zu reduzieren. Es kommt daher das

Privateinkommen zum Ansatz nur mit .	28,69	M.
das Diensteinkommen nur mit $\frac{2641,07}{2}$ M. =	1320,53	„
das Steuerobjekt beträgt mithin . . .	1349,22	M.

(cfr. Entsch. Nr. 159 S. 6.)

Nr. 170.

Endurteil des II. Senats vom 24. Januar 1893 (Entsch. Bd. XXIV. S. 63).

Der § 19 des Einkommensteuergesetzes vom 24. Juni 1891 bestimmt, daß es bei der Veranlagung gestattet ist, besondere, die Leistungsfähigkeit der Steuerpflichtigen wesentlich beeinträchtigende, wirtschaftliche Verhältnisse in der Art zu berücksichtigen, daß bei einem steuerpflichtigen Einkommen von nicht mehr als 9500 Mk. eine Ermäßigung der im § 17 vorgeschriebenen Steuersätze von höchstens drei Stufen gewährt wird. Diese Bestimmung findet auch Anwendung auf die Gemeindebesteuerung, sobald dieselbe unter Zugrundelegung der Staatssteuer erfolgt. Hat eine besondere Einschätzung zur Gemeindeeinkommensteuer, wie dies bei Beamten geschieht, stattgefunden, dann ist der Verwaltungsrichter an die von der staatlichen Veranlagungskommission festgesetzte Ermäßigung nicht gebunden, er kann vielmehr über die Höhe derselben selbständig befinden.

Nr. 171.

Endurteil des II. Senats vom 3. März 1893 (Entsch. Bd. XXIV. S. 70).

Ebensowenig wie die durch die neueren sozialpolitischen Gesetze geschaffenen Berufs-Genossenschaften nicht etwa schon deshalb den Korperationen des § 69 Tit. 10 Th. II. A. L.-R. hinzuzuzählen sind, weil sie des staatlichen Schutzes und der staatlichen Fürsorge teilhaftig werden sollen, ist dies auch bei den durch Gesetz vom 22. Juni 1889 geschaffenen Versicherungsanstalten der Fall, obwohl dieselben die Eigenschaft einer öffentlichen Behörde habe. Deshalb genießen die an solchen Anstalten angestellten Beamten nicht das Steuerprivilegium der Beamten aus dem Gesetz vom 11. Juli 1822.

Nr. 172.

Endurteil des II. Senats vom 3./17. März 1893 (Entsch. Bd. XXIV. S. 74/79).

1) Der § 15 des Fluchtliniengesetzes vom 2. Juli 1875 hat den Gemeinden die Ermächtigung erteilt, durch Ortsstatut festzusetzen, daß bei der Anlegung einer neuen Straße, wenn solche zur Bebauung bestimmt ist, von den angrenzenden, zur Errichtung von Gebäuden übergehenden Eigentümern die Kosten der Herstellung der Straße eingezogen werden dürfen. Der Ausdruck „Anlegung einer neuen Straße", steht in einem Gegensatze zu dem zweiten, im § 15 vorgesehenen Falle der „Verlängerung einer schon bestehenden Straße" und es kann daher unter einer neuen Straße im Sinne des zu erlassenden Ortsstatuts nur eine solche verstanden werden, welche z. Z. der Emanation des Statuts noch nicht bestand, deren Anlegung vielmehr erst späterhin angefangen worden ist. Der dritte im § 15 behandelte Fall ist der des Anbaues an einer „schon vorhandenen, bisher unbebauten Straße", ein Fall, welcher nach dem ursprünglichen Entwurf des Gesetzes eine Verpflichtung der Anlieger überhaupt noch nicht herbeiführen sollte. Bei den „schon vorhandenen Straßen" ist es ohne entscheidende Bedeutung, ob die Straßen z. Z. des Erlasses des Statuts erst im Beginn der Anlegung sich befanden oder der Vollendung schon näher gebracht waren.

2) Wird seitens der Gemeinde behauptet, daß erst nach Erlaß des Ortsstatuts mit der Anlegung der Straße begonnen ist und zugleich nachgewiesen, daß Arbeiten, die an und für sich die Herstellung einer neuen Straße bilden würden, vorgenommen worden sind, so kann der Adjazent seinerseits den erhobenen Anspruch durch den Nachweis beseitigen, daß die Straße z. Z. des Erlasses des Ortsstatutes bereits vollendet gewesen, d. h. eine sogenannte „historische" Straße ist, wobei allerdings festgestellt werden müßte, daß die später vorgenommenen Arbeiten nur der Vervollkommnung, nicht mehr der „Anlegung" einer Straße gedient haben, daß also der dem Anspruch zu Grunde gelegte Fall der Anlegung einer neuen Straße nicht vorliegt.

3) „Straßen" im Sinne des Fluchtliniengesetzes ist keineswegs jede Kommunikationsanstalt, welche zwei vielleicht weit auseinanderliegende Stadtteile in irgend einer Weise verbindet, sondern in der Regel nur diejenigen Wege als solche anzusehen, welche in dem einzelnen Stadtteile den inneren Verkehr dienen und für den Anbau bestimmt sind.

Nr. 173.

Endurteil des II. Senats vom 3 Februar 1893 (Entsch. Bd. XXIV. S. 84).

Die in Berlin eingeführte Mietssteuer ist eine Art Einkommensteuer, lastet auf dem Gesamteinkommen und giebt den Beamten kein Vorrecht, soweit es sich um

Privateinkommen handelt. Sie haftet ähnlich wie die Schuldenzinsen auf dem Gesammtvermögen in allen seinen Teilen, also auch auf dem steuerfreien und ist demgemäß bei Einkommen aus Pension und Privatvermögen über beide verhältnismäßig zu verteilen. Hierdurch kann allerdings der seltsame Fall eintreten, daß z. B. 2 Beamte, die dasselbe Diensteinkommen beziehen und dieselbe Miete bezahlen, gleichwohl eine sehr verschiedene Mietssteuer entrichten, je nachdem der eine von ihnen Privatvermögen besitzt oder nicht.

C. Verhältnisse der städtischen Kommunalbeamten.

(Einzuschalten auf Seite 19 des Ergänzungsbandes 1892.)

N. 10.

Endurteil des I. Senats vom 25. Mai 1892 (Entsch. Bd. XXIII. S. 62).

1) Eine Pension kommt nur denjenigen Beamten zu, die wegen (körperlicher oder geistiger) Dienstunfähigkeit in den dauernden Ruhestand versetzt sind. (§ 1 des Pensionsges. vom 27. März 1872). Die Feststellung, ob, in welcher Höhe und von welchem Zeitpunkte an eine Pension dem Beamten zu leisten ist, setzt die Feststellung voraus, daß dieser in den Ruhestand versetzt ist. Beide Akte können zeitlich und äußerlich zusammenfallen, werden vielfach unter dem Ausdruck „Pensionierung" zusammengefaßt; für jeden derselben können jedoch auch besondere Verfahren und Zuständigkeiten normiert werden.

2) Die Pensionsvorschriften für Gemeindebeamte sind — abgesehen vom § 95 des Disciplinarges. vom 21. Juli 1852 — durch § 65 Städte-Ord., dessen Abs. 2 die für unmittelbare Staatsbeamte maßgebenden Grundsätze im Ges. vom 27. März 1872 für anwendbar erklärt, gegeben. Indessen ist bezüglich der Zuständigkeiten eine Aenderung durch § 20 Zust.-Ges. eingetreten. Danach ergiebt sich Folgendes:

3) Die Versetzung in den Ruhestand wegen Dienstunfähigkeit erfolgt bei Zustimmung des Beamten durch den Magistrat; sie tritt nach § 24 des Pensionsgesetzes entweder ein in dem Zeitpunkte, der auf den Antrag oder mit ausdrücklicher Zustimmung des Beamten festgesetzt wird, oder event. mit dem Ablauf des Quartals, in welchem dem Beamten die Entscheidung über die Inruhestandsetzung und die Höhe der Pension mitgeteilt ist.

4) Widerspricht der Beamte der vom Magistrat behaupteten Dienstunfähigkeit und der beabsichtigten Versetzung in den Ruhestand, so liegt ein „streitiger Fall" im Sinne des § 65 Abs. 3 Städte-Ord. vor, über den nach § 20 Abs. 2 Zust.-Ges. der Bezirks-Ausschuß zu entscheiden hat und zwar nicht nur in dem Falle, wenn ein dienstunfähig gewordener Beamter vor dem Zeitpunkt, mit welchem die Pensionierung für ihn eingetreten sein würde, dienstunfähig wird (§ 95 Abs. 2, § 93 Disciplinarges.), sondern auch dann, wenn die Versetzung in den Ruhestand nach Erlangung der Pensionsberechtigung wider den Willen des Beamten herbeigeführt werden soll. Die Vorschrift des § 95 a. a. O. ist also durch § 20 Abs. 2 Zust.-Ges. erweitert worden.

5) Zur Erhebung eines solchen Streites namens der Stadt ist ausschließlich der Magistrat zuständig, weil nur diesem nach § 56 Ziff. 6 Städt.-Ord. die Beaufsichtigung der Gemeindebeamten übertragen ist und weil zu dieser in erster Linie die Frage gehört, ob der Beamte dienstfähig ist oder nicht. Den Stadtverordneten steht daher gemäß § 35 Satz 1 a. a. O. eine beschließende Mitwirkung nicht zu. Sie sind demnach auch nicht berechtigt, die vom Magistrat verfügte Versetzung eines Beamten in den Ruhestand dadurch,

daß sie dessen Dienstfähigkeit behaupten, nachträglich zu einer streitigen, vom Disciplinarrichter zu entscheidenden Angelegenheit zu machen.

6) Die Feststellung der Pension dagegen bedarf der Zustimmung der Stadtv.-Versammlung, weil es sich hier um Uebernahme einer dauernden Last und fortlaufende Zahlungspflicht auf die Kämmerei handelt. Lehnen diese die bez. Anträge ab, indem sie bestreiten, daß der Beamte überhaupt oder zu dem betreffenden Zeitpunkt in den Ruhestand versetzt sei, oder daß auch demselben ein Pensionsanspruch überhaupt, oder schon jetzt oder in der beantragten Höhe zustehe, so liegt ein „streitiger Fall über Pensionsansprüche" im Sinne des § 65 Abs. 3 Städt.-Ord. vor, über welchen nach § 20 Abs. 4 Zust.-Ges. der Bezirksausschuß vorbehaltlich der Verwaltungs- oder Civilklage zwischen Beamten und Stadt zu beschließen hat.

7) Bei einer Zwangsetatisierung kann nur ein solcher Beschluß (ad 6) die Grundlage für die unerläßliche Feststellung der Leistung bilden.

8) Ein Pensionsantrag an den Magistrat verbindet den Antragsteller ebenso wie Offerten überhaupt nach § 101 Tit. 5 Th. I. A. L.-R. nicht länger als auf die zur verfassungsmäßigen Beschlußfassung ausreichende Zeit.

D. Städtische Wahlen.

(Einzuschalten auf Seite 19 des Ergänzungsbandes 1892.)

Nr. 26.

E. des II. Senats vom 30. September 1892 (Entsch. Band XXIII. S. 8.)

Die Stadtverordnetenversammlung kann den Beschluß fassen, daß bei unbegründeter Verweigerung der Übernahme des Schiedsmannsamtes die sich hieran knüpfenden gesetzlichen Nachteile über den gewählten Schiedsmann verhängt werden; allein ein solcher Beschluß unterliegt nicht der Anfechtung im Verwaltungsstreitverfahren, denn nach den gesetzlichen Vorschriften wird über die Befugnis zur Ablehnung und zur Niederlegung des Amtes als Schiedsmann von dem Landgerichtspräsidenten endgültig entschieden (§ 8 der Schiedsmannsordnung vom 29. März 1879 (G.-S. S. 321). Nach der Anmerkung Nr. 72 zu § 42 des Landesverwaltungsgesetzes vom 30. Juli 1883, Studt und Braunbehrens, 10. Auflage, Band I S. 51, gehört zu den Angelegenheiten der allgemeinen Landesverwaltung, welche nach Abs. 1 des § 42 bezw. Abs. 2 der Allerhöchsten Verordnung vom 26. Januar 1881 für Berlin auf den Oberpräsidenten übergegangen sind, auch die Genehmigung des Beschlusses der Gemeindevertretung über die Folgen unbegründeter Weigerung zur Übernahme oder Fortführung des Schiedsmannsamtes. Vergl. auch Oertel's Städteordnung, Ausgabe von 1893, S. 374 (die Entschließung des Oberpräsidenten erfolgt im Aufsichtswege).

V.

Landgemeinden und Gutsbezirke.

A. Gemeindeabgaben und Dienste, Gemeindevermögen.

(Einzuschalten auf Seite 29 des Ergänzungsbandes 1892.)

Nr. 129.

Endurteil des II. Senats vom 11. März 1892 (Entsch. Bd. XXIII. S. 71.)

1) Nach § 6 des Ges. vom 2. April 1887 (G.-S. S. 105) hat der Gemeindevorstand, wenn ihm die Verwaltung der durch ein Auseinandersetzungs-

verfahren begründeten gemeinschaftlichen Angelegenheiten übertragen ist, insbesondere für die Ausführung der zur ordnungsmäßigen Unterhaltung der gemeinschaftlichen Anlagen erforderlichen Arbeiten durch die Verpflichteten zu sorgen. Die Beteiligung der Gemeinde**vertretung** ist hierbei nicht erforderlich.

2) Ist ein Beitragsverhältniß für die Verteilung der Kosten im Auseinandersetzungsverfahren nicht festgesetzt, so geschieht dies nach Verhältnis der Teilnehmerrechte und soweit letztere aus dem Rezesse nicht klar hervorgehen nach Verhältnis des Grundsteuerreinertrages. Ein anderweiter Verteilungsmodus z. B. Jagdpachtgelder ist ungesetzlich. Diese Kosten unterliegen der exekutivischen Einziehung.

3) Es können nur die thatsächlich aufgewendeten und nicht höhere Kosten zur Verteilung kommen und dann müssen auch hierzu alle Interessenten herangezogen werden und nicht nur einige, welche den größten Vorteil von den vorgenommenen Arbeiten haben.

4) Wird die Höhe des Beitrages angefochten, hat in Fällen, wo es sich um Repartition von Gesammtkosten auf einzelne Censiten handelt, die Richtigkeit der Rechnung der Beklagte zu beweisen, da die dem Kläger bekannten eigenen Verhältnisse nicht dazu genügen, um seinen Anteil an den zu repartierenden Kosten zu finden.

Nr. 130.

Endurteil des I. Senats vom 19. November 1892 (Entsch. Bd. XXIV. S. 90.)

1) Der Verwaltungsrichter ist nicht befugt, bei einem nach Grund und nach Betrag streitigen Anspruche, über den Grund allein vorab zu entscheiden.

2) Die Hessische Gemeindeordnung vom 23. Oktober 1834 unterscheidet in Übereinstimmung mit dem Preußischen Rechte im § 70 zwei Arten des Gemeindevermögens, je nachdem dessen Ertrag bisher zur Bestreitung der Gemeindeausgaben bestimmt war (Kämmereivermögen) oder je nachdem dessen Nutzungen bisher allen Gemeindegliedern oder einzelnen Klassen derselben zustanden (Gemeindeglieder- oder Bürgervermögen), und kennt bei diesem nach dem § 24 noch die Unterarten, ob die Nutzungen schon infolge der Mitgliedschaft zur Gemeinde, event. nach Zahlung eines Einkaufsgeldes zustanden, oder ob sie noch besonders für sich erworben werden müssen, bezw. Zubehör eines Hofes, Gutes oder Wohnhauses sind.

3) Die Gemeinde kann das Herkommen, durch welches die Nutzungen der Gemeindemitglieder am Gemeindevermögen begründet, durch ein nach § 3 zu erlassendes Statut ändern und zwar selbst bis dahin, daß das bisherige Bürger- in Kämmereivermögen verwandelt wird, welches nach § 70 wohl veräußert, aber nicht in Bürgervermögen zurückverwandelt werden darf.

4) Unter den im Statut zu berücksichtigenden „besonderen Rechtsverhältnissen" sind nur solche zu verstehen, welche auf einem besonderen Rechtstitel dergestalt beruhen, daß sie für die Beteiligten als begründete oder erworbene Rechte auftreten. Als solche besondere „Rechte" sind aber die Rechte der Gemeindemitglieder auf die Nutzung des Gemeindevermögens nicht anzusehen. Denn vermöge ihres Eigentums und der Dispositionsbefugnis des Eigentümers ist die Gemeinde berechtigt, durch **Beschluß** über die Nutzungen ihres Vermögens dahin zu disponieren, daß sie dieselben (z. B. die Weide auf einem Grundstück) allen oder gewissen Gemeindegliedern überläßt. Solange der Beschluß besteht, hat der Einzelne das öffentliche Recht auf diese Nutzung (§§ 18 u. 34 Abs. 1 Nr. 1 und Abs. 2 u. 3 Zust.-Ges.); er hat dasselbe gegen Dritte, wie gegen die Organe der Gemeinde, aber nur kraft des einseitig erklärten

Korporationswillens und nur solange dieser geltende Norm der Ortsverfassung bleibt. Gegenüber der Gemeinde hat er kein Recht auf Aenderung dieses Willens. Thut sie dies, so verletzt sie den Einzelnen nicht in seinem Rechte. Denn seine bisherige Nutzung war lediglich Ausfluß des Korporationswillens, dem er als Gemeindeglied unterworfen bleibt, nicht aber der Ausfluß eines Verhältnisses, welches ihm ausnahmsweise die Befugnis verliehen hätte, die Gemeinde auch wider ihren Willen zur Fortgestaltung der Nutzung zu zwingen; er hat eben kein Sonderrecht erworben.

5) Wie durch förmlichen geschriebenen Beschluß kann ein vom Korporationswillen abhängiges Nutzungsrecht auch durch Herkommen begründet werden.

6) Beruht indessen die Nutzung des Bürgervermögens nicht mehr auf einseitigem Korporationswillen, sondern auf einem Vertrage, dann kann der letztere nicht einseitig gebrochen werden. Wenn z. B. ein abgeholzter Wald durch Gemeindebeschluß denjenigen Gemeindegliedern, die ihn in Ackerkultur setzten, auf bestimmte Jahre zur Nutzung überlassen ist, so liegt für diese Gemeindeglieder in Erfüllung dieser Bedingung ein vertragsmäßiges Sonderrecht und die Gemeinde kann nicht durch Beschluß einseitig vor Ablauf der bestimmten Frist von dem Vertrage abgehen. Dasselbe gilt, wenn nach dem Herkommen die Nutzung durch den Besitz bestimmter Hof- oder Hausstellen oder durch besonderen Erwerb (§ 24 a. a. O.) bedingt wird; denn hier steht regelmäßig ein Rest der alten Markenverfassung in Frage und ist das Vermögen der Realgemeinde im Laufe der geschichtlichen Entwickelung nicht als ein freies, sondern als ein mit den Nutzungsrechten beschwertes in das Eigentum der politischen Gemeinde übergegangen. In gleicher Weise ist die Frage für die Fälle, in welchen die Nutzung herkömmlich nicht allen Gemeindegliedern, sondern nur Klassen derselben zusteht, bezüglich der Landgemeinden in den östlichen Provinzen durch die positive Vorschrift des § 31 Tit. 7 T. II A. L.-R. und jetzt des § 69 Abs. 3 Landgemeindeordnung vom 3. Juli 1891 enschieden.

7) Wer aus der Existenz eines solchen Sonderrechts Ansprüche herleitet, hat dasselbe zu erweisen, und dazu genügt nicht die Thatsache, daß die Gemeinde die Nutzung durch ihre Mitglieder bisher zugelassen hat, sondern ist der Nachweis darüber erforderlich, daß jene zu dieser Zulassung den Einzelnen gegenüber rechtlich verpflichtet war.

Nr. 131.

Endurteil des II. Senats vom 11. April 1893 (Entsch. Bd. XXIV. S. 97.)

1) Der § 62 der Rheinischen Landgemeindeordnung vom 23. Juli 1845 schreibt die schriftliche Zusammenberufung des Gemeinderats als derart wesentlich vor, daß beim Mangel derselben eine Sitzung in gesetzlicher Form nicht abgehalten, ein rechtswirksamer Beschluß nicht gefaßt werden kann. Eine solche Rechtswirksamkeit erhält der von vornherein nichtige Beschluß auch nicht durch die event. vorgeschriebene Bestätigung der Aufsichtsorgane.

2) Aufgabe des Verwaltungsrichters ist es, die rechtliche Gültigkeit der Gemeindebeschlüsse nach allen Seiten, sowol der formalen wie auch der materiellen zu untersuchen, um zunächst grundlegend das anzuwendende Recht festzustellen.

3) Auch die Einstimmigkeit der erschienenen Gemeinderatsmitglieder deckt nicht den Mangel in der Zusammenberufung. Jedes Mitglied hat das gleiche gesetzliche Recht, berufen und gehört zu werden. Danach darf die Ladung unter keinen Umständen unterbleiben — selbst dann nicht, wenn für den Ge-

ladenen kaum mehr die Möglichkeit besteht, sich noch rechtzeitig zur Sitzung einzufinden.

4) Schreibt das Gesetz eine schriftliche Zusammenberufung vor, ohne weitere dispositive Bestimmungen hierüber zu treffen, kann die Einladung innerhalb des Gemeinderats auch mittelst Kurrende erfolgen, wenn dies Ortsgebrauch ist; doch kann der Ortsgebrauch nicht soweit sich erstrecken, daß auswärtige Mitglieder überhaupt nicht geladen werden. Dies widerspricht den allgemeinen Grundsätzen und verstößt direkt gegen die positive gegenteilige Bestimmung in § 62 a. a. O.

Nr. 132.

Endurteil des I. Senats vom 14. Januar 1893 (Entsch. Bd. XXIV. S. 104).

1) Das Haben einer gewerblichen Anlage macht zwar nach § 1 des Kommunalabgabengesetzes vom 27. Juli 1885 an sich gemeindesteuerpflichtig; in welchen Gemeinden aber die Steuerpflicht in Wirksamkeit tritt, bestimmt sich nach § 2 a. a. O.

2) Eine gesetzliche Definition des Begriffs der „Betriebsstätte" giebt es nicht; aus der sprachlichen Bedeutung des Wortes „Betrieb" als einer fortgesetzten Thätigkeit aber ergiebt sich, daß Betriebsstätte die Stelle ist, an der sich dauernd und bleibend diejenigen Thätigkeiten vollziehen, welche den Inhalt des Betriebes bilden.

3) Ist die Quelle des Einkommens der Besitz eines Kanals und sein Betrieb, so ist der Kanal als eine einheitliche Betriebsstätte anzusehen. Gleichviel ob der Kanal den Charakter einer gewerblichen Anlage oder den eines Grundeigentums hat, das Einkommen aus demselben unterliegt der Heranziehung zu den Gemeindeabgaben nach § 1 Abs. 3 a. a. O. Wird der Kanal als gewerbliche Anlage betrachtet, hat zwar die Ermittelung des auf eine Gemeinde entfallenden Anteils am Gesamtgewinn nach § 7 b a. a. O. zu erfolgen; aber es wird dadurch die Befugnis des betreffenden Gemeindevorstehers zur selbständigen Einschätzung nicht ausgeschlossen.

Nr. 133.

Endurteil des II. Senats vom 7. April 1893 (Entsch. Bd. XXIV. S. 108).

Eine Gruppe von Gemeindeangehörigen, die für sich eine Freilassung von Abgaben als eine für sich bestehende Abteilung des Gemeindebezirks in Anspruch nimmt, muß bereits zu der Zeit, da das Gemeindebedürfnis hervortritt und zu seiner Deckung geschritten wird, als ein von der Gemeinde — dem Gesammtverbande — sich abhebendes, besonderes Glied derselben verfassungsmäßig „für sich bestehen", als solches anerkannt sein. Wo es hieran fehlt, ist es ausgeschlossen, daß Einzelne ihren Befreiungsanspruch erst gegenüber den das Bedürfnis anerkennenden, auf dessen Befriedigung abzielenden Beschlüssen der Gemeinde behufs Anwendung ihrer Beitragspflicht geltend machen. Selbst da ist dies ausgeschlossen, wo nach Lage der örtlichen oder anderer thatsächlicher Verhältnisse an sich zwar anerkannt werden muß, daß die Gemeinde sich nach einer oder der andern Richtung hin schon früher in mehrere erkennbare Bestandteile gliederte, diese Verhältnisse aber zu einer öffentlich-rechtlichen, wenn auch nur in längerer Uebung hervortretenden Anerkennung noch nicht geführt haben.

Nr. 134.

Endurteil des II. Senats vom 10. Januar 1893 (Entsch. Bd. XXIV. S. 113).

Bei dem Einkommen aus einzelnen Objekten oder aus besonderen Vermögenscomplexen sind auch die Zinsen solcher Schulden als abzugsfähig zu erachten, welche ihrer Natur und Entstehung nach zu dem Besteuerungsobjekte dergestalt in erkennbarer, unmittelbarer Beziehung stehen, daß die Zinsen von dessen Ertrage abgehen, bevor derselbe als Reinertrag erscheint. In unmittelbarer Beziehung zu einem Fideikommißbesitze stehen aber die Fideikommißschulden und die zufolge der Stiftungsurkunde, bezw. besonderer Abmachungen den Agnaten, sowie der Witwe eines früheren Besitzers zu zahlenden Apanagen und Abfindungen. Eine Ausnahmestellung hiervon nehmen wiederum diejenigen in solcher Weise den Besteuerungsobjekten anhaftenden Schulden ein, welche zugleich durch hypothekarische Eintragung gesichert worden sind. Denn der Zusammenhang, welcher durch die Eintragung zwischen den Revenüen und den Schuldzinsen herbeigeführt wird, ist ein stärkerer als derjenige, welcher auf lediglich wirtschaftlichen Gründen beruht. Diese ganzen Abzüge sind auf die verschiedenen, aus dem Fideikommißvermögen fließenden Einnahmen ratierlich zu verteilen. da sie eine Last des Gesamtfideikommisses bilden.

D. Dienstunkostenentschädigung.

(Einzuschalten auf Seite 258 des Hauptwerkes.)

Nr. 4.

Endurteil des II. Senats vom 1. November 1892 (Entsch. Bd. XXIII. S. 79).

1) Der Landrat führt als Vorsitzender des Kreisausschusses nach § 24 Zust.-Ges. die Aufsicht des Staates über die Landgemeinden und Bürgermeistereien in der Rheinprovinz. Findet derselbe in den ihm vorgelegten Etats irgendwelche Verstöße, so hat er entweder nach § 29 Zust.-Ges. den Bürgermeister anzuweisen, den Beschluß der Gemeinderäte zu beanstanden oder nach § 35 a. a. O. die Eintragung in den Etat zu verfügen. Im ersteren Falle steht dem Gemeinderate die Klage gegen die Beanstandung des Bürgermeisters im Verwaltungsstreitverfahren, im letzteren der Gemeinde die Klage gegen die landrätliche Verfügung zu.

2) Hält der Landrat noch weitere Ermittelungen für notwendig, von deren Resultat sein Beschluß abhängig gemacht wird, so kann er nach § 24 Zust.-Ges. von Aufsichtswegen anordnen, vorläufig auf die betreffenden Posten des Etats keine Ausgabe anzuweisen. In einem solchen Falle steht der Gemeinde ein Klagerecht nicht zu, sondern nur der Weg der Beschwerde beim Regierungs-Präsidenten. Weitere Rechte sind dem Landrat als Aufsichtsbehörde entzogen, insbesondere steht ihm nicht die „Beanstandung" des Etats oder von Beschlüssen der Gemeindebehörden zu. (§ 29 Abs. 2 Zust.-Ges.)

3) Demnach kann eine Verfügung des Landrats „bis nach anderweiter Festsetzung der Dienstunkosten jede Verrechnung von Ausgaben auf die in Betracht kommenden Etatspositionen zu unterlassen" nicht als eine „Beanstandung", sondern lediglich als eine aus dem allgemeinen Aufsichtsrechte fließende getroffene Anordnung angesehen werden, gegen welche nur die Beschwerde zulässig ist.

E. Gemeindewahlen.

(Einzuschalten auf Seite 269 des Hauptwerkes.)

Nr. 27.

Endurteil des I. Senats von 18. Mai 1892 (Entsch. Bd. XXIII. S. 75).

Die Hannover'sche Landgemeindeordnung vom 28. April 1859 überweist das Stimmrecht dem Besitzer oder Nießbraucher eines Grundstücks als ein ihm persönlich zustehendes Recht (§ 8 Nr. 1) und überläßt es seinem freien Ermessen, ob und durch welchen Bevollmächtigten er dies sein persönliches Recht ausüben will. Verstanden ist hierunter der jeweilige Besitzer oder Nießbraucher des Grundstücks, und diesem darf durch den Erblasser weder das Recht, persönlich zu stimmen, noch dasjenige, hierfür einen Bevollmächtigten nach seiner Wahl zu bestellen, eingeschränkt werden. Dasselbe gilt von dem Vertreter des Besitzers oder Nießbrauchers.

G. Armenangelegenheiten.

(Einzuschalten auf Seite 272 des Hauptwerkes).

Nr. 4.

Endurteil des I. Senats vom 22. Februar 1893 (Entsch. Bd. XXIV. S. 121).

1) Mit der Auflösung eines Gemeinde-(Guts-)bezirks fällt das für diesen ergangene Gemeindestatut weg, es bedarf dann nicht noch eines besonderen die Aufhebung oder Abänderung der Norm des Statuts verfügenden Aktes.

2) Nicht alle Verwaltungsakte sind der Prüfung des Verwaltungsrichters entzogen, sondern im allgemeinen nur gewisse organisatorische Verwaltungsakte wie Eingemeindungs-Beschlüsse.

Zweite Abteilung.

Kultus, Schule und Personenstand.

IX.

Die Schule.

B. Schulabgaben.

(Einzuschalten auf Seite 39 des Ergänzungsbandes 1892).

Nr. 95.

Endurteil des II. Senats vom 3. Juni 1892 (Entsch. Bd. XXIII. S. 85).

Auf der linken Rheinseite liegt im allgemeinen die Unterhaltung der Volksschulen den bürgerlichen Gemeinden ob. Die Gemeindeordnung vom 11. März 1850 ließ indeß auch eine hierin abweichende Norm zu, indem die Auferlegung von Zwecksteuern (Schulbaukosten) an einzelne Pflichtige statthaft waren, wie dies ähnlich in andern Gebietsteilen z. B. durch Heranziehung der Hauseigentümer zu Bürgersteigskosten zulässig ist.

Durch die spätere im Jahre 1856 erfolgte Aufhebung der Gemeindeordnung von 1850 und Wiedereinführung der Gemeindeordnung vom 23. Juli 1845 ist in diesem Rechtszustande nichts geändert worden, da Art. 7 des Ges. vom 15. Mai 1856 den Gemeinden hinsichtlich der Abgabenerhebung auch mit geographischer Abgrenzung die nämliche Autonomie verliehen hat, wie sie den Stadtgemeinden gewährt worden ist.

Nr. 96.

Endurteil des II. Senats vom 27. April 1892 (Entsch. Bd. XXIII. S. 95).

1) Wenn das Allgemeine Landrecht den gelehrten Schulen nur die „gemeinen“ gegenüberstellt, welche dem ersten Unterrichte der Jugend dienen, dieser die jedem vernünftigen Menschen nothwendigen Kenntnisse vermitteln sollen (§§ 12 und 46 Tit. 12 Teil II. A. L.-R.), diejenigen Anstalten dagegen, welche zwar eine höhere, als die staatlich zu erzwingende, aber doch noch keine gelehrte Bildung erstreben und welche als Bürger-, Rektorat-, höhere Töchter- oder jetzt allgemein als „Mittelschulen“ bezeichnet werden, unerwähnt läßt, so sind diese nach Wesen und Bestimmung mehr den gemeinen, als den gelehrten Schulen gleichzustellen und entsprechend zu behandeln.

2) Der Zuständigkeit der Schulabteilungen, für eine Unterrichtsanstalt das im öffentlichen Interesse erforderliche zu bestimmen und festzustellen, was

der Unternehmer, um diesen zu genügen, zu unterlassen oder zu leisten hat, ist auch bei solchen Mittelschulen ebensowenig in Zweifel zu ziehen, wie deren fernere Befugnis, ihren bezüglichen Anordnungen insoweit Nachdruck zu geben, als sie „schädliche Anordnungen oder Mißbräuche“, welche Bildung, Sittlichkeit oder Religiosität der Jugend gefährden (§ 5 Tit. 12 T. II. A. L.-R.; § 7 der Minist.-Instrukt. v. 31. Dezember 1839), dadurch verhindern kann, daß sie ihre Genehmigung zu der mangelhaft gewordenen, ihren Anforderungen nicht mehr entsprechenden Anstalt zurückzieht und dadurch deren Fortbetrieb unmöglich macht. Aber daraus folgt noch nicht unmittelbar und nicht unbedingt, von dem Unternehmer durch Zwang zu fordern, daß er die im öffentlichen Interesse zum Fortbetriebe der Anstalt unentbehrlichen Leistungen auch positiv aufwendet. Bezüglich der Mittelschulen fehlt es an einer ausdrücklichen Gesetzesnorm, welche die Gemeinden oder sonstige Institute des öffentlichen Rechts zu deren Errichtung oder Erhaltung verpflichtet. Ein gesetzlicher Zwang zum Besuche der Mittelschule, weil sie ein Mehr als die notwendige Bildung erstrebt, und darum auch ferner eine durch das Gesetz begründete Notwendigkeit, daß Mittelschulen überhaupt vorhanden sind oder bleiben, besteht nicht, und fehlt mithin für diese der gesetzgeberische Grund, welcher dazu genötigt hat, die — in Gemeinden oder Sozietäten vereinigten — Einwohner des Staats zur Errichtung und Erhaltung der Volksschulen durch die §§ 29 bis 38 Tit. 12 T. II. A. L.-R. zu verpflichten. Deren analoge Anwendung auf die Mittelschulen ist daher als zulässig nicht zu erachten und auch thatsächlich nicht erachtet. Es ist weder eine gesetzliche Vorschrift, noch eine ungeschriebene Norm, die aus dem Zusammenhange der auf die Schul- und Kommunalverhältnisse bezüglichen staatsrechtlichen Grundsätze abgeleitet werden könnte, erkennbar, welche die Gemeinde verpflichtet, freiwillig errichtete Mittelschulen wider ihren Willen nach den im öffentlichen Unterrichts-Interesse gestellten Anforderungen der Aufsichtsbehörde zu erhalten. Dies schließt selbstverständlich nicht aus, daß aus besonderen Umständen eine Rechtspflicht, sei es für die gesamte Unterhaltung der Anstalt, sei es für einzelne bestimmte, unter diese fallende Leistungen anderweit entstehen kann.

Nr. 97.

Endurteil des I. Senats vom 27. April 1892 (Entsch. Bd. XXIII. S. 108).

Die Aufsichtsbehörde ist wohl befugt, den durch objektive oder vertragsmäßige Namen nicht bestimmten Betrag einer Lehrerpension gegenüber der zur Gewährung der Pension verpflichteten Kommune rechtsverbindlich festzusetzen und zur Zwangsetatisierung zu schreiten.

Nr. 98.

Endurteil des I. Senats vom 2. April 1892 (Entsch. Bd. XXIII. S. 113).

1) Schulgeld ist das an die Schule oder den Lehrer zu entrichtende Entgelt für den Schulunterricht. Es wird gezahlt für die die Schule besuchenden Kinder und zwar nicht von den Schulunterhaltungspflichtigen, sondern von denjenigen, welchen die Fürsorge für die Kinder, der Unterhalt derselben obliegt. Hierzu gehört auch die Erhebung von „Schulholzgeld.“ Auf die Bestimmung des Schulgeldsatzes sind die Verhältnisse der zur Schulgeldzahlung Verpflichteten ohne Einfluß. Entscheidend ist der Verpflichtungsgrund und nicht der Verwendungszweck. Hierdurch unterscheidet sich das Schulgeld grundsätzlich von den Schulunterhaltungsbeiträgen, welche von den zur Schule

gewiesenen Hausvätern oder den dazu gehörigen Ortschaften, Herrschaften und Gemeinden oder sonstigen Trägern aufzubringen sind.

2) Das Schulgeld ist keine Abgabe im Sinne des § 46 Zust.-Ges. und des § 14 des Gesetzes über die Verjährungsfristen bei öffentlichen Abgaben vom 18. Juni 1840. Demgemäß besteht zur Innehaltung einer Reclamationsfrist oder zur Anstellung der Klage gegen den ablehnenden Beschluß der örtlichen Behörde keine Pflicht; auch bedarf es nicht der vorgängigen Herbeiführung eines solchen Beschlusses, damit gegenüber einer zur Ungebühr erfolgten Einziehung von Schulgeld das Klagerecht auf Zurückforderung zur Entstehung gelange. —

3) Selbst bei Nichtanerkennung der Zahlungsverpflichtung hat der Pflichtige die geforderte Abgabe vorläufig zu zahlen. Die Erstattung der durch eigenes Verschulden verursachten Zwangsvollstreckungskosten kann nicht verlangt werden. —

Nr. 99.

Endurteil des I. Senats vom 4. Mai 1892 (Entsch. Bd. XXIII. S. 121).

1) Der § 2 des Ges. vom 26. Mai 1887 hat die Beschlußbehörde ausdrücklich zur Bestimmung über Anforderungen gegen „die zur Unterhaltung der Schule Verpflichteten (Gemeinden, Schulgemeinden, -sozietäten u. s. w. und Dritte statt derselben oder neben denselben verpflichte)“ berufen, ohne hierbei irgendwie zu unterscheiden, ob deren Pflicht aus einer landes- oder provinzialrechtlichen Norm oder aus einem besonderen, dem öffentlichen Rechte und der örtlichen Schulverfassung angehörigen Rechtstitel entspringt. Deshalb sind auch die Beschlußbehörden befugt, zu untersuchen, ob im Einzelfalle an Stelle des landesgesetzlich (subsidiär) pflichtigen Subjects ein Dritter kraft des öffentlichen Lokalrechts unterhaltungspflichtig ist.

2) Der Feststellungsbeschluß der Beschlußbehörde hat keine weiteren rechtlichen Wirkungen als die bisherigen der Schulaufsichtsbehörde. Wird die festgestellte Leistung erzwungen entweder durch Einziehung gemäß § 46 Zust.-Ges. oder gemäß §§ 19, 35 bezw. 48 a. a. O. durch Zwangsetatisierung, können die Beteiligten aus dem § 46 bezw. aus den §§ 19, 35 und 48 immer noch ihre Klage damit begründen, daß sie zur Zahlung resp. etatierten Leistung rechtlich nicht verpflichtet sind, sei es weil die Leistungen entweder nach dem geltenden materiellen Rechte oder innerhalb der Zuständigkeit der feststellenden Behörde von dieser überhaupt rechtmäßig nicht hätten festgestellt werden können.

3) Die Feststellung der Leistungen ist abweichend von den sonst für Zwangsetatisierungen angewendeten Grundsätzen nur bezüglich der Notwendigkeit und Zweckmäßigkeit, nicht jedoch bezüglich der Rechtmäßigkeit der festgestellten Leistung für den Verwaltungsrichter bindend.

Nr. 100.

Endurteil des I. Senats vom 18. Mai 1892 (Entsch. Bd. XXIII. S. 127).

So lange ein Gehaltsregulativ für Lehrer besteht, bildet es sowohl für diese als auch für die zur Gewährung ihrer Besoldung verpflichtete Stadt und für die Aufsichtsbehörde die allein maßgebende Norm. Ueber diese allgemeine Norm im Einzelfalle hinauszugehen und ein Mehreres als die normalmäßigen Bezüge zu fordern, ist die Aufsichtsbehörde gegen den Willen der Stadt solange nicht befugt, bis das Normalregulativ — was die Regierung bis zum Erlaß des Gesetzes vom 26. Mai 1887 durfte — entsprechend abgeändert ist. Da den durch das Gesetz von 1887 berufenen Beschlußbehörden eine weitergehende Zuständigkeit, als sie für die Regierung begründet war, nicht übergegangen ist, ist für dieselbe — den Bezirksausschuß — die vor Erlaß des Gesetzes rechtsgültig zu Stande gekommene Norm ebenfalls verbindlich.

C. Schulbauten.

(Einzuschalten auf Seite 43 des Ergänzungsbandes 1892.)

Nr. 45.

Endurteil des I. Senats vom 4. Mai 1892 (Entsch. Bd. XXIII. S. 129).

1) Nur Streitigkeiten über öffentlich-rechtliche Bauverpflichtungen unterliegen der Beschlußfassung nach Maßgabe des § 47 Abs. 1 Zust.-Ges. vorbehaltlich des Verwaltungsstreitverfahrens.

2) Hat ein Lehrer in Fürsorge für sein persönliches und hauswirtschaftliches Bedürfnis Baulichkeiten in seiner Dienstwohnung ausführen lassen, steht ihm gegen die Gemeinde nur ein privatrechtlicher Anspruch auf Ersatz des in deren Nutzen Verwendeten zu, ein Anspruch, der mangels gütlicher Verständigung vor dem ordentlichen Richter zum Austrage gebracht werden muß.

Nr. 46.

Endurteil des I. Senats vom 18. November 1891 (Entsch. Bd. XXIII. S. 132).

1) Nach § 47 Zust.-Ges. findet die Klage im Verwaltungsstreitverfahren nicht nur statt gegen den Beschluß der Schulaufsichtsbehörde, durch welchen der Streit über die Anordnung von Neu- und Reparaturbauten bei Volksschulen, über die öffentlich-rechtliche Verpflichtung zur Aufbringung der Baukosten, sowie über die Verteilung derselben auf Gemeinden und Dritte entschieden wird, sondern es unterliegen auch im übrigen Streitigkeiten der Beteiligten darüber, wem von ihnen die öffentlich-rechtliche Verbindlichkeit zum Bau oder zur Unterhaltung der Schule obliegt, der Entscheidung im Verwaltungsstreitverfahren und es kann insbesondere auch die Klage im Verwaltungsstreitverfahren auf Erstattung des irrtümlich Geleisteten gegen einen aus Gründen des öffentlichen Rechts verpflichteten Dritten gerichtet werden.

2) Hat Jemand aus Liberalität oder aus einem sonstigen nicht öffentlich-rechtlichen Grunde zu den Schulbaukosten beigetragen, ist das Verwaltungsstreitverfahren auf Rückerstattung ausgeschlossen.

3) Der Streit zwischen den Beteiligten allein darüber, wem von ihnen die öffentlich-rechtliche Bauverpflichtung obliegt, ist unabhängig von dem Beschlusse der Schulaufsichtsbehörde zu entscheiden.

4) Der Gutsherr kann sich seiner gutsherrlichen Pflichten willkürlich durch einseitige Handlungen nicht entziehen und es bedarf zur Aufhebung der gutsherrlichen Pflichten und Rechte eines besonderen Aktes der Staatshoheit.

5) Durch Eingehen einer Landgemeinde infolge Erhebung zu einer Stadt mittelst eines Aktes der Staatshoheit gehen die gutsherrlichen Rechte und Pflichten von selbst verloren, da die Landgemeinde, der gegenüber sich die Befugnisse und Pflichten gründeten, aufgehört hat zu existieren. (§ 36 Tit. 12 T. II. A. L.-R.)

6) Für die Aufbringung der Baukosten für Volksschulen sind lediglich die §§ 34 bis 36 a. a. O. entscheidend; gegen diese, die Schulbaupflicht erschöpfend regelnden Bestimmungen ist die Bildung einer abweichenden Observanz nicht zulässig.

7) Die im § 178 Tit. 16 T. I. A. L.=R. erwähnte moralische Verpflichtung zu einer Zahlungsleistung ist nicht identisch mit einer sittlichen, sondern es ist unter derselben eine unvollkommene d. h. eine aus einem Rechtsverhältnisse entspringende Verpflichtung zu verstehen, welche wegen eines positiven Gesetzes vor Gericht keine Geltung findet und daher klaglos ist, wie die obligatio naturalis des römischen Rechts (§ 86 Einl., § 179 Tit. 16 T. I. A. L.=R., Erkenntnis des früheren Obertribunals vom 13. Sept. 1859 Entsch. Bd. 42 S. 104.)

Nr. 47.

Endurteil des I. Senats vom 21. September 1892 (Entsch. Bd. XXIII. S. 141).

1) Nach § 79 Tit. 14 T. II. A. L.=R. soll rechtlich gehört werden, wer aus besonderen persönlichen Gründen die Befreiung von einer öffentlichen Abgabe, oder wer in der Bestimmung seines Anteils über die Gebühr belastet zu sein behauptet. Der rechtlich völlig Befreite, aber thatsächlich Herangezogene ist dagegen gegen die nach seiner Ansicht entweder zu niedrig oder gar nicht Herangezogenen aus § 9 a. a. O. ebenso zur Klage im Verwaltungsstreitverfahren berechtigt, wie derjenige Kontribuent, welcher nur eine Ermäßigung beansprucht. Es ist dabei gleichgiltig, ob der Klageanspruch gleich nach der Verteilung oder erst später geltend gemacht wird; denn für denselben besteht keine andere Schranke als die allgemeine Verjährungsfrist.

2) Zu den durch § 46 Abs. 3 Zust.=Ges. der Entscheidung im Verwaltungsstreitverfahren überwiesenen Streitigkeiten über die im öffentlichen Rechte begründeten Schulabgaben gehören auch Ersatzansprüche ohne irgend welche Einschränkungen. Entscheidend hierbei ist es nicht, in welchen Zeitraum diejenigen Begebenheiten entfallen, aus denen der Streit erwachsen ist, sondern allein der Zeitpunkt, in welchem letzterer anhängig gemacht wurde.

Nr. 48.

Endurteil des I. Senats vom 19. Oktober 1892 (Entsch. Bd. XXIII. S. 151).

1) Das Gesetz vom 18. Juni 1840 über die Verjährungsfristen findet auf Streitigkeiten der Steuer=Kontribuenten unter einander keine Anwendung.

2) Eine Steuerschuld entsteht nach der positiven Vorschrift des Gesetzes vom 18. Juni 1840 § 1 Abs. 1 erst durch die Thatsache der „Heranziehung" im Gegensatz zu den privatrechtlichen Verbindlichkeiten, welche bereits durch den Vertragsabschluß begründet werden. Daraus folgt, daß der zu Unrecht zur Steuer Herangezogene gegen den eigentlich Verpflichteten einer wesentlich anderen rechtlichen Beurteilung bedarf, als es bei privatrechtlichen Ansprüchen ähnlicher Art erforderlich ist. Wird z. B. eine Steuer statt von B. von A. gefordert, so besteht zunächst für A. die Verpflichtung, die veranlagte Steuer zu zahlen, so lange die Veranlagung nicht außer Kraft gesetzt ist. A. hat seine eigene Verbindlichkeit zu tilgen, während eine Schuld dem steuerberechtigten Verbande gegenüber für B. noch nicht entstanden ist. Da aber A. an Stelle des B. eine öffentlich=rechtliche Verbindlichkeit erfüllt hat, ist auch sein Erstattungsanspruch gegen den wirklich Verpflichteten B. öffentlich=rechtlicher Natur. Mit Rücksicht hierauf hat das Zust.=Ges. auch in den §§ 46, 160 die Entscheidungen solcher im öffentlichen Rechte begründeter Verbindlichkeiten ohne Einschränkungen den Verwaltungsgerichten übertragen.

Nr. 49.

Endurteil des I. Senats vom 15. Juni 1892 (Entsch. Bd. XXIII. S. 155).

1) Den Schulbaupflichtigen liegt in Ermangelung eigener Gebäude die mietweise Beschaffung der erforderlichen Räumlichkeiten, ferner die Errichtung von Scheune und Stall für den Lehrer auf dem Lande, die Anlegung eines Brunnens, die Hergabe oder der Ankauf eines Bauplatzes u. dgl. ob. Von demselben Gesichtspunkte aus bildet nicht minder der Ersatz für eine abgenutzte Umwährung des Schulgehöftes einen Teil der Schulbaulast. Dem steht nicht entgegen, daß in einzelnen Rechtsgebieten der Gutsherr des Schulortes Holz nur zu den Gebäuden und nicht auch zu den Umzäunungen und Gehegen herzugeben hat.

2) Die Schulgemeinden haben als solche im Geltungsbereiche des Schles. Schulreglements vom 3. November 1765 keine selbstständige Rechtspersönlichkeit. Die bei der Schulbaulast beteiligte politische Gemeinde kann im Verwaltungsstreitverfahren klagend auftreten.

3) Nach Nr. 13 ff. des Schles. Schulreglements haben die Gutsherrschaften zur Unterhaltung der Zäune in Konkurrenz mit den Gemeinden im Streitfalle nach dem von der Königl. Regierung, Abteilung für Kirchen- und Schulwesen, bestimmten Verhältnis beizutragen.

4) Ist eine Gutsherrschaft aus Rechtsirrtum zu einem solchen Beitrage bisher nicht herangezogen worden, so ändert dies an der Beitragspflicht nichts, da dadurch ein Gewohnheitsrecht nicht begründet werden kann.

5) Die Notwendigkeit eines Baues und die Angemessenheit der Kosten können in der Revisionsinstanz nicht mit Erfolg angegriffen werden.

Nr. 50.

Endurteil des I. Senats vom 9. Juli 1892 (Entsch. Bd. XXIII. S. 162).

1) Im Geltungsbereich der Schulordnung für die Provinz Preußen vom 11. Dezember 1845 hat der Schulvorstand, wenn mehrere Gemeinden und Gutsbezirke zu derselben Schule gehören, die Verteilung der Schulunterhaltungskosten auf die einzelnen Kommunalbezirke (§ 40 a. a. O.) zu bewirken. Die untere Veranlagung in den einzelnen Bezirken gebührt deren Vorsteher, also im Gutsbezirke dem Gutsvorsteher.

2) Im Gutsbezirk sind nicht nur die Gutseinwohner, sondern auch der an ihrer Statt subsidiär verpflichtete Grundherr die Träger der Schullast.

3) Der obrigkeitlichen Gewalt des Gutsvorstehers ist zur Durchführung und Erfüllung der öffentlichen Lasten Jeder unterworfen, welcher nach Maßgabe des Gesetzes in seinem Gutsbezirk eine öffentliche Last zu erfüllen hat, also auch der Fiscus. Wohnt der Pflichtige nicht im Bezirk, hat er für Durchführung seiner Zwangsbefugnis die Mitwirkung der Wohnbehörde in Anspruch zu nehmen.

4) Soweit Gutsvorsteher und Grundherr nicht identisch sind, hat die Veranlagung des letzteren allein von ersterem auszugehen. Sind beide identisch, hat, sofern nicht für diesen Zweck ein stellvertretender Gutsvorsteher bestellt ist, die Schulaufsichtsbehörde denjenigen zu bestimmen, welcher den Gutsvorsteher in seiner Eigenschaft als Grundherr zu veranlagen hat.

Nr. 51.

Endurteil des I. Senats vom 4. Februar 1893 (Entsch. Bd. XXIV. S. 125).

Nach § 3 des Gesetzes vom 14. Mai 1873 bewirkt die Erklärung des Austritts aus der Kirche, daß der Austretende zu Leistungen, welche auf der persönlichen Kirchen- oder Kirchengemeindegehörigkeit beruhen, nicht mehr verpflichtet ist. Zu diesen Leistungen gehören aber nicht solche an die Volksschule; denn diese ist auch dann, wenn sie nur für eine einzelne Religionspartei bestimmt ist, kein kirchliches Institut, sondern eine Staatsanstalt (§ 1, Tit. 12, Th. II, A. L.-R.), ihre Unterhaltung liegt auch — abgesehen von der auf der Mitbenutzung des Schulhauses zu kirchlichen Zwecken begründeten Ausnahme des § 37 ibid. — nicht den Kirchengemeinden oder Kirchenangehörigen, sondern den zur Schule gewiesenen Hausvätern ob (§§ 29, 30, 34 a. a. O.) Hiernach kann der Austritt aus einer bestimmten Glaubensgemeinschaft auch die Freiheit von der Verpflichtung, zur Unterhaltung der für ihr Bekenntnis bestimmten Schule beizutragen, nicht zur unmittelbaren rechtlichen Folge haben; er kann vielmehr nur mittelbar ein Ausscheiden aus der Hausvätersozietät herbeiführen, wenn durch ihn sich die Bedingungen ändern, welche die Zuweisung zu einer bestimmten Schule bewirken. Dies ist zweifellos der Fall, wenn mit dem Austritt zugleich der Uebertritt zu einer Religionspartei verbunden ist, für welche eine andere Schule bestimmt ist; denn hier greift die Bestimmung im § 30 a. a. O., daß beim Bestehen mehrerer gemeiner Schulen Jeder nur zur Unterhaltung der Schule seiner Religionspartei verpflichtet ist, unmittelbar Platz. Ganz anders aber stellt sich die Frage, wenn der Ausgetretene keiner andern oder doch nur einer solchen Religionsgemeinschaft beitritt, über deren Zuweisung zu einer von mehreren bestehenden Schulen nichts bestimmt ist. In diesem Falle bleibt der Ausgetretene in seinem bisherigen Schulverbande, bis über seine Zuweisung zu einer andern seitens der Regierung, als der zuständigen Schulaufsichtsbehörde, verfügt ist; denn die entgegengesetzte Annahme würde zu der völlig unannehmbaren Folgerung führen, daß der Ausgetretene von dem allgemeinen Schulzwange und von der Pflicht, an der Unterhaltung der Volksschulen Theil zu nehmen, gänzlich frei wird.

Nr. 52.

Endurteil des I. Senats vom 5. November 1892 (Entsch. Bd. XXIV. S. 132).

1) Wenn im Gebiete des Allgemeinen Landrechts die bürgerlichen Gemeinden die regelmäßig den Hausvätern obliegende Schulunterhaltung freiwillig durch den von der Aufsichtsbehörde bestätigten Beschluß übernommen haben, so liegt ihnen kraft des geltenden Rechts die Schullast als eine gesetzliche Leistung ob.

2) Der Schulunterhaltungspflichtige hat alles im öffentlichen Unterrichtsbedürfnisse Erforderliche zu gewähren, (§§ 29 und 34 ff., Tit. 12, Th. II, A. L.-R.) und es ist der Umfang des so Erforderlichen von der Schulaufsichtsbehörde nach pflichtmäßigem Ermessen zu bestimmen (§ 18 der Regierungsinstruction vom 23. October 1817), soweit jenes nicht ausnahmsweise im Einzelnen durch Spezialgesetze (z. B. Lehrerpensionen, Relictenbeiträge) oder durch rechtsbeständige Normen der örtlichen Schulverfassung bereits geregelt ist.

3) Die Anforderung, daß das Diensteinkommen der Lehrer an einer Schule durch Alterszulagen mit Rücksicht auf deren auswärtige Dienstzeit zu erhöhen ist, betrifft eine erhöhte Leistung, über welche lediglich nach dem Bedürfnis der Schule, somit nach dem Ermessen der Behörde zu entscheiden und nach § 2 des Gesetzes vom 26. Mai 1887 durch die Beschlußbehörde zu befinden ist.

4) Wenn der Provinzialrat das Bedürfnis aus Rücksichten für die Ordnung des Schul- und Gehaltwesens bejaht und dementsprechend die

Gehaltserhöhung festgesetzt hat, so ist diese Festsetzung zwar nicht mehr auf ihre Notwendigkeit und Angemessenheit, wohl aber auf ihre Rechtmäßigkeit vom Verwaltungsrichter nachzuprüfen.

5) Ein in den Anstellungsverträgen etwa enthaltender Verzicht der Lehrer auf Anrechnung der auswärtigen Dienstzeit behindert nur den Contrahenten (den Lehrer), einen Rechtsanspruch auf Gewährung der bezüglichen Zulage gegen den andern Contrahenten (den Schulverband) geltend zu machen, nicht jedoch die Aufsichtsbehörde, eine im öffentlichen Schulinteresse notwendige Gehaltserhöhung selbst in Form einer Zulage zu erfordern, zumal auch die Ausübung der Staatshoheitsrechte durch Abreden und Verträge der Privaten nicht beschränkt werden kann.

6) Die Beschlußbehörde kann nach § 2 l. c. nur über die Feststellung einer „Anforderung der Aufsichtsbehörde, die durch neue oder erhöhte Leistungen zu gewähren" ist, erkennen. Nur diese, eine konkrete Leistung betreffende Anforderung kann daher durch Beschluß festgestellt werden, nicht eine abstrakte Norm, nach welcher künftighin Leistungen zu fordern oder zu gewähren sind. Ein Beschluß, daß 1. die auswärtige Dienstzeit anzurechnen und daß 2. demnach die Gehälter der Lehrer festzusetzen, enthält in Nr. 2 nur die Feststellung einer konkreten Leistung, die Nr. 1 einen abstrakten Grundsatz. Damit greift aber die Beschlußbehörde in die Zuständigkeit der Aufsichtsbehörde über.

7) Dem landrechtlichen Schulverbande, der Hausvätersozietät, stehen als Beitragspflichtige gegenüber die selbstständigen Einwohner des Schulbezirks, nicht die politischen Gemeinden. Letztere können die Schule als eine Kommunalanstalt übernehmen, in welchem Falle die Sozietät erlischt. Sie können jedoch auch beim Fortbestehen der Sozietät als eines selbstständigen Rechtssubjekts nur die von dieser den Hausvätern der Gemeinde aufzuerlegenden Beiträge übernehmen. Geschieht dies lediglich durch einen zwischen den Hausvätern und der Gemeinde sich vollziehenden Akt, z. B. durch einseitigen Gemeindebeschluß, so erhalten die Hausväter nur einen Befreiungsanspruch gegen die Gemeinde, bleiben indessen der Sozietät verpflichtet, die auch ihrerseits keinen Anspruch gegen die Gemeinde hat. Wenn jedoch diesem so gethätigten Schuldübernahmevertrage noch der bisherige Gläubiger, die Schulsozietät, hinzutritt, indem sie ihrerseits durch Beschluß die Hausväter als bisher beitragspflichtige Schuldner entläßt und an deren Stelle die Gemeinde als solchen annimmt (Expromission), so tritt unter Ausscheiden der bisherigen ein neuer Träger der Schullast ein; der bezügliche, die örtliche Schulverfassung wesentlich ändernde Beschluß der Sozietät bedarf daher der Genehmigung der Schulaufsichtsbehörde. — Gehören nun einer Sozietät die Hausväter zweier politischen Gemeinden an, und hat die eine Gemeinde mittelst Schuldübernahme und Expromission die Hausväterlast als Selbstschuld übernommen, so stehen der Sozietät, dem Schulvorstande, als Beitragspflichtige gegenüber die Hausväter aus der einen und dann die andere Gemeinde, und — wenn in jener demnächst gleichartig verfahren wird — lediglich zwei Gemeinden, als korporative Rechtssubjekte. Obwohl Hausväter der Sozietät nicht mehr pflichtig sind, bleibt diese (der Schulverband) dennoch als selbstständiges Rechtssubjekt bestehen.

8) Nachdem die Mehrleistungen durch die Beschlußbehörde für jede zur Sozietät gehörende Gemeinde besonders festgestellt, können dieselben im Weigerungsfalle gegen den Schulverband auf Grund des § 48 Zust.-Ges. zwangsetatisiert werden. Damit ist für die Schulaufsichtsbehörde die rechtliche Unterlage gewonnen, die Ausgabe aus den bereiten Mitteln der Schulkasse zahlen oder aber in Ermangelung solcher auf die Beitragspflichtigen gemäß § 46 a. a. O. ausschreiben und dann von diesen beitreiben zu lassen.

Nr. 53.

Endurteil des I. Senats vom 8. April 1893 (Entsch. Bd. XXIV. S. 142).

1) Eine Unterscheidung der Hausväter, je nachdem sie in oder außerhalb des Schulorts wohnen, kennt das Gesetz nicht; entscheidend allein ist der Wohnsitz innerhalb des Schulbezirks.

2) Gemäß §§ 29, 34 Tit. 12 T. II. A. L.=R. sind auch die Rittergutsbesitzer und speziell in der Provinz Posen die sog. „assoziirten Rittergutsbesitzer" zur Schulsteuer verpflichtet, weil diese in den Hausvätern des Schulbezirks inbegriffen sind und eine Ausnahme hiervon einzig und allein diejenigen Gutsherren machen, welche im § 36 a. a. O. besondere Verpflichtungen bei Schulbauten haben.

3) Der § 31 a. a. O. kann nur dahin gedeutet werden, daß das Beitragsverhältniß sämmtlicher Hausväter nach billigen Grundsätzen bemessen werden soll. Nach Billigkeit ist der für Alle gemeinsame Besteuerungsfuß festzustellen, nicht aber die Beitragsquote des Einzelnen gegenüber der Gesammtheit.

4) Die im § 35 Tit. 12 T. II. A. L.=R. vorgesehene Erleichterung, wonach das Mitglied einer fremden zugeschlagenen Gemeinde zur Unterhaltung der Schulgebäude nur halb soviel beizutragen hat, als ein Einwohner von gleicher Klasse an dem Schulorte, greift nicht schon bei Zuweisung einzelner Einwohner, sondern nur dann Platz, wenn eine ganze fremde Schulgemeinde einem bestehenden Schulverbande zugeschlagen wird.

Nr. 54.

Endurteil des I. Senats vom 22. Febr. 1893 (Entsch. Bd. XXIV. S. 149).

1) Nach Ablauf der im § 85 L. V. G. zur Einlegung von Berufungen gesetzten Frist von zwei Wochen darf ein Antrag auf Bewilligung einer Nachfrist nicht mehr berücksichtigt werden; die Gewährung einer solchen kann überhaupt nur rechtswirksam ausgesprochen werden, wenn das bez. Fristgesuch innerhalb der zweiwöchentlichen Präklusivfrist gestellt worden ist.

2) Wo das Landesverwaltungsgesetz die prozessuale Behandlung streitiger Verwaltungssachen nicht erschöpfend regelt, ist auf die für den preußischen oder den neuen deutschen Prozeß erlassenen Bestimmungen zurückzugehen. Dies hat in gleichmäßiger Rechtsprechung auch hinsichtlich der notwendigen Streitgenossenschaft zu geschehen, welche, während das Landesverwaltungsgesetz ihrer nicht besonders gedenkt, im § 59 der Zivilprozeßordnung so geordnet ist, daß der Übertragung der dort gegebenen Vorschriften auf das Verwaltungsstreitverfahren weder dessen Grundzüge, noch einzelne Satzungen entgegenstehen.

3) Kompatrone sind nach § 605 Tit. 11 Teil II. A. L.=R. als Inhaber eines gemeinsamen Rechts und einer gemeinsamen Verbindlichkeit zu betrachten. Damit ist auf Abschnitt 1 Titel 17 Teil I. verwiesen, und hiernach nehmen die Miteigentümer einer Sache oder eines Rechts an deren Nutzungen und Lasten nach dem Verhältnisse ihrer Anrechte Teil, von welchen bis zum Beweise des Gegenteils die Vermutung gilt, daß sie gleich seien; jedem Dritten haften die Miteigentümer daher nur nach Anteilen, dagegen als Korrealschuldner, d. h. Jeder für das Ganze nur aus gemeinschaftlichen Verträgen (§§ 1, 2, 44, 45, 52, Tit. 17 Teil I. A. L.=R.). Diesen allgemeinen Grundsätzen entsprechend, verpflichtet das Allgemeine Landrecht zwar einerseits mehrere Kompatrone, die ihnen obliegenden zwei Drittel der Barkosten von Kirchen-, Pfarr- und Küsterschulbauten unter sich — und, was zu ergänzen ist, der Kirchengemeinde gegenüber — nach Verhältnis ihres Anteils am

Patronatsrechte zu tragen; anderseits läßt das Gesetz aber, da die die Beitragspflicht regelnden Bestimmungen der §§ 711 ff., 790, 731, 733 Tit. 11 T. II. und § 37 Titel 12 Teil II. A. L.-R. nur subsidiärer Natur sind (§ 710 Titel 11 Teil II.), eine abweichende Gestaltung dahin zu, daß der eine von mehreren Kompatronen durch Vertrag, Judikat, Observanz von der seinem Anteile am Patronatsrechte entsprechenden Quote des Zweidrittel-Baubeitrags ganz oder teilweise befreit ist.

4) Jeder der beiden Kompatrone kann in einem gesonderten Verfahren auf Erfüllung seiner vermeintlichen Baubeitragspflicht belangt werden, da weder eine dem materiellen Rechte angehörende, noch eine prozeßrechtliche Vorstellung für derartige Streitigkeiten die gleichzeitige Anstellung der Klage gegen alle Beteiligte gebietet.

5) Durch eine auf Grund der Verordnung vom 2. Mai 1811 bewirkte Küstereiseparation wird das Schulhaus nicht schon in ein geistliches Gebäude umgewandelt. Hierdurch wird nur einzig und allein eine Änderung in den Verpflichtungen der Tochtergemeinde wie der zu derselben eingepfarrten Dörfer herbeigeführt, in keiner Weise aber die Verpflichtung des Kirchenpatrons der Tochtergemeinde erschwert oder irgendwie geändert. Entscheidend ist nur und ausschließlich, ob die Verbindung der betreffenden Schulstelle mit der Küsterei nach deren vorgängiger, in Ausführung der Verordnung geschehener Separierung von der Küsterei im Mutterkirchdorfe sich vollzogen hat. Die Eigenschaft eines geistlichen Gebäudes kann aber lediglich durch die Betrauung des eingesetzten Lehrers auch mit dem dieserhalb von der Mutterkirche erst separierten Küsterdienste der Filialkirche nicht aufgeprägt werden. Dazu hätte es eines sowohl von Schul- wie von Kirchenhoheitswegen zu genehmigenden vertragsmäßigen Abkommens zwischen der Schul- und Kirchengemeinde bedurft. Ist aber ein solches nicht abgeschlossen, ist für den § 37 Titel 12 Teil II. A. L.-R. kein Raum und bewendet es bei den Vorschriften der Verordnung vom 2. Mai 1811.

Nr. 55.

Endurteil des I. Senats vom 5. April 1893 (Entsch. Bd. XXIV. S. 161.)

1) Die Preußische Schulordnung vom 11. August 1845 unterscheidet in dem „von der Unterhaltung der Elementarschulen" handelnden Abschnitte IV. die beiden Fälle, je nachdem es sich um das Schulbedürfnis der zu Gemeinden vereinigten Einwohner — oder aber der außerhalb der Gemeinden auf Vorwerken oder sonst Wohnenden handelt. Im ersteren Falle legt das Gesetz den Ortsgemeinden (§§ 39, 40), im letzteren Falle den Anwohnern, und soweit sie dazu nicht im Stande sind, den „Grundherrn" (§§ 40, 55 ff.) die Schulunterhaltungslast auf, neben dieser Regelung und unabhängig von derselben bestehen die „Leistungen des Gutsherrn" (§§ 44 bis 47).

2) Im Sinne der Preußischen Schulordnung ist „Grundherr" im Gegensatz zum „Gutsherrn" derjenige privatrechtliche Eigentümer (Ansiedler) auf gutsherrlichem Vorwerksland, auf dessen Grund und Boden die Anwohner entweder von ihm selbst oder von seinem Rechtsnachfolger im Besitz angesiedelt worden sind.

Wenn auch das Allgemeine Landrecht den Ausdruck „Grundherr", „Grundherrschaft", „Herrschaft" mehrfach gleichbedeutend mit „Gutsherr", „Gutsherrschaft" braucht (vgl. §§ 88, 150 247 ff. 263, 314, Anhang § 106 im Tit. 7, Th. II.) so folgt hieraus noch nichts gegen die Zulässigkeit einer Auslegung, welche dem Ausdruck „Grundherr" in der Schulordnung auf sachlichen, in dem Wortlaute und Zusammenhange des Gesetzes gefundenen Gründen, eine dem gemeinen Sprachgebrauch mehr entsprechende, übrigens auch sonst in der Gesetzgebung zur Geltung gelangte Bedeutung beilegt, (vgl. §§ 626 ff. Tit. 21 Th. I. A. L.-R.

Nr. 56.

Endurteil des I. Senats vom 8. März 1893 (Entsch. Bd. XXIV. S. 175).

1) Das Schulreglement für die niederen katholischen Schulen in den Städten und auf dem platten Lande von Schlesien vom 18. Mai 1801 bestätigt und wiederholt alle nicht aufgehobenen oder erläuterten Vorschriften des Reglements von 1765, so auch den Grundsatz, daß die Pflicht, baare Beiträge zur Unterhaltung der katholischen Schulen zu leisten, auch bei Stadtschulen eine Pflicht der bürgerlichen Gemeinde ist, wenn ihre Mitglieder ganz oder größtenteils katholisch sind. Deshalb stehen lokale Normen über Stadtschulen mit dem Gesetzesrecht im Widerspruche, wenn sie als Träger der Schullast an Stelle der Stadtgemeinden irgend ein anderes Rechtssubjekt wie z. B. die katholischen Hausväter setzen, wobei es gleichgültig ist, ob das Statut von der Aufsichtsbehörde bestätigt ist oder nicht. —

2) Nach Einführung des Allgemeinen Landrechts konnte sich eine solch festgesetzte Norm im Widerspruch mit dem Schulreglement von 1765 und 1801 auch nicht durch Observanz bilden.

Nr. 57.

Endurteil des I. Senats vom 18. Januar 1893 (Entsch. Bd. XXIV. S. 184).

1) Von der Regierung sind gemäß der ihr durch § 18 der Regierungs-Instruktion vom 23. Oktober 1817 übertragenen Verwaltung des gesamten Elementarschulwesens die im Interesse der Volksschule notwendigen Einrichtungen selbstständig zu treffen. Sie hat zu bestimmen, ob ein Schulbezirk zu teilen ist oder nicht, ob in einem Schulbezirke die Erweiterung der bestehenden oder die Einrichtung einer neuen Schule sog. Filiale erfolgen soll. Sie ist im letzteren Falle berechtigt anzuordnen, in welchem Teile des Schulbezirks, ohne daß eine Aenderung desselben erfolgt, die neue Schule einzurichten ist. Die hierdurch entstehenden Kosten haben die eingeschulten Dominien und Gemeinden zu tragen.

2) Die Anstellung eines Lehrers an Stelle eines „Adjuvanten" in einer Filialschule widerspricht nicht dem § 26 des Schles. Schul-Reglements vom 18. Mai 1801; es handelt sich dann nur um eine durch die wirtschaftliche Entwickelung herbeigeführte, aber gegen keine Gesetzesnorm verstoßende Anwendung des bestehenden Rechts.

Nr. 58.

Endurteil des I. Senats vom 25. März 1893 (Entsch. Bd. XXIV. S. 190).

1) Die Leistungen der Gemeinden für die Schulen sind öffentliche Abgaben, welche auf Grund einer allgemeinen gesetzlichen Verpflichtung erhoben werden. Ueber die Verbindlichkeit zur Entrichtung derselben ist der Rechtsweg ausgeschlossen, sofern nicht die Ausnahmen zutreffen, welche die §§ 79 ff. Tit. 14 Th. II. A. L.-R. oder die §§ 9 ff. des Ges. vom 24. Mai 1861 erwähnen. In den im § 160 Zust.-Ges. genannten Fällen ist an Stelle des Rechtsweges das Verwaltungsstreitverfahren getreten. Insbesondere ist diesem

zugewiesen die Entscheidung über streitige Abgaben und sonstige nach öffentlichem Rechte zu fordernden Leistungen für Volksschulen und für deren Beamte nach § 15 des Ges. vom 24 Mai 1861 (§ 46 Abs. 5 Zust.-Ges.)

2) Unter „Schulbeiträgen" im Sinne des § 77 Zust.-Ges. sind nur die der Schule zu gewährenden Beiträge der Unterhaltungspflichtigen zu verstehen. Beiträge, welche dem Lehrer in seiner Eigenschaft als Küster zufließen, sind nicht als solche anzusehen.

3) Die von den Schulunterhaltungspflichtigen zu leistenden Gemeindebeiträge zur Pensionsanstalt sind nicht an eine individuell bestimmte Volksschule oder an deren Lehrer, sondern an eine Versicherungsanstalt zu entrichten, welche eine von den einzelnen Schulen völlig unabhängige selbstständige Rechtspersönlichkeit hat. Die Entscheidung der Streitigkeiten über derartige Beiträge ist dem Verwaltungsstreitverfahren nicht überwiesen.

Dritte Abteilung.

Polizeiliche Angelegenheiten.

XIII.

Polizeiliche Verfügungen im Allgemeinen, auch Zwangsmittel.

(Einzuschalten auf Seite 50 des Ergänzungsbandes 1892.)

Nr. 109.

Endurteil des I. Senats vom 9. Juli 1892 (Entsch. Bd. XXIII. S. 401).

1) Der Verwaltungsrichter hat nur die Rechtmäßigkeit der angefochtenen konkreten Verfügung zu prüfen, dieselbe aufzuheben oder aufrecht zu erhalten, und ist nicht befugt ähnlich wie der Civilrichter (§ 231 Civilprozeßordnung) generell auszusprechen, welche Befugnisse die Polizeibehörde ausüben darf oder nicht, und auf diese Weise der Behörde abstrakte Normen bezw. Dienstanweisungen für ihr sonstiges oder künftiges Verhalten zu erteilen.

2) Nach dem geltenden Rechte (cfr. Art. 29 und Abs. 2 des Art. 30 der Verfassung) sind Personen, welche an einer öffentlichen Versammlung teilnehmen, allen Straf- und sonstigen Gesetzen unterworfen, also auch der festgesetzten Polizeistunde. Bei Nichtachtung derselben ist die Schließung bezw. Auflösung der in einem öffentlichen Vergnügungslokale stattfindenden Versammlung zulässig.

3) Eine „öffentliche" Versammlung im Sinne des Vereinsgesetzes ist eine solche, zu der nicht blos ein individuell begrenzter Personenkreis, sondern jedermann oder doch ganze Gesellschaftskategorien Zutritt haben, wenn auch das Lokal vom Verein gemietet ist.

4) Die Polizei kann nur die Anmeldung derjenigen Versammlungen verlangen, in denen öffentliche Angelegenheiten erörtert oder beraten werden sollen; nicht aber auch solcher, die nur bloße Privatgesellschaften sind.

5) Während bei den nicht politischen Vereinsversammlungen die Polizei nur dann die Befugnis erhält, derselben beizuwohnen, wenn ihr glaubhaft bekannt geworden, daß in derselben strafbare Handlungen vorgenommen werden, um dann vermöge ihrer gesetzlichen Berechtigung solche zu verhüten bezw. zur Bestrafung zu bringen (§ 2 Tit. 17 T. II. A. L.-R., § 12 der Gendarmerie-Ordnung vom 30. August 1820), giebt der § 4 des Vereinsgesetzes vom 11. März 1850 bei politischen Versammlungen das weitergehende Recht, in diese auch dann, wenn keinerlei Verdacht für die Begehung strafbarer Handlungen vorliegt, (rein präventiv) ihre überwachenden Organe zu entsenden.

Nr. 110.

Endurteil des I. Senats vom 8. Oktober 1892 (Entsch. Bd. XXIII. S. 412).

1) Nicht nur eine Mehrheit von Personen, welche Versammlungen veranstaltet, kann sich durch ihre Organe gegenüber den Eingriffen durch polizeiliche Verfügungen schützen, sondern auch jedes einzelne Vereinsmitglied, welches sich in seinem Individualrecht verletzt fühlt.

2) Alle Versammlungen, einerlei, ob sie einer Anzeige bedürfen oder nicht, können von der Polizei auf Grund anderweiter, neben dem Vereinsgesetze bestehender gesetzlicher Bestimmungen (z. B. aus Sanitätsrücksichten bei Epidemien) untersagt bezw. beschränkt werden (§ 10 Tit. 17 T. II. A. L.-R.).

3) Den Einzelpersonen und Kirchengesellschaften ist im § 10 des Vereinsgesetzes mit dem Abhalten von Prozessionen in hergebrachter Weise kein besonderes, subjektives Recht, dieselbe nunmehr unbedingt und für alle Zukunft, auch unter veränderten Umständen abzuhalten, verliehen und insbesondere kein Recht im Sinne der §§ 2 und 3 des Gesetzes vom 11. Mai 1842, durch welches jene von jeder untersagenden oder beschränkenden Einwirkung der Polizei befreit wären, begründet und noch weniger ein servitutähnlicher Anspruch auf die Dispositionen über die Straßen und Plätze der Stadt.

4) Eine Prozession, welche im Vorbeiziehen den Gottesdienst einer anderen Religionsgesellschaft stört, rechtfertigt das Einschreiten der Orts-Polizei, und ist letztere befugt, das Klingeln und den lauten Gesang in der Nähe der Andacht zu verbieten, wenn auch sonst die Erhaltung der äußeren kirchlichen Ordnung an sich zum Geschäftskreise der Landespolizei gehört.

5) Bei zwei Handlungen, von denen keine für sich allein, sondern deren Zusammentreffen erst einen polizeilich unzulässigen Zustand verursacht, hat die Polizei in der Regel die Wahl, gegen welche von jenen beiden Handlungen sie einschreiten will.

Nr. 111.

Endurteil des I. Senats vom 7. Januar 1893 (Entsch. Bd. XXIV. S. 397.

1) Der Eigentümer ist gegenüber den §§ 315 und 316 St.-G.-B. nicht befugt, durch eine sonst statthafte Benutzung seines Grundstückes — wie Lehmschachten — die benachbarte Eisenbahnanlage zu beschädigen oder zu gefährden; der Schutz gegen die Wiederholung solcher Gefahr liegt daher innerhalb der durch den § 10 Tit. 17 T. II. A. L.-R. umschriebenen Aufgabe der Polizei. Durch ein derartiges Einschreiten wird dem Grundstückbesitzer auch keine Beschränkung seines Eigentums neu auferlegt, sondern nur eine ihm als Grundeigentümer bereits obliegende Verpflichtung geltend gemacht. Die Vorschriften des Art. 9 der Verfassungsurkunde finden hier deshalb keine Anwendung.

2) Die Annahme, daß der polizeiliche Eingriff in das Privatrecht nur durch einen Notstand, eine unmittelbar bevorstehende (imminente) und rechtzeitig nicht anders abzuwendende Gefahr und auch nur während der Dauer des Notstandes gerechtfertigt werden könnte, trifft nur zu, wenn es sich um Vorgehen gegen völlig Unbeteiligte also um Fälle handelt, in welchen der dritte, in dessen Privatrechte ohne vorgängige Enteignung polizeilich eingegriffen werden soll, die zu verhütende Gefahr nicht selbst herbeigeführt hat und ihr vorzubeugen, durch anderweite Norm nicht verpflichtet ist.

3) Die Fürsorge der Orts-Polizei erstreckt sich nicht blos auf die Abwendung der Gefahren für Leben und Gesundheit der auf der Eisenbahn verkehrenden Personen, sondern auch auf Abwendung einer Beschädigung oder

Gefährdung jener öffentlichen Transportanstalt selbst, so daß es unerörtert bleiben kann, ob der Zustand eines Nachbargrundstückes, welcher das Hinabstürzen des Eisenbahnkörpers und der auf diesem verkehrenden Personen befürchten läßt, nicht auch das Leben der letzteren unmittelbar gefährdet.

4) Wenn der Polizei zwei zur Verfügung ihrer Aufgaben Verpflichtete gegenüberstehen, hat dieselbe, sofern das Gesetz nicht Gegenteiliges vorschreibt, nach ihrer von vernünftigem Ermessen geleiteten Wahl zu bestimmen, gegen welchen von beiden sie das Erforderliche vorkehren will.

Nr. 112.

Endurteil des I. Senats vom 19. November 1892 (Entsch. Bd. XXIV. S. 411).

Gegen die abweisende polizeiliche Verfügung auf Berichtigung eines Zeugnisses im Gesindebuch gemäß §§ 172, 173 der Gesindeordnung vom 8. November 1810 ist das Verwaltungsstreitverfahren zulässig. Die Klage kann jedoch nur auf die im § 127 L.V.-G. angegebenen Voraussetzungen, insonderheit also auf den Nachweis gestützt werden, daß die angegriffene Verfügung nicht auf objektiven polizeilichen Motiven beruht.

XIV.

Die Jagd.

B. Jagdbezirke und Jagdverpachtung.

(Einzuschalten auf Seite 52 des Ergänzungsbandes 1892.)

Nr. 34.

Endurteil des III. Senats vom 4. Juli 1892 (Entsch. Bd. XXIII. S. 253).

1) Im Streitverfahren über den Wiederanschluß eines ausgeschlossenen Hofes an den gemeinschaftlichen Jagdbezirk sind nur zur Klage aus § 105 Zust.-Ges. berechtigt: der Besitzer des Hofes, der den Anschluß verlangt und die Gemeindebehörde, welche denselben verweigert, nicht aber auch der Pächter der Jagd, der nur eine privatrechtliche Berechtigung hat.

2. Ein Mitglied des Jagdbezirks ist ebenfalls nicht ohne weiteres zur Klage legitimirt, sobald sein Interesse kein eigentümliches ist, sondern sich mit dem Interesse sämtlicher Genossen des Jagdverbandes auf Erhöhung des Pachtgeldes u. dergl. deckt. In der Wahrnehmung ihrer gemeinschaftlichen Interessen werden aber nach § 9 des Jagdpolizeigesetzes vom 7. März 1850 die einzelnen Genossen *nur* durch die Gemeindebehörde vertreten.

3) Die selbstständige Vertretung im Verwaltungsstreitverfahren wird für den einzelnen Jagdgenossen nur insoweit gestattet, als *besondere* Rechte und Pflichten in Frage stehen, die mit den Rechten und Pflichten der übrigen Jagdgenossen nicht zusammenfallen.

4) Glauben sich die Interessenten durch willkürliche Ausschließung von Grundstücken vom Jagdbezirk oder dergl. durch die Gemeindebehörde geschädigt, kann einem solchen Uebelstande nur durch Anrufung der Aufsichtsbehörde wirksam begegnet werden.

Nr. 35.

Endurteil des III. Senats vom 24. April 1893 (Entsch. Bd. XXIV. S. 291).

1) Nach § 105 Zust.=Ges. ist das Verwaltungsstreitverfahren auch über Beschränkungen gegeben, welche aus der bisherigen Zugehörigkeit eines Grundstücks zu einem gemeinschaftlichen Jagdbezirke und der Verpachtung der Jagd auf dem letzteren hergeleitet werden.

2) Wird ein einen Einzeljagdbezirk bildendes Grundstück in kleineren Teilen veräußert oder umgekehrt ein bisher zum gemeinschaftlichen verpachteten Jagdbezirke gehöriges Grundstück zu einem einen Einzeljagdbezirk bildenden Grundstück, mit welchem es in ununterbrochenem Zusammenhange steht, hinzuerworben, so kommt es in keiner Weise darauf an, ob der Jagdpächter ein dingliches oder blos ein persönliches Recht hat. Denn selbst wenn das Jagdpachtrecht ein dingliches Recht ist, wird seine fernere Wirksamkeit dadurch ausgeschlossen, daß das Recht des Eigentümers zur eigenen Ausübung der Jagd und das Recht der Gemeindebehörde zur Verwaltung der Jagd auf dem gemeinschaftlichen Jagdbezirke durch das Gesetz an bestimmte Voraussetzungen gebunden ist und daher mit deren Fortfall das auf diesem oder jenem Rechte beruhende Pachtrecht von selbst und sofort aufhören muß.

3) Die positiven Bestimmungen des Jagdpolizeigesetzes vom 7. März 1850 brechen das Jagdpachtrecht, gleichviel, ob es ein dingliches oder persönliches Recht ist. Bei abgeleiteten Rechten, zu denen das Jagdpachtrecht gehört, erlischt, sobald derjenige, von welchem der Rechtserwerb sich herleitet, nur unter bestimmten Voraussetzungen berechtigt war, mit dem Wegfall dieser Voraussetzungen nicht blos das Recht des Veräußerns, sondern stets auch das veräußerte — persönliche oder dingliche — Recht bei dem Erwerbe nach den Rechtsgrundsätzen: nemo plus juris ad alium transferre potest, quam ipse habet und resoluto jure dantis resolvitur jus accipientis.

Nr. 36.

Endurteil des III. Senats vom 6. März 1893 (Entsch. Bd. XXIV. S. 290).

Der § 12 des Wildschadengesetzes vom 11. Juli 1891, welcher lautet: „Ist während des Kalenderjahres wiederholt durch Rot= oder Damwild verursachter Wildschaden durch die Ortspolizeibehörde festgestellt worden, so muß auf Antrag des Ersatzpflichtigen oder des Jagdberechtigten die Aufsichtsbehörde sowohl für den betroffenen, als auch nach Bedürfnis für benachbarte Jagdbezirke die Schonzeit der schädigenden Wildgattung für einen bestimmten Zeitraum aufheben und die Jagdberechtigten zum Abschuß auffordern und anhalten", reiht sich äußerlich an die das ortspolizeiliche Ermittelungsverfahren regelnden §§ 6 ff. des Gesetzes an. Allein trotz dieses äußerlichen Zusammenhangs tritt diese Vorschrift aus dem Rahmen der §§ 6 bis 11 vollständig heraus. Die §§ 1 bis 5 enthalten die materiellen Bestimmungen über den Begriff des Wildschadens und die Ersatzpflicht, die §§ 6 bis 11 betreffen das Verfahren, wie Wildschadenersatzansprüche zu verfolgen sind, und die Kosten des Verfahrens. Wildschadenersatzansprüche sollen im Verwaltungsstreitverfahren entschieden werden; vor Anrufung des Verwaltungsrichters bedarf es eines Vorverfahrens vor der Ortspolizeibehörde, analog wie bei Ersatzgeldansprüchen nach §§ 75 ff. des Feld= und Forstpolizeigesetzes vom 1. April 1880. Dieses Vorverfahren ist wie das sich anschließende Verwaltungsstreitverfahren richterlicher Natur. Die dann folgenden Vorschriften (§§ 12 ff.) lösen sich von diesen materiellen und formellen Vorschriften über die Geltendmachung von Wildschadenersatzansprüchen in einem richterlichen Verfahren los und enthalten Vorbeugungsmaßregel polizeilichen Charakters. Insbesondere soll nach § 12 die Aufsichtsbehörde, sofern während des Kalenderjahres wiederholt durch Rot- oder Damwild verursachter Wildschaden festgestellt worden, auf Antrag des Ersatzpflichtigen oder des Jagdberechtigten, sowohl für den betroffenen, als auch für benachbarte Jagdbezirke die Schonzeit der schädigenden Wildgattung aufheben und die Jagdberechtigten zum Abschuß auffordern und anhalten. Die Feststellung des Wildschadens, welche die Ortspolizeibehörde vor einem Beschlusse der Jagdpolizeibehörde wegen Aufhebung der Schonzeit vorzunehmen hat, braucht nicht in den Formen der §§ 6 ff. des Wildschadengesetzes zu erfolgen. Die Ortspolizeibehörde kann vielmehr den Wildschaden auch außerhalb dieser Formen in anderer Weise feststellen. Es genügt, daß die Thatsache des wiederholten durch Rot- oder Damwild verursachten Wildschadens polizeilich konstatiert wird. Dies ergiebt sich aus der Entstehungsgeschichte des § 12, besonders aus den Beratungen des Abgeordnetenhauses (Stenographische Berichte 1891 S. 2821). Die Erlaubnis zum Abschuß während der Schonzeit findet auch auf selbstständige Jagdbezirke Anwendung.

Nr. 37.

Endurteil des III. Senats vom 12. Januar 1893 (Entsch. Bd. XXIV. S. 303).

1) Der § 3 Abs. 1 des Kurhessischen Jagdrechts vom 7. September 1865 ist dahin zu verstehen, daß nicht blos der Alleineigentümer und die Gesamtheit oder Mehrheit der Miteigentümer eines in ungeteilter Eigentumsgemeinschaft stehenden Grundstücks, sondern auch ein einzelner Miteigentümer für sich allein und ohne Zuziehung der übrigen Miteigentümer für das gemeinschaftliche Grundstück die Ablösung der Jagdgerechtsame verlangen darf. Es ist damit dem einzelnen Miteigentümer in der grundsätzlichen Annahme, daß die Ablösung der Jagdgerechtsame im Interesse der sämtlichen Miteigentümer liege, die Befugnis eingeräumt, die letzteren im § 105 Zust.-Ges. insoweit zu vertreten und für sie mitzuhandeln. Auch im Privatrecht hat jeder Miteigentümer die umfassendsten Individualrechte und ist in sehr weitreichender Weise zum selbstständigen Vorgehen im gemeinschaftlichen Interesse legitimiert.

2) Von dieser Aktivlegitimation ist aber verschieden die Passivlegitimation im Gebiete des Jagdpolizeigesetzes vom 7. März 1850, nach welchem die Klage auf Feststellung der Zugehörigkeit eines Grundstücks zu dem gemeinschaftlichen Jagdbezirk nicht gegen einen einzelnen Miteigentümer des Grundstücks gerichtet werden kann.

3) Im § 5 Abs. 1 des Ges. vom 7. September 1865 ist nicht das Gewicht auf die Worte „in einer Gemarkung", sondern auf die sich hieran anschließenden Worte „in der die Gemeinde die Jagdberechtigung abgelöst hat" zu legen. Die Einreihung der in der Dorflage und in der Nähe der Häuser des Dorfes belegenen oder durch Zäune und Mauern umschlossenen Teile eines Grundstücks in die Grundfläche, die zur eigenen Jagdausübung notwendig ist, ist im Gesetz nicht verboten. Die §§ 25 Abs. 1 und 31 a. a. O. bleiben um deswillen hier außer Betracht, da sie mit der für die Jagdausübung vorgeschriebenen Voraussetzung einer zusammenhängenden Grundfläche von mindestens 100 Kasseler Ackern nichts zu thun haben. Sie entziehen namentlich nicht die dort genannten Grundstücke vollständig der Jagdausübung, sondern schließen nur einzelne Arten der Jagdausübung aus. Unter Ausübung der Jagd ist aber jede Handlung zu verstehen, durch die jemand Wild occupiert oder auch nur aufsucht, verfolgt oder ihm nachstellt, um es lebend oder tot in Besitz zu nehmen.

Nr. 38.

Endurteil des III. Senats vom 24. November 1892 (Entsch. Bd. XXIV. S. 286).

1) Die Hannoversche Jagdordnung vom 11. März 1859 betrachtet das Recht zur Ausübung der Jagd als einen Ausfluß des Grundeigentums und geht davon aus, daß grundsätzlich jedem Grundeigentümer die Ausübung der Jagd innerhalb der Grenzen seines Grundbesitzes zusteht. Wenn es von diesem Grundsatze für Flächen von weniger als 300 hannoverschen Morgen eine Ausnahme in der Weise macht, daß die Ausübung der Jagd auf solchen Flächen nicht den einzelnen Grundeigentümern zusteht, sondern regelmäßig von der Gesamtheit der beteiligten Grundeigentümer (Feldmarkgenossen) verwaltet wird (§ 3), so ist damit bestimmt, daß nur beim Vorhandensein der bezeichneten Thatsache, der Größe unter 300 Morgen, der Uebergang der Jagdausübung auf die Feldmarksgenossen eintritt. Daraus folgt, daß der Uebergang auch blos so lange dauert, als die maßgebende Thatsache vorhanden ist, und daß er seine Erledigung findet, sobald die thatsächliche Voraussetzung des Ueberganges nicht mehr besteht, also sobald das bisher weniger als 300 Morgen große Grundstück durch Zukauf zu einer zusammenhängenden Fläche von mindestens 300 Morgen vergrößert wird. Dann greift wieder die Regel von selbst Platz, und es erlangt der Eigentümer, dessen Grundbesitz auf 300 Morgen steigt, mit dem Erwerb das Recht zur eigenen Ausübung der Jagd, damit aber auch die Befugnis, die Anerkennung dieses Rechts trotz bestehenden Jagdpachtvertrages zu verlangen.

2) Der Jagdpachtvertrag ist ein Institut des Privatrechts. Er bleibt dies auch bei der Feldmarksjagd, wenngleich deren Verpachtung auf Grund einer öffentlich-rechtlichen Vorschrift erfolgt, und kann deshalb nicht hindern, daß die öffentlich-rechtliche Befugnis zur Ausübung der Jagd erlangt wird, sobald diejenigen Thatsachen eintreten, von denen nach dem Gesetz die Befugnis allein abhängt.

3) Ebenso hat bei den anderen beiden im § 5 zugelassenen Arten die Feldmarksjagd zu verwalten: — Beschießung durch Jäger für Rechnung der Feldmarksgenossen und Ruhelassen der Jagd — die Erfüllung obiger Voraussetzung sofort den Austritt aus dem Genossenschaftsverhältnisse zur Folge.

4) Allerdings kann das Ausscheiden isoliert belegener Höfe aus dem gemeinschaftlichen Jagdbezirke nicht im Laufe einer Jagdperiode erfolgen. Ebenso kann der Anschluß eines Grundstücks an den Feldmarksjagdbezirk nur im Laufe einer Verwaltungsperiode stattfinden. Hier ist aber die Sachlage insofern eine andere, als in solchen Fällen ein Willensakt des Eigentümers erforderlich ist, während es sich bei dem Rechte des Eigentümers von mindestens 300 Morgen lediglich um die Wirkung dieser Thatsache handelt und es auf einen Willensakt des Eigentümers nicht ankommt.

5) Die Feldmarksgenossenschaft hat mit einer communio incidens des Privatrechts nichts gemein, sondern ist eine von den einzelnen Mitgliedern verschiedene Zwangsgenossenschaft des öffentlichen Rechts. Die Verpachtung der Feldmarksjagd stellt sich daher lediglich als eine von der Feldmarksgenossenschaft als solcher vorgenommenen Verfügung dar und ist nicht eine Verfügung der einzelnen Feldmarksgenossen. Aus demjenigen, was ein Genosse in seiner Eigenschaft als Mitglied der Genossenschaft gethan hat, kann daher nichts gegen Rechte hergeleitet werden, die er als außerhalb der Genossenschaft stehend in Anspruch nimmt.

XVII.

Das Wasser.

(Einzuschalten auf Seite 54 des Ergänzungsbandes 1892.)

Nr. 66.

Entscheidung des III. Senats vom 9. Juni 1892 (Entsch. Bd. XXIII. S. 234).

1) Die Konzessionsbehörde hat zu bestimmen, unter welchen Bedingungen sie eine gewerbliche Anlage gestatten will. Hierzu gehört bei den durch Wasserkraft bewegten Triebwerken bezw. den Neuanlagen für diese die Setzung eines Merkpfahls behufs Normierung der bewilligten Stauhöhe.

2) Kommt der Merkpfahl demnächst abhanden, so ist ein wesentlicher Teil der Anlage eingegangen und die Polizei, welche darüber zu wachen hat, daß die konzessionierten Anlagen keine wesentlichen Aenderungen erleiden, kann den Inhaber des Triebwerkes zur Herstellung des Merkpfahls anhalten, so lange er nicht den Betrieb einstellt.

3) Die Bestimmungen der §§ 1 ff. des Vorflutedikts vom 15. November 1811 beziehen sich nur auf den Fall, daß der Wasserstand nicht bereits durch einen unter polizeilicher Aufsicht gesetzten Merkpfahl bestimmt ist und bleiben deshalb auch beim Abgang eines ursprünglichen Merkpfahles ausgeschlossen.

Nr. 67.

Endurteil des III. Senats vom 20. Februar 1893 (Entsch. Bd. XXIV. S. 252).

1) Stirbt ein auf Grund des § 61 Kr.=Ord. mit der Erledigung von polizeilichen Angelegenheiten in anderen Amtsbezirken betrauter Amtsvorsteher, so tritt gemäß § 57 Abs. 3 a. a. O. ohne weiteres für ihn sein Stellvertreter und nach Ernennung eines Amtsnachfolgers der letztere ein, da es sich hier nicht um eine Sache des besonderen Vertrauens, die deshalb an die Person des Beauftragten geknüpft ist, handelt. Anders ist es im Falle des Ablebens eines nach § 57 Abs. 5 Kr.=Ord. bei persönlicher Beteiligung eines Amtsvorstehers mit der Erledigung des betreffenden Amtsgeschäfts betrauten Stellvertreters.

2) Der § 66 Zust.=Ges. und insbesondere auch Abs. 3 bezieht sich nur auf die unter Aufsicht der Ortspolizei stehenden Gräben und Privatflüsse, nicht auch auf die der Landespolizeibehörde unterstellten öffentlichen Flüsse; deshalb ist das Verwaltungsstreitverfahren nach § 66 Abs. 3 a. a. O. bei öffentlichen Flüssen nicht anwendbar.

3) § 66 Abs. 6 Zust.=Ges. soll nur zum Ausdruck bringen, daß die Befugnisse der Deichbehörden durch die im § 66 getroffenen Vorschriften nicht beeinflußt werden sollen; die Worte „im Bezirk eines Deichverbandes“ sind nicht örtlich zu verstehen, sondern gleichbedeutend mit „für welche die Zuständigkeit eines Deichverbandes besteht“.

4) Die Sorge für die Räumung aller **nicht** öffentlichen Wasserläufe im Bezirk eines Deichverbandes ist keine Deichangelegenheit oder Landespolizeisache und deshalb den Ortspolizeibehörden nicht entzogen. Der § 11 des Deichgesetzes vom 28. Januar 1848 bezeichnet nur als den Zweck der Deichverbände die Anlegung, Erweiterung und Erhaltung der Deiche und dazu gehörigen Sicherungs= und Meliorationswerke; darunter fällt aber nicht ohne weiteres die Räumung aller nicht öffentlichen Wasserläufe innerhalb des Deichverbandes.

Nr. 68.

Endurteil des III. Senats vom 19. Dezember 1892 (Entsch. Bd. XXIV. S. 263).

1) Der § 2 des Gesetzes wegen des Wasserstauens bei Mühlen und Verschaffung der Vorflut vom 15. November 1811 schreibt eine bestimmte Qualifikation für die vom Kreisausschuß ernannten Kommissarien nicht vor. Die bloße Beseitigung der früher vorgeschriebenen Zuziehung des Gerichts durch Abs. 1 des § 67 Zust.-Ges. kann nicht ohne weiteres Rechtskunde zu einer gesetzlich notwendigen Eigenschaft der Kommissarien oder wenigstens eines von ihnen bedingen.

2) Der § 5 Satz 1 des Gesetzes vom 15. November 1811 erfordert, daß der eine Teil sich auf rechtskräftige Urteile, gültige Verträge, Verleihungen oder rechtsverjährtem Besitz für die von ihm behauptete Wasserstandshöhe beruft, und der andere Teil deren Vorhandensein oder Gültigkeit bestreitet. Ein solcher spezieller Rechtstitel, über den früher der ordentliche Richter, jetzt der Verwaltungsrichter zu befinden hat (§ 67 Abs. 3 Zust.-Ges.), ist aber eine frühere Merkpfahlsetzung nicht. Dagegen findet, sobald der früher gesetzte Merkpfahl noch vorhanden ist, das Verfahren nach §§ 1 ff. des Gesetzes vom 15. November 1811 keine Anwendung, auch wenn Naturereignisse z. B. vulkanische Erderhebungen und vollständige dauernde Verschiebung der Zuflußverhältnisse eines Wasserlaufes, die ganzen Grundlagen, auf welchen die erste Merkpfahlsetzung beruhte, vollständig und für immer beseitigt haben. Dies ergiebt sich schon aus der sachlichen Bedeutung des Merkpfahlsetzungsverfahrens als einer die zulässige Wasserstauhöhe über den Fachbaum regelnden Ergänzung des landrechtlichen, nur die Lage des Fachbaums betreffenden Konzessionierungsverfahrens.

3) Antragsteller im Sinne der §§ 1 ff. a. a. O. kann nur jemand sein, der ein Interesse an der Einschränkung des Anstauens hat und insofern Gegner des Eigentümers der Stauanlage ist und es kann nicht der letztere, der höher stauen will, sellbst Antragsteller sein.

4) Eine neue Festsetzung der Stauhöhe und in Verbindung damit eine neue Setzung des Merkpfahles kann von dem Stauberechtigten nur auf Grund des § 25 R.-G.-Ord. in dem hier bezeichneten Verfahren und vor den für dieses Verfahren zuständigen Behörden betrieben werden.

Nr. 69.

Endurteil des III. Senats vom 23. Juni 1892 (Entsch. Bd. XXIII. S. 239).

Bei Klagen gegen die Verfügungen des Vorstehers einer Wassergenossenschaft ist der Bezirksausschuß in erster Instanz nur zuständig, wenn die Genossenschaft der Aufsicht des Regierungspräsidenten unterliegt, wie dies bei Genossenschaften zur Anlegung und Verbesserung von Wasserstraßen (Flößereien) und andern Schiffahrtsanlagen zufolge § 49 des Wassergenossenschaftsgesetzes vom 1. April 1879 und § 18 L.-V.-G. und § 94 Abs. 2 Zust.-Ges. der Fall ist.

In jedem andern Falle bildet der Kreisausschuß die erste Instanz, gleichviel ob auch der Landrat der Vorsteher der Genossenschaft ist.

Entgegenstehende Bestimmungen im Genossenschaftsstatut sind nach Erlaß des Gesetzes von 1879 rechtsungültig.

Nr. 70.

Endurteil des III. Senats vom 30. Mai 1892 (Entsch. Bd. XXIII. S. 245).

1) Nach dem A. L.-R. T. II. Tit. 15 §§ 50, 51, 94—96 ist das Recht, auf einem öffentlichen Flusse eine öffentliche Fähre zu halten, ein Regal des

Staates, welches auch in einem einzelnen Falle von einer Privatperson erworben werden kann. Wie es für den Staat keine Pflicht giebt, von diesem Regalrecht Gebrauch zu machen, so besteht auch keine Verpflichtung, eine eingerichtete Fähre weiter zu betreiben. Auch in der Hand der Privatperson behält das Regalrecht die Eigenschaft eines verzichtbaren Rechts, wenn nicht besondere Rechtstitel (Vertrag) für ihn eine Verpflichtung zum Betrieb der Fähre begründen.

2) Die nach § 138 Tit. 15 T. II. A. L.=R. dem Privatinhaber einer Fährgerechtigkeit übertragene Pflicht der Unterhaltung auf eigene Kosten ist lediglich eine accessorische Verbindlichkeit, die nur so lange besteht, als von dem Recht Gebrauch gemacht wird.

3) Der Verzicht auf die Fährgerechtigkeit ist an eine bestimmte Form nicht gebunden, da § 392 Tit. 16 T. I. A. L.=R. auf die öffentlich=rechtlichen Verhältnisse nicht Platz greift. Jede sichere, wenn auch durch konkludente Handlungen erfolgte Willenserklärung genügt zum Verzicht. Auch wird die Gerechtigkeit durch die Fortdauer der Eintragung im Grundbuch selbst nicht erhalten.

4) Die Strompolizei kann daher auf den Betrieb und die Unterhaltung der Fähre nur so lange drängen, als bis auf den Betrieb selbst nicht verzichtet wird. Denn durch polizeiliche Verfügungen können nur bestehende Pflichten geltend gemacht und nicht neue auferlegt werden.

Nr. 71.

Endurteil des III. Senats vom 23. März 1893 (Entsch. Bd. XXIV. S. 267).

1) Das Vorflut=Gesetz vom 15. November 1811 findet nur noch auf Mühlen und andere Triebwerke, nicht aber auch auf Wehre und Schleusen, die der Bewässerung dienen, Anwendung; für letztere sind die erforderlichen Bestimmungen jetzt im Gesetz über die Benutzung der Privatflüsse vom 28. Februar 1843 enthalten.

2) Die in beiden Gesetzen hinsichtlich des Staurechts gegebenen Vorschriften weichen wesentlich von einander ab. Nach dem Vorflutgesetz ist die Erhöhung des Wasserstandes durch eine Stauanlage selbst über die Grenzen des Grundstücks, zu dem sie gehört, nicht verboten. Fehlt es an klaren Bestimmungen des Wasserstandes (§ 5), so setzen Kommissarien denselben dergestalt fest, daß dabei das gegenseitige Interesse der Bodenkultur und des Müllers oder sonstiger Stauungsberechtigten möglichst vereinigt wird; eine Entschädigung wird für keinen der Beteiligten ermittelt. Dagegen unterliegt nach § 13 Ziff. 1 des Ges. vom 28. Februar 1843 das den Uferbesitzern im § 1 zustehende Recht zur Benutzung des an seinem Grundstücke vorüberfließenden Wassers derart der Beschränkung, daß kein Rückstau über die Grenzen hinaus und keine Ueberschwemmung oder Versumpfung fremder Grundstücke verursacht werden darf. Verlangt dennoch ein Uferbesitzer (§ 19 Ziff. 2) zur Ausführung neuer oder zur Erhaltung bereits ausgeführter Bewässerungen, daß ein Anderer ihm ein Recht einräume oder sich die Einschränkung eines Rechts gefallen lasse, welches einen Widerspruch gegen die Anlage begründen würde, so kann hierzu die Vermittelung des Kreisausschusses nach § 24 a. a. O. und § 74 Zust.=Ges. nur in Anspruch genommen werden, wenn es sich um ein überwiegendes Landeskulturinteresse handelt, dann aber auch nur unter der Verpflichtung der vollständigen Entschädigung.

Nr. 72.

Endurteil des III. Senats vom 17. November 1892 (Entsch. Bd. XXIV. S. 272).

1) Die Fluß- und Schauordnung für die Karthane vom 30. Juni 1794 besteht noch in ihren Bestimmungen über die Eigentumsbeschränkungen (§§ 13, 19, 21 und 24) zu Recht. Die Vorschriften über die Behörden, von denen die zu treffenden polizeilichen Anordnungen auszugehen haben, sind indessen infolge der Aenderung der Behördenorganisation, deren Bestehen die Vorschriften voraussetzen, außer Kraft getreten. Dasselbe gilt von den Bestimmungen, welche das Zuwiderhandeln gegen die gesetzten Eigentumsbeschränkungen mit Strafen bedrohen, insoweit dieselben durch die neuere Gesetzgebung außer Kraft gesetzt sind.

2) Die Handhabung der Schauordnung erfolgt auch zu Recht gegen die Privatbesitzer der angrenzenden Grundstücke. Ein polizeiliches Eingreifen in das Eigentumsrecht durch Abhauenlassen von Bäumen findet ihre Stütze in der dieserhalb gegebenen Bestimmung in der Schauordnung und unterliegt der Beurteilung nach § 127 L.-V.-G. und nicht des § 66 Zust.-Ges., da es sich nicht um eine Räumung im letzteren Sinne, sondern nur um eine in Ausübung der allgemeinen Polizei erlassenen Verfügung handelt.

3) Eine bestehende Eigentumsbeschränkung kann auch dann im öffentlichen Interesse polizeilich geltend gemacht werden, wenn die Ueberschreitung der Schranken nicht sonst unter Strafe gestellt ist.

Nr. 73.

Endurteil des III. Senats vom 17. November 1892 (Entsch. Bd. XXIV. S. 278).

1) Im Verwaltungsstreitverfahren ist der Parteieneid kein zulässiges Beweismittel; nur auf Grund positiver gesetzlicher Bestimmung dürfte der Verwaltungsrichter eine solche Eidesleistung zulassen und an einer solchen Bestimmung fehlt es. Deshalb ist auch der Editionseid (§ 391 Civilprozeßord.) nicht zulässig. Auch ohne diesen Editionseid soll der Verwaltungsrichter bei der Vorlegung von Urkunden seine Aufgabe erfüllen.

2) Bei einem Streit über die allgemeine Räumungspflicht kommt es auf den Besitzstand nicht an; der Kläger muß darthun, daß die öffentlich-rechtliche Verbindlichkeit selbst dem Beklagten obliegt. Wird dies nicht bewiesen, ist die Klage abzuweisen, auch wenn sich ergeben sollte, daß Kläger gleichfalls nicht räumungspflichtig ist. Deshalb kann auch der Streit über die allgemeine Räumungsverbindlichkeit ein negatives Resultat haben; das Gericht hat nicht zu ermitteln, wer überhaupt der Verpflichtete, sondern nur, ob der Beklagte der Verpflichtete ist.

§ 7 Abs. 7 des Gesetzes vom 28. Februar 1843 ist durch den Abs. 2 des § 66 Zust.-Ges. abgeändert.

3) Hat Jemand an einem Privatflusse das ausschließliche Eigentum im Sinne der Gesamtheit der möglichen Nutzungsrechte, greift Abs. 1 des § 7 des Gesetzes von 1843 nicht Platz. In einem solchen Falle liegt dem Eigentümer in den Grenzen seines Eigentums die gesetzliche Räumungspflicht ob, auch wenn er nicht zugleich Uferbesitzer ist. Dies gilt auch für die Privatflüsse im Geltungsbereich des Schles. Vorflut-Edictes vom 20. Dezember 1746, welches die Privatflüsse mitbetrifft, da das Edict insoweit nichts anderes vorschreibt.

Nr. 74.

Endurteil des III. Senats vom 15. Dezember 1892 (Entsch. Bd. XXIV. S. 282.)

Nach § 28 der nassauischen Verordnung vom 27. Juli 1858 ist die Regierungs-Behörde ermächtigt, bei alten Mühlen einen Eichpfahl setzen zu lassen. Wenn nun im Bereiche der Gültigkeit der gedachten Verordnung bei einer Mühle ein Eichpfahl bestand, bei der Setzung desselben aber nicht die in dieser Verordnung und der hierzu erlassenen Instruktion gegebenen Bestimmungen beobachtet worden sind, so kann die Regierungsbehörde die nachträgliche Anwendung der gedachten Bestimmungen verlangen. An die Stelle der Regierungsbehörde ist nach § 89 des Zuständigkeitsgesetzes vom 1. August 1883 der Kreisausschuß getreten. Den Antrag auf Berichtigung des Eichpfahls kann derjenige stellen, der hieran ein Interesse hat.

XVIII.

Die Deiche.

(Einzuschalten auf Seite 432 des Hauptwerks.)

Nr. 5.

Endurteil des III. Senats vom 10. März 1892 (Entsch. Bd. XXIII. S. 251.)

1) Hat jemand ohne die im § 96 Zust.-Ges. erforderliche Genehmigung des Bezirks-Ausschusses im Inundationsgebiet die Oberfläche seines Grundstücks erhöht, kann er zur Beseitigung derselben polizeilich gezwungen werden.

2) Eine Beschränkung des zeitweise aus seinen Ufern tretenden Wasserlaufes im Sinne des § 1 des Deichgesetzes vom 28. Januar 1848 ist schon dann vorhanden, wenn die Erhöhung der Erdoberfläche einen Raum bedeckt, den sonst das aus den Ufern tretende Wasser einnimmt.

3) Bei der Genehmigung durch den Bezirks-Ausschuß ist die Erwägung wesentlich, ob durch die beabsichtigte Erderhöhung die Ausbreitung des Wassers derart beschränkt wird, daß ein Nachtheil zu besorgen ist.

XIX.

Die Wege.

(Einzuschalten auf Seite 65 des Ergänzungsbandes 1892.)

Nr. 158.

Endurteil des IV. Senats vom 4. October 1892 (Entsch. Bd. XXIII. S. 167.)

1) Bestimmte auf dem Gebiete des öffentlichen Rechts zum Ausdruck gelangte Rechtsgrundsätze, welche den auf dem gesetzlich geordneten Wege nicht angegriffenen polizeilichen Beschlüssen allgemein eine Bedeutung beilegen, welche über die rechtlichen Folgen der Unanfechtbarkeit hinausgehen und den Wirkungen rechtskräftiger gerichtlicher Entscheidungen gleichkommen, existieren nicht.

2) Handelt es sich um keine Rechtssprechung, sondern nur um eine allgemeine Verwaltungsthätigkeit, wie z. B. die Inanspruchnahme eines öffentlichen Weges, so unterliegt die polizeiliche Verfügung zu jeder Zeit und ohne

Rücksicht auf den Fristenlauf sowol der eigenen Korrektur, als auch derjenigen der vorgesetzten Instanz.

3) Der auf einen nach § 56 Zust.=Ges. erhobenen Einspruch ergehende Beschluß der Wegepolizeibehörde hat nur auszusprechen, ob die Verfügung aufrecht erhalten wird oder nicht. Die Entscheidung über die Oeffentlichkeit hat der Abs. 4 a. a. O. lediglich dem Verwaltungsrichter übertragen, und so lange eine solche nicht ergangen ist, ist über die Oeffentlichkeit noch nicht entschieden. Deshalb kann der Beschluß der Wegepolizeibehörde bezüglich der Oeffentlichkeit des in Anspruch genommenen Weges eine res judicata nicht schaffen.

4) Ebensowenig erlangen die gemäß § 127 L.=V.=G. auf Beschwerde gegen polizeiliche Verfügungen ergehenden Bescheide der höheren Instanz eine Rechtskraft analog derjenigen der richterlichen Urteile. Greifen die Beteiligten den Bescheid der Beschwerdeinstanz nicht rechtzeitig an, so geht das Recht zu einer weiteren Anfechtung der polizeilichen Verfügung verloren. Darüber hinaus aber kann sich die Rechtskraft der Bescheide nicht erstrecken, insbesondere kann sich dadurch kein bestimmtes Rechtsverhältnis zwischen der Polizeibehörde und dem Beteiligten ein für allemal bilden, wie etwa durch ein rechtskräftiges Urteil.

Nr. 159.

Endurteil des IV. Senats vom 11. Juli 1892 (Entsch. Bd. XXIII S. 177).

1) Die Polizeibehörden haben darüber zu wachen, daß innerhalb ihres Amtsbezirks alle Personen die Polizeigesetze beobachten und alle in demselben belegenen Grundstücke in einer diesen Gesetzen entsprechenden Verfassung sich befinden.

2) Die Zuständigkeit der Wegebaupolizeibehörde ist lediglich durch die Belegenheit des Weges im Amts= bezw. Stadtbezirke begründet (§57 L.=V.=G.) und die Voraussetzung zur Anwendung des § 61 Kr.=Ord. vom $\frac{\text{13. Dezember 1872}}{\text{19. März 1881}}$ ist die, daß ein Weg in mehreren Amtsbezirken liegt und so die Angehörigkeit Beteiligter zu verschiedenen Amtsbezirken entsteht.

Nr. 160.

Endurteil des IV. Senats vom 14. Juni 1892 (Entsch. Bd. XXIII. S. 181.).

1) Stellt sich im Verwaltungsstreitverfahren heraus, daß bei Streitigkeiten in Wegesachen der nach § 56 Abs. 2 Zust.=Ges. der Klage voranzugehende Beschluß der Wegepolizeibehörde noch nicht formgerecht gefaßt ist, so ist die Klage zwar abzuweisen, im Uebrigen aber dahin zu erkennen, daß die beklagte Polizeibehörde gehalten sei, zunächst auf den Einspruch zu beschließen. Ist dies im Tenor des Urteils nicht ausdrücklich ausgesprochen, sondern der Streitfall einfach als Einspruch an die Wegepolizeibehörde zur Beschlußfassung überwiesen worden, so stehen auch gegen eine solche Entscheidung der Polizeibehörde die zulässigen Rechtsmittel zu.

2) Der auf den Einspruch ergangene Beschluß muß von der Wegepolizeibehörde gefaßt und kann nicht durch einen Beschluß der Gemeindebehörde ersetzt werden.

3) Die Erhebung des Einspruchs bildet keinen Teil des Verwaltungsstreitverfahrens; denn erst durch den Beschluß wird der Gegenstand einer Klage in Streitverfahren geschaffen, für welchen die Ortspolizeibehörde nicht die Stellung einer erstrichterlichen Instanz, sondern die der Partei einnimmt.

4) Im Streitverfahren bedarf der Kgl. Oberförster zur Vertretung des Forstfiscus ebenso wie im Civilprozeß eine Vollmacht der Regierung, nicht aber schon zur Wahrung der Interessen des Forstfiscus bei Einlegung des Einspruchs.

Nr. 161.

Endurteil des IV. Senats vom 28. Juni 1892 (Entsch. Bd. XXIII S. 185).

1) Für Ostpreußen ist das Wegereglement vom 28. Juni 1764 aufgehoben und es gelten dort die landrechtlichen Bestimmungen im § 11 Tit. 15 T. II, wonach dem Staate die Verbindlichkeit zur Unterhaltung aller Landstraßen namentlich auch solcher, welche schon vor Publication des Ostpreußischen Provinzialrechts existierten, obliegt.

2) In der Regel gelten die Seitengräben der öffentlichen Wege als Zubehör derselben und sind daher von dem Wegebaupflichtigen mit zu unterhalten. Indessen folgt aus diesem regelmäßigen Character der rechtlichen Zubehörigkeit noch nicht, daß nicht durch besondere gesetzliche Bestimmungen dieses Verhältnis einem besondern Bedürfnisse folgend anderweitig geregelt werden könnte. Dies ist für Ostpreußen auch in dem Zusatze 226 des Ostpreußischen Provinzialrechs geschehen und im § 5. a. a. O. bestimmt, daß die Besitzer der an eine Landstraße anstoßenden Grundstücke verbunden sein sollen, längs der Straße tüchtige und breite Gräben fortwährend zu unterhalten.

Nr. 162.

Endurteil des IV. Senats vom 28. Juni 1892 (Entsch. Bd. XXIII S. 191).

1) Zur Unterhaltung einer Straße ist auch die Herstellung der erforderlichen Wegweiser, Warnungstafeln, Entwässerungsstellen und dergl., ebenso auch die Anlegung und Erhaltung der Brücken und Fähren einschließlich des Betriebes der letzteren zu rechnen.

2) Eine Unterhaltung der Wege nach örtlicher und realer Teilung, wie es auf dem verwandten öffentlichen rechtlichen Gebiete der Räumung von Wasserläufen geschehen kann und im § 101, Tit. 8 T. I A. L.-R. ausdrücklich vorgeschrieben ist, ist ausgeschlossen.

3) Deshalb sind die für Unterhaltung der Grenzwege aufgewendeten Kosten von 2 Pflichtigen nicht nach Maßgabe ihrer Adjacenz nur je bis zur Mitte des Weges zu tragen, sondern nach der Länge der gebauten Strecke zur Hälfte zu übernehmen.

Nr 163.

Endurteil des IV. Senats vom 6. Juli 1892 (Entsch. Bd. XXIII S. 199).

1) Nach dem Schleswig-Holsteinschen Wegerecht vom 26. Februar 1879 ist der einzelne Wegepflichtige nicht der Kommune gegenüber verpflichtet, sondern seine Verpflichtung eine selbstständige, von derjenigen der Gemeinde ganz unabhängige. Deshalb ist sie auch keine Gemeindelast, sondern eine Polizeilast, wie dies schon unter der Herrschaft der Wegeordnung vom 1. März 1842 gewesen ist.

2) Vor Erlas des Gesetzes vom 26. Februar 1879 waren die Kommunen überhaupt nicht berechtigt, die nach § 225 der Wegeordnung vom 1. März 1842 den einzelnen wegepflichtigen Grundbesitzern obligante Wegearbeiten zu übernehmen und selbst auszuführen. Nach Erlas des Gesetzes von 1879 werden die den einzelnen Grundbesitzern obliegenden Arbeiten erst dann zu

einer Gemeindelast, wenn die Kommune von der ihr im § 14 Abs. 2 neu bewilligten Ermächtigung, sie zu übernehmen, Gebrauch macht. Geschieht dies nicht, behalten sie den Character einer den Grundbesitzern aufliegenden Polizeilast. Zur Erfüllung derselben kann deshalb die Wegepolizeibehörde die so verpflichteten Grundbesitzer direkt anhalten. (§§ 55, 56 Zust.-Ges.)

Nr. 164.

Endurteil des IV. Senats vom 8. Juli 1892 (Entsch. Bd. XXIII S. 211)

1) Die höhere Instanz ist regelmäßig nicht befugt, die Functionen der an sich gesetzlich zuständigen niederen polizeilichen Instanz an sich zu ziehen, ausgenommen, wenn Gefahr im Verzuge ist. Nur, wo ohne das Einschreiten der höheren Instanz der Zweck der durch das Gesetz geordneten Aufsicht nicht erfüllt werden kann, also auch da, wo wegen besonderer Dringlichkeit der zu erreichende Erfolg nicht auf dem als Regel gegebenen Wege wie z. B. Einsetzung einer Stellvertretung und besondere Anweisung derselben, erreicht werden kann, rechtfertigt sich das unmittelbare Einschreiten der Aufsichtsinstanz.

2) Nach den §§ 27 und 37 der Kreisordnung für die Provinz Hessen-Nassau vom 7. Juni 1885 ist der Gutsvorsteher des Gutsbezirks als Ortspolizeibehörde anzusehen und sind daher von diesem die wegepolizeilichen Functionen wahrzunehmen. Ist derselbe persönlich interessiert, muß er als behindert angesehen und die erforderliche Maßnahme von dem bestellten Stellvertreter angeordnet werden.

3) Der Grundsatz, daß im Falle des persönlichen Interesses der Ortspolizeiverwalter sich jeder Amtshandlung zu enthalten habe, ist ein für alle Gebiete des Verwaltungsrechts allgemein geltender, so auch im Gebiet der Kreisordnung für Hessen-Nassau, wenngleich selbige eine dahingehende ausdrückliche Bestimmung nicht enthält.

4) Die Stellvertretung eines Gutsvorstehers in Hessen-Nassau hat entweder auf Antrag des Besitzers des Gutes zu erfolgen (§ 38 Abs. 2 Kr.-Ord.) oder ist auf Grund des § 40 a. a. O. event. ohne Mitwirkung des Besitzers vom Landrat unter Zustimmung des Kreisausschusses herbeizuführen.

Nr. 165.

Endurteil des IV. Senats vom 29. October 1892 (Entsch Bd. XXIII S. 221).

Die Wegebaupolizei fällt auch in der Rheinprovinz nach § 28 Kr.-Ord. für die Rheinprovinz vom 30. Mai 1887 den Bürgermeistern zu. Den Regierungen ist nur die Landespolizei geblieben.

Nr. 166.

Endurteil des IV. Senats vom 1. November 1892 (Entsch. Bd. XXIII. S. 225.)

1) Die Verpflichtung der Unternehmer von Fabriken u. s. w. zu Präcipualleistungen für Wegezwecke setzt ihre Heranziehung, die Erhebung einer entsprechenden Anforderung voraus, die allein vom Kreistage, in dessen freiem Ermessen es steht, ob er von dem ihm zustehenden Rechte Gebrauch machen will, ausgehen kann.

Ohne einen solchen Beschluß ist der Kreisausschuß zur Heranziehung erhöhter Beiträge nicht ermächtigt.

2) Der fehlende Beschluß kann event. im Verwaltungsstreitverfahren nachgebracht und dadurch die Sachlegitimation des Kreisausschusses ergänzt werden.

3) Die geforderten Mehrleistungen sind ein Entgelt für die Abnutzung der Wege gleich dem Wege-, Brücken- und Chausseegeld, welches ein jeder, der den Weg nutzt, ohne Rücksicht auf seine Zugehörigkeit zu einem Kommunalbezirk zahlen muß. Deshalb kommt es auch bei Erhebung der Präcipualleistungen nicht darauf an, wo der Fabrikherr wohnt, sondern nur darauf, ob von ihm die Wege genutzt werden.

4) Der Kreisausschuß entscheidet bei Streitigkeiten über den besonderen Beitrag in erster Instanz bei Gemeindewegen in Landkreisen. Hat der Kreis die Unterhaltung der Wege übernommen und ist somit der Kreisausschuß in der Sache selbst Partei, tritt nach § 64 Zust.-Ges. der Bezirks-Ausschuß an seine Stelle, ohne daß es einer nach § 59 L.-V.-G. vorgeschriebenen Beauftragung eines anderen Kreisausschusses bedarf.

Nr. 167.

Endurteil des I. Senats vom 14. Mai 1892 (Entsch. Bd. XXIII. S. 390.)

1) Die Polizeibehörde hat in Fürsorge für den öffentlichen Verkehr die zur Erhaltung des gefährdeten oder zur Wiederherstellung des unterbrochenen Verkehrs notwendigen Anordnungen zu treffen und Verkehrshindernisse, wie z. B. Anbringung eines Gatterthors in öffentlichen Waldungen zu beseitigen.

2) Das Jagdpolizeigesetz vom 7. März 1850 und das Wildschadengesetz vom 11. Juli 1891 gewähren dem Besitzer das Recht der eigenen Jagdausübung und der Hegung von Schwarzwild, wenn er dergleichen Einfriedigungen herzustellen vermag, bestimmen aber nicht, daß er diese herzustellen habe; ebensowenig verlangen diese Gesetze, daß, um eine Einfriedigung jener Art zu ermöglichen, etwa andere polizeilich zu schützende Interessen nachstehen müßten.

3) Die Aufhebung einer polizeilichen Anordnung mangels der erforderlichen thatsächlichen Voraussetzungen kann nur dann in Frage kommen, wenn der gänzliche Mangel der objectiven polizeilichen Motive anerkannt werden muß.

4) Die Polizeibehörde darf ein Mehreres, als was die Wahrnehmung ihrer Interessen erheischt, nicht verlangen, der Verwaltungsrichter kann aber auf eine „Modification“ der angefochtenen Verfügung nicht erkennen, es kann sich immer nur um Aufrechterhaltung oder Aufhebung derselben handeln.

Nr. 168.

Endurteil des I. Senats vom 7. Mai 1892 (Entsch. Bd. XXIII. S. 396).

1) Eine Verordnung, welche den Hausbewohnern den Wasserbedarf zum Gebrauch und bei Brandfällen insbesondere sichern will, bewegt sich nicht auf dem Gebiet der Wohlfahrtspolizei, deren Förderung keinen Gegenstand des polizeilichen Zwangs- und Verordnungsrechts bildet, sondern beruht aus der Befugnis im § 10 Tit. 17 T. II. A. L.-R. Die Verpflichtung der Hausbesitzer ergiebt sich aus ihrer allgemeinen Pflicht, ihr Grundstück derart zu gestalten und zu unterhalten, daß die polizeilich zu schützenden öffentlichen Interessen nicht beeinträchtigt oder gefährdet werden. Wo die örtlichen Verhältnisse es bedingen, darf sogar die Bebauung eines Grundstücks mit Wohngebäuden von der Einrichtung und Unterhaltung eines Brunnens abhängig gemacht werden.

2) Mit der Unterhaltung eines sog. Interessentenbrunnens erfüllen die zusammengetretenen Hausbesitzer ihre sonst weitgehende öffentlich-rechtliche Verpflichtung, nämlich je auf ihrem Grundstück einen besonderen Brunnen zu

unterhalten. In diesem öffentlichen Recht wurzelt ihre Verpflichtung zur Unterhaltung des gemeinsamen Brunnens, sie haften solidarisch der Polizei gegenüber d. h. letztere kann jeden für das Ganze vorbehaltlich seines Rückgriffs auf die übrigen Interessenten im Rechtswege beanspruchen. Es bleibt auch gleichgültig, ob im Besitzwechsel die Unterhaltungspflicht des Brunnens grundbuchlich geregelt ist, da die Eintragungen im Grundbuch rein privatrechtlicher Natur und daher für das öffentliche Recht ganz belanglos sind.

Nr. 169.

Endurteil des I. Senats vom 5. October 1892 (Entsch. Bd. XXIII. S. 380).

1) Die Pflicht zur polizeimäßigen Reinigung der Straßen umfaßt auch die Beseitigung von Schnee und Eismassen.

2) Die bezüglich des älteren Rechtszustandes aus § 167 der Städteordnung vom 19. November 1808, bezüglich des neueren aus § 3 des Gesetzes über die Polizeiverwaltung vom 11. März 1850 sich ergebende Pflicht der Gemeinden zur Straßenreinigung besteht nur unter der Voraussetzung, daß nicht ein Dritter zur Erfüllung der Leistung angehalten werden kann, wie z. B. die Hausbesitzer durch besonderen Rechtstitel oder nach bestehendem Lokalrecht oder Observanz.

3) Wird eine Lokalobservanz in einer Polizeiverordnung zum Ausdruck gebracht, so ist diese ein Beweismittel für das Bestehen jener. Neue Lasten werden durch eine solche Polizeiverordnung nicht geschaffen.

4) Das Westpreußische Provinzialrecht regelt nur das Privatrecht, bezieht sich nicht auf öffentliche Rechte und kann deshalb der Bildung einer Observanz nicht entgegenstehen.

Nr. 170.

Endurteil des I. Senats vom 28. September 1892 (Entsch. Bd. XXIII. S. 373).

1) Die Bahnpolizei erstreckt sich räumlich nur auf das „Bahngebiet", d. i. die Bahn und die dazu gehörigen Anlagen, zu denen neben dem Planum, dessen Böschungen, Dämmen, Gräben, Brücken noch Bahnhöfe, Haltestellen und Stationen gehören. Getrennt liegende Beamten-, Arbeiter-Wohnungen, Werkstätten umfaßt das „Bahngebiet" nicht.

2) Ein Zufuhrweg zur Station, der durch die offene Feldmark führt, gehört ebenfalls nicht zum Bahngebiet; anders der Weg, welcher den Bestandteil einer unmittelbar dem Eisenbahn-Transportzwecke dienenden Grundfläche bildet und insbesondere innerhalb des eingefriedigten oder sonst nach außen klar erkennbar abgegrenzten Bahnhofsterrains selbst liegt.

3) Sachlich erstreckt sich die Bahnpolizei auf die Aufrechterhaltung der für den Eisenbahnbetrieb erlassenen oder noch zu erlassenen Polizeiverordnungen. Dahin gehört auch die Aufsicht für die Erleuchtung der „Anfahrten auf den Stationen", soweit sie im Hinblick auf den Verkehr zu den Personenzügen erforderlich wird.

4) Mit einer geordneten Handhabung der Polizei ist es unvereinbar, wenn innerhalb desselben räumlichen Wirkungkreises zwei verschiedene Polizeiorgane — Bahn- und Ortspolizei — zur Wahrung derselben öffentlichen Interessen selbstständig einschreiten. Deshalb hat sich die Ortspolizei nur auf Wahrung solcher öffentlicher Interessen zu beschränken, welche ihrer alleinigen Obhut anvertraut sind. Dahin gehört vor allem: die Baupolizei der Bahnhofsgebäude. Sie darf auch die Beseitigung von Mängeln an den Zufuhr-

wegen erfordern, wenn der Zustand des Weges (z. B. durch unverdeckte Gruben, Abhänge) solche offenbare und dringende Gefahren herbeiführt, daß deren Beseitigung von jedem andern Privateigentümer gleichfalls verlangt werden kann. Jedenfalls sind alle Anordnungen, welche Erleichterung des durch die Bahn entstehenden Verkehrs betreffen, nicht der Ortspolizei sondern ausschließlich der Bahnpolizei unterstellt.

5) Die Befugnis der Polizeibehörden, Zwangsmitteln aus § 132 L.-V.-G. gegen Gemeinden und den Eisenbahnfiskus — vertreten durch das Betriebsamt — anzudrohen und festzusetzen, ist unstreitbar. Die Exekution selbst darf aber nur gemäß § 33 Tit. 35 und Anhang § 153 zu § 45 Tit. 28 T. I. A. L.-R. in Verbindung mit § 15 zu 4 des Einführungsgesetzes zur Civilprozeßordnung im Benehmen mit der vorgesetzten Finanz- bezw. Kommunalaufsichtsbehörde erfolgen.

6) Der § 132 Nr. 1 und 2 L.-V.-G. läßt die Geldstrafe nicht blos dann zu, wenn die Ausführung durch Dritte völlig unmöglich ist, sondern schon dann, wenn sie nicht „thunlich" d. i. nach dem behördlichen Ermessen im gegebenen Falle nicht angemessen ist. Diese Strafe ist keine eigentliche Strafe (Sühne für den Bruch der Rechtsordnung), sondern ein bloßes Zwangsmittel und kann deshalb auch gegen eine Behörde angedroht werden.

7) Die Ablehnung eines Vergleiches und das Bestehen auf die richterliche Entscheidung über den streitigen Anspruch ist kein prozessualisches Verschulden im Sinne des § 104 L.-V.-G.

Nr. 171.

Endurteil des IV. Senats vom 16. Dezember 1892 (Entsch. Bd. XXIV. S. 196).

1) Eine Klage gegen die Wegepolizeibehörde, in welcher die angesonnene Leistung abgewehrt werden soll, kann nur mit Erfolg erhoben werden, wenn sich dieselbe zugleich gegen denjenigen richtet, welchen sie aus Gründen des öffentlichen Rechtes zur Leistung für verpflichtet erachtet. Unterläßt Kläger dies, so geht er seines Einwandes, daß nicht er, sondern ein anderer verpflichtet sei, der Behörde gegenüber für den vorliegenden Fall verlustig, die polizeiliche Verfügung wird gegen ihn rechtskräftig und er kann nicht fordern, daß die Behörde sich an einen andern halte.

2) Der Wegebaupflichtige kann nicht nur zu Veranstaltungen innerhalb der räumlichen Grenzen des Weges angehalten werden, sondern auch zu Vorkehrungen, die außerhalb dieser Grenzen hergerichtet werden müssen zum Schutze und zur Erhaltung des Wegekörpers selbst; z. B. wenn ein am Abhang liegender Weg wegen Senkung der unterhalb befindlichen Bodenschichten herabzustürzen droht oder wenn der Weg durch Abspülungen eines in der Nähe vorüberfließenden Gewässers gefährdet wird.

3) Wenn auch der Wegebaupflichtige nicht berechtigt ist, auf fremdem Eigenthum Besitzhandlungen oder gar Zerstörungen vorzunehmen, so ist dies kein Grund für die Wegepolizei, ihre Forderung zurückzunehmen. In einem solchen Falle hat der Pflichtige ebenso wie bei einer Verbreiterung oder Neuanlage des Weges die erforderlichen Flächen entweder im Wege der freiwilligen Vereinbarung oder der Enteignung zu erwerben.

4) Waltet eine unmittelbar bevorstehende Gefahr ob, die es nicht gestattet, diesen regelmäßigen Weg einzuschlagen, hat ein polizeiliches Einschreiten bei etwaigem Widerstreben des beteiligten Grundbesitzers in der Weise stattzufinden, daß demselben durch polizeiliche Verfügung aufgegeben wird, die unumgänglich nötige Benutzung seines Grundstücks, vorbehaltlich der ihm gesetzlich

zustehenden Entschädigung, zu dulden. Diese Verfügung kann, wie jede andere polizeiliche Verfügung, mit den im § 132 L.=V.=G. vorgesehenen Zwangsmitteln durchgesetzt werden und zwar auch event. trotz etwa eingelegter Rechtsmittel (§ 53 a. a. O.), so daß es immerhin möglich bleibt, für den Schutz des Weges unter allen Umständen rechtzeitig und ausreichend zu sorgen.

5) Von der Pflicht, sowohl die Wegeanlage selbst wie den auf ihr sich bewegenden Verkehr gegen Gefahren zu schützen, wird der Wegepflichtige an sich auch nicht dadurch entbunden, daß die Gefahr ohne sein Verschulden von Außen herantritt.

6) Die Verpflichtung des Eigentümers, sein Grundstück in einem solchen Zustande zu erhalten, daß polizeilich zu schützende öffentliche Interessen nicht beeinträchtigt werden, ist nur auf solche Fälle zu beschränken, wo der polizeiwidrige Zustand aus der Nutzung des Grundstücks durch den Eigentümer entspringt oder wenigstens damit im Zusammenhange steht.

Nr. 172.

Endurteil des IV. Senats vom 7. April 1893 (Entsch. Bd. XXIV. S. 207).

1) Der Chausseebau beruht nach Lage der Gesetzgebung auf Freiwilligkeit und ist nicht erzwingbar. Eine Straße erhält die Eigenschaft einer Kunststraße im rechtlichen Sinne des Wortes nicht schon durch die Art ihres Ausbaus, sondern erst dadurch, daß sie den für Chausseen erlassenen gesetzlichen und reglementarischen Bestimmungen unterstellt wird.

2) In Gemäßheit des § 12 des Gesetzes vom 20. Juni 1887 wegen des Verkehrs auf den Kunststraßen (G. S. S. 301) entscheidet über die einzelne Frage, welche Straße für eine chausseemäßig ausgebaute angesehen werden soll, allein der Oberpräsident und nicht der Verwaltungsrichter.

Nr. 173.

Endurteil des IV. Senats vom 31. Januar 1893 (Entsch. Bd. XXIV. S. 214).

1) Hat ein Kreis in Unterstützung einer Gemeinde die wünschenswerte Herstellung einer Brücke im öffentlichen Straßenzuge freiwillig übernommen, während die Gemeinde nur den nötigen Grund und Boden hierzu hergegeben hat, folgt allerdings hieraus noch nicht die Verpflichtung zur Unterhaltung derselben durch den Kreis. Ebensowenig aber ist die Gemeinde als Wegebaupflichtige verbunden, die Brücke, sowie sie der Kreis hergestellt hat, als eine öffentliche unbedingt in ihre Unterhaltung zu übernehmen Eine solche Anforderung wird, soweit es sich nicht um eine die Kräfte des Einzelnen übersteigende unbillige Forderung handelt, nur gestellt werden können, wenn die Herstellung der Brücke als eine polizeilich *notwendige* von der zuständigen Behörde in einem dazu geordneten Verfahren ursprünglich angeordnet ist, oder wenn die Gemeinde die *Notwendigkeit* derselben unumwunden anerkannt oder sich zu der Unterhaltung derselben in rechtsverbindlicher Weise verpflichtet hat. Liegt aber keiner dieser Fälle vor, so kann der Umstand allein, daß der Kreis freiwillig die Brücke gebaut hat, der Gemeinde nicht das Recht entziehen, die Unterhaltungspflicht abzulehnen, wenn die *polizeiliche Notwendigkeit*, die Brücke als öffentliche zu unterhalten nicht besteht, oder wenn die Größe der zu bringenden Opfer mit dem Umfange des *gesamten* Verkehrsinteresses in einem offenen Mißverhältnisse steht. Es ist dann im Streitfalle über diese Frage ganz ebenso und nach denselben Gesichtspunkten zu entscheiden, als wenn es sich um den ersten Neubau der Brücke handelte.

2) Bei der Heranziehung einer einzelnen Gemeinde zu Wegelasten über ihre regelmäßige Leistungsfähigkeit hinaus hat nach § 7 des Schlesischen Wegereglements vom 11. Januar 1767 die Gemeinde einen Anspruch auf Nachbar- und Kreishülfe, so daß eine Ueberlastung einer einzelnen Gemeinde in Schlesien bei Erhaltung ihrer Straßen im Sinne des Reglements ausgeschlossen erscheint.

Nr. 174.

Endurteil des IV. Senats vom 15. November 1892 (Entsch. Bd. XXIV. S. 218).

1) Die in den §§ 109, 113 ff. Tit. 8, T. I. A. L.-R. über die Anlegung und Unterhaltung von Brücken über neu angelegte oder erweiterte Vorflutsgräben gegebenen Vorschriften regeln zunächst nur die Rechtsverhältnisse der bei der Durchführung von Entwässerungsplänen beteiligten Grundbesitzer unter sich in der Weise, daß sie nur mangels freier Vereinbarungen als Norm für dann zu treffende Entscheidungen zur Anwendung kommen. Durch sie wird aber der Kreis der Wegebaupflichtigen keineswegs ohne weiteres bestimmt. Können auch die öffentlich-rechtlich Wegebaupflichtigen bei einer Entwässerungsanlage der fraglichen Art sehr wohl als Interessenten in Betracht kommen, so steht doch dem nichts entgegen, daß sie sich nach ihrem Ermessen mit dem Unternehmer über die aus einer etwaigen Erschwerung der Wegebaulast durch Brückenbau und dergl. sich ergebenden Ansprüche einigen, ohne daß dadurch allein an dem bezüglich der Wegebaulast bestehenden öffentlichen Rechtszustande etwas geändert werden könnte. Auch beruft das öffentliche Recht nicht die Wegepolizeibehörde als solche dazu, jene Verhältnisse zwischen den Unternehmern von Entwässerungsanlagen und den Wegebaupflichtigen zu regeln und für den einzelnen Fall je nach den zur Zeit derselben bestehenden thatsächlichen und rechtlichen Verhältnissen den Kreis der öffentlich-rechtlich Wegebaupflichtigen zu bestimmen.

2) Auf diesem Gebiete kann es nur zu einer anderweiten Ordnung der Brückenbaulast mit öffentlich-rechtlicher Wirkung kommen, wenn dieselbe landespolizeilich mit Genehmigung des Entwässerungsplanes verbunden wird, indem sie dieser Genehmigung entweder als Bedingung hinzugefügt wird, oder in Gutheißung entsprechender Vereinbarungen zwischen den Interessenten zu dem erkennbaren Zweck erfolgt, so einen dauernden öffentlich-rechtlichen Zustand zu schaffen. Derartige Festsetzungen können, wie in Separations-Rezessen, so in den Beschlüssen und Entscheidungen der gesetzlich außerhalb des Verfahrens in Separationssachen hier zur Handhabung der Landespolizei berufenen Behörden getroffen werden, soweit nicht etwa positive Normen des Wegerechts hindernd entgegen stehen. Solche Beschlüsse bilden Titel des öffentlichen Rechts, die auch von den Behörden der Wegebaupolizei zu vollstrecken sind.

Nr. 175.

Endurteil des IV. Senats vom 31. Januar 1893 (Entsch. Bd. XXIV. S. 223).

1) Die Ortspolizei ist befugt, eine durch das Bedürfnis des öffentlichen Verkehrs notwendig gewordene Verstärkung und Verbreiterung der Brücke und sofern eine entsprechende Umgestaltung unthunlich ist, einen Neubau von dem Eisenbahnfiskus zu fordern.

Die dem Eisenbahnunternehmer ordnungsmäßig gemachten landespolizeilichen Auflagen bilden für die Thätigkeit der Ortspolizei die Grundlage, auf Grund welcher dieselbe die Erfüllung jener Auflagen zu überwachen und nötigenfalls zu erzwingen hat.

2) Die Ausführung des Brückenbaues auf Kosten des Fiskus durch einen Dritten wird zur Vermeidung von Betriebsstörungen der Eisenbahnverwaltung allerdings nicht ohne Mitwirkung und Zustimmung der zuständigen Eisenbahnpolizeibehörde vorgenommen werden können. Das hindert aber weder die Wegepolizeibehörde festzustellen, was im öffentlichen Verkehrsinteresse geboten ist und demgemäß das Erforderliche anzuordnen, noch die Verwaltungsgerichte, die Notwendigkeit der Anordnung und die Verpflichtungen des Wegebaupflichtigen zur Ausführung anzuerkennen; es hindert auch die Wegepolizeibehörde nicht, ihrer Auflagen die dem § 132 L.=V.=G. entsprechende Zwangsandrohung hinzuzufügen; es legt ihr nur die Pflicht auf, demnächst bei wirklicher Zwangsausführung sich ins Einvernehmen mit der Eisenbahnpolizeibehörde zu setzen.

Nr. 176.

Endurteil des IV. Senats vom 6. Dezember 1892 (Entsch. Bd. XXIV. S. 229).

Die Einziehung öffentlicher Wege im Sinne des § 57 des Zuständigkeitsgesetzes ist nicht auf die völlige Ausschließung jedweden öffentlichen Verkehrs dergestalt, daß die Wege ihre Eigenschaft als öffentliche verlieren, beschränkt, sie liegt vielmehr auch dann vor, wenn von den mehreren zulässigen Verkehrsarten — Fuß=, Reit= und Fahrverkehr — nur eine oder die andere unter Aufrechterhaltung der Oeffentlichkeit der Wege im übrigen dauernd ausgeschlossen werden soll, weil damit der rechtliche Charakter der Wege als Fuß=, Reit= oder Fahrwege derart endgültig geändert wird, daß die Wiedereinführung der ausgeschlossenen Verkehrsart erst nach vorgängiger rechtsgültiger Bestimmung der Wege hierfür ebenso abhängig ist, als wenn sie für diese Verkehrsart überhaupt nicht bestanden haben. Hiervon völlig verschieden ist eine Anordnung, welche nur die Ausübung der nach dem Charakter des Weges zulässigen Verkehrsart näher regelt. Sie ist zwar eine wegepolizeiliche Verfügung, ändert aber an dem rechtlichen Charakter des Weges an sich nichts, darf nach dem Ermessen der Wegepolizeibehörde zurückgezogen werden, bezweckt keine Einziehung des Weges und ist an das in § 57 a. a. O. bestimmte Verfahren nicht gebunden. Ist dies gleichwohl geschehen, so ist um deswillen mit der Bekanntmachung weder für diejenigen, welche den Einspruch unterlassen haben, noch für den mit seinem Einspruch abgewiesenen Kläger ein auf dem Wege des § 57 des Zuständigkeitsgesetzes verfolgbarer Rechtsnachteil verbunden.

Nr. 177.

Endurteil des IV. Senats vom 24. März 1893 (Entsch. Bd. XXIV. S. 232).

1) Das Ostpreußische Wegereglement vom 24. Juni 1764 ist durch das Patent wegen Verkündung des Provinzialrechts für Ostpreußen vom 6. März 1802 entsprechend den hier aufrechterhaltenen Grundsätzen des Patents vom 4. August 1801 aufgehoben. Seitdem regelt sich der Bau der Landstraßen und der im Zuge derselben belegenen Brücken über Privatflüsse im Geltungsbereich dieses Provinzialrechts dahin, daß diese mit den Hand= und Spanndiensten der dazu Pflichtigen vom Staate zu bauen und zu unterhalten sind (§§ 11 bis 14, § 54 Tit. 15 T. II. A. L.=R.), soweit nicht Provinzialgesetze und Wegeordnungen ein Anderes bestimmen (§ 15 a. a. O.). Zufolge dieser letzteren Vorschriften ist den in Rezessen und Verträgen für den Landstraßenbau abweichend getroffenen Festsetzungen die Bedeutung einer öffentlich-rechtlich wirksamen Rechtsnorm versagt. Hieran ist auch demnächst und durch die Domänen=Veräußerungsinstruktion vom 25. Oktober 1810 insbesondere nichts

geändert. Den mit der Veräußerung der Domänen betrauten Behörden ist hier nirgends allgemein die Ermächtigung beigelegt, die öffentlich-rechtlichen Rechtsverhältnisse durch Vereinbarung mit den Erwerbern von Domänengrundstücken abweichend von dem bestehenden öffentlichen Recht überhaupt und öffentlich-rechtlich wirksam zu regeln. Die Bestimmung in § 29 litt. h, wonach in der Regel die Erwerber auch zur Uebernahme der Kreis-, Sozietäts- und Kommunitätslasten, desgleichen der Unterhaltung der Wege und Brücken ꝛc. in den Kontracten zu verpflichten sind, besagt nur, daß dem Erwerber die Uebernahme der auf dem veräußerten Besitz gesetzlich ruhenden Lasten zur Pflicht zu machen ist.

2) Nach § 2 des Zusatzes 226 des Ostpreußischen Provinzialrechts werden die köllnischen und ihnen gleiche Güter nur unter der Voraussetzung den Königlichen und adligen Gütern gleichgestellt, daß sie selbstständige „Gutsbezirke" bilden.

Nr. 178.

Endurteil des IV. Senats vom 24. März 1893 (Entsch. Bd. XXIV. S. 237).

Die Bestimmungen des Zusatzes 226 des Ostpreußischen Wegerechts enthalten kein zusammenhängendes Wegerecht, sondern nur einzelne Sätze, für welche es an einem System des geschriebenen Rechts, in welches sie einzureihen wären, mangelt, soweit es sich wenigstens um die sogenannten Kommunications- oder Gemeindewege im Gegensatz zu den Landstraßen, auf welche die §§ 11 ff. Tit. 15 T. II. A. L.-R. Anwendung finden, handelt. Immerhin bezeichnet jenes Wegereglement den Ausgangspunkt, von dem aus die Unterhaltung der gemeinen Wege (im Gegensatz zu der der Landstraßen) im Mangel entgegenstehender positiver Normen sich nur als Kommunallast im Sinne des heutigen Rechts fortentwickeln konnte, da das bestehende Staatsrecht nur die örtlichen Kommunen als die Träger der örtlichen Polizeilasten kennt, soweit nicht durch anderweite rechtliche Normen (Observanz) positiv Abweichendes bestimmt wird. Demgemäß gilt in Ostpreußen als subdiäres Recht, daß die gemeinen Wege von den Gemeinden und Gutsherren innerhalb der Gemeinde- bezw. Gutsbezirksgrenzen zu unterhalten sind. Die „königlichen und adeligen Vorwerke müssen stets wegebaupflichtig sein, da sie immer Gutsbezirke sind, die „köllnischen und ihnen gleichen Güter", wenn sie im Gemeindeverbande stehen, vermittelst desselben, im übrigen regelmäßig nur dann, wenn sie den königlichen und adeligen Vorwerken kommunalrechtlich gleich stehen, also Gutsbezirke sind.

Nr. 179.

Endurteil des IV. Senats vom 29. November 1892 (Entsch. Bd. XXIV S. 243.)

1) Die Voraussetzungen zur Klage nach § 56 Abs. 5 Zust.-Ges. ist schon gegeben, wenn die klagende Partei ihren Anspruch auf eine angeblich dem Gegner obliegende öffentlich-rechtliche Verpflichtung zur Anlegung oder Unterhaltung eines öffentlichen Weges stützt. Die Zulässigkeit des Verwaltungsstreitverfahrens kann nicht blos deswegen wieder hinwegfallen, weil der Beklagte einen Einwand erhebt, der das streitige Rechtsverhältnis in anderer Weise characterisiert und somit die Behauptung in sich schließt, es stehe jene öffentlich-rechtliche Verpflichtung nicht in Frage. Gerade darüber, ob dies der Fall ist, muß und kann nur vom Verwaltungsrichter befunden werden.

2) Die polizeiliche Reinigung der innerhalb der städtischen und ländlichen Ortschaften belegenen Straßen sowie deren Zubehörungen wie Wasserläufen etc. liegt

den Gemeinden ob. Diese Verpflichtung erstreckt sich auf alle Straßen, also auch auf die Staatsstraßen (Chausseen) und gilt auch im Gebiet des französischen Rechts. (§ 2 bei IV Nr. 9 des Gesetzes vom 1. Dezember 1798.) Für die Reinigung der Durchlässe kommt es nur an, ob sie die Eigenschaft als Zubehörungen der Straße haben oder nicht.

3) Die Verpflichtung der Gemeinde erlöscht nicht dadurch, daß die Polizeibehörde bisher noch nicht die polizeimäßige Reinigung der Durchlässe von der Gemeinde verlangt hat und dies bisher freiwillig seitens der Provinzialverwaltung geschehen ist; noch weniger ist es erforderlich, daß diese Pflicht im Einzelnen durch eine Polizeiverordnung näher bestimmt und geregelt ist, auch ohne dies bleibt die Polizeibehörde jederzeit befugt, die im öffentlichen Interesse notwendigen Anordnungen wegen einer Räumung der Durchlässe zu treffen.

XX.

Die Gewerbe.

C. Straßengewerbe und Geschäftsvermittler.

(Einzuschalten auf Seite 66 des Ergänzungsbandes 1892.)

Nr. 15.

Endurteil des III. Senats vom 23. Juni 1892 (Entsch. Bd. XXIII. S. 277.)

1) Die Polizei ist nach § 10 Tit. 17 T. II. A. L.-R. berechtigt, gegen eine Kleidung einzuschreiten, welche auf Erregung der Sinnlichkeit berechnet und eine solche Erregung hervorzurufen auch geeignet ist.

2) Gegen die Verbreitung von Druckschriften oder Reclamen unsittlichen Inhalts steht den Polizeibehörden nur die Beschlagnahme nach Maßgabe des § 23 Nr. 3 des Reichs-Preßgesetzes vom 7. Mai 1874 zu.

3) § 10 des Preuß. Preßgesetzes vom 12. Mai 1851 bezieht sich ebenso wie der § 43 der Gewerbeordnung und der § 5 des Reichs-Preßgesetzes nur auf diejenigen Personen, welche das Ausrufen, Verteilen, Verbreiten u. s. w. von Druckschriften vornehmen, nicht aber auch auf solche, welche dieses Geschäft durch andere besorgen lassen. Die Polizeibehörde ist nicht berechtigt über die durch das Preßgesetz vorgeschriebene oder zugelassene Grenze hinaus das Verteilenlassen von Druckschriften aus der allgemeinen polizeilichen Befugnis des § 10 Tit. 17 T. II. A. L.-R. zu verbieten.

F. Aerzte und Apotheker.

(Einzuschalten auf Seite 545 des Hauptwerkes.)

Nr. 3.

Endurteil des III. Senats vom 16. Juni 1892 (Entsch. Bd. XXIII. S. 272).

Die Polizeibehörde ist auf Grund des § 10 Tit. 17 T. II. A. L.-R. nicht befugt, den Gebrauch des Genfer oder eines diesem täuschend nachgebildeten Kreuzes einem Gewerbetreibenden auf Schildern und Waren zu verbieten oder einzuschränken.

Nr. 4.

Endurteil des III. Senats vom 27. Februar 1893 (Entsch. Bd. XXIV. S. 309).

1) Der Allerhöchste Erlaß vom 16. März 1872 gestattet den deutschen Fabrikanten den Gebrauch und die Abbildung des Kaiserlichen Adlers „zur Bezeichnung ihrer Waren oder Etiketten". Eine Ausdehnung dieser Gestattung auf den Gebrauch zur Bezeichnung der Verkaufs- pp. Räume ist unzulässig, weil einesteils solche Räume und die Waren selbst begrifflich etwas Verschiedenes sind, anderenteils die Gründe, welche zur Gestattung des Gebrauches bei Bezeichnung der Waren selbst oder ihrer Etiketten geführt haben, nicht im gleichen Maße für die Gestattung des Gebrauches bei Bezeichnung der Warenräume vorhanden sind. Auch aus dem Besitz von Reichs-Patenten kann diese Berechtigung nicht hergeleitet werden. Geringfügige Abweichungen der Abbildung vom Kaiserlichen Wappen sind hierbei ganz unerheblich.

2) Ein polizeiliches Verbot zur Führung dieser Wappenschilder dient zur Verhinderung einer verbotenen, gesetzlich mit Strafe bedrohten Handlung (§ 360⁷ St.-G.-B.) und zur Aufrechterhaltung der öffentlichen, insbesondere auch der gewerblichen Ordnung, da der unbefugte Gebrauch des Kaiserlichen Wappens einen Eingriff in ein öffentliches, staatliches Reservatrecht bildet und außerdem geeignet ist, eine Täuschung des Publikums bei Ankauf von Waren herbeizuführen.

Nr. 5.

Endurteil des III. Senats vom 1. Dezember 1892 (Entsch. Bd. XXIV. S. 312).

1) Nach § 10 Tit. 17 T. II. A. L.-R. und § 6 des Gesetzes über die Polizei-Verwaltung vom 11. März 1850 gehört es zu den Aufgaben der Polizei, gegen eine dem Publikum oder dessen Mitgliedern drohende Gefahr der öffentlichen Ordnung oder Sittlichkeit bei öffentlicher Aufführung eines Schauspiels einzuschreiten. Diese Befugnis ist weder durch die Reichsgewerbeordnung noch durch das Preßgesetz oder Art. 27 der Verfassungsurkunde beschränkt.

2) Der § 1 R.-G.-Ord., welcher das Prinzip der Gewerbefreiheit zum Ausdruck bringt, bezieht sich nur auf die persönliche Zulassung zum Gewerbebetrieb und schließt keineswegs polizeiliche Anordnungen aus, welche die Ausübung des Gewerbes, namentlich im Interesse der öffentlichen Ordnung oder Sittlichkeit, regeln, wie es auch anerkannt ist, daß diese polizeilichen Anordnungen bei Erteilung der im § 32 R.-G.-O. gedachten Erlaubnis zum Betriebe des Gewerbes als Schauspielunternehmer zulässig bleiben.

3) Das durch das Preßgesetz vom 7. Mai 1874 gewährleistete Recht der Preßfreiheit gilt nur für Erzeugnisse der Buchdruckerpresse und für andere, durch mechanische oder chemische Mittel bewirkte, zur Verbreitung bestimmte Vervielfältigungen von Schriften, bildlichen Darstellungen und Musikalien. (§ 1.)

4) Der Art. 27 der Verfassungsurkunde umfaßt nicht die öffentliche Aufführung eines Schauspiels. Die im Abs. 2 ausgesprochene Aufhebung der Censur kann nicht zu einer Beschränkung der polizeilichen Befugnis zum Einschreiten gegen die Aufführung eines Stückes aus sitten- oder ordnungspolizeilichen Gründen führen, weil unter der Censur hier lediglich die Bücher-Censur zu verstehen ist.

5) Hiernach ist die Polizei berechtigt, sowohl im einzelnen Falle die öffentliche Aufführung eines Theaterstücks zu verbieten, als auch zur Sicherung eines solchen Verbots allgemeine Anordnungen dahin zu treffen, daß vor der öffentlichen Aufführung jedes Stück zur Prüfung vorzulegen ist.

Nr. 6.

Endurteil des I. Senats vom 2. April 1892 (Entsch. Bd. XXIII. S. 385).

1) Die einmal erfolgte Bestrafung ist kein Grund, wegen welcher die Impfung nach dem Reichsgesetz vom 8. April 1874 unterbleiben darf. Deshalb ist die Polizeibehörde berechtigt, die Frist zur Nachholung der unterbliebenen Impfung nicht nur festzusetzen und den Nachweis über die erfolgte Impfung zu erfordern, sondern auch ihre Anordnungen nach § 132 Nr. 3 L.-V.-G. neben der strafrechtlichen Verfolgung durch unmittelbaren Zwang durchzusetzen. Dagegen bleibt die Androhung von Exekutivstrafen nach § 132 Nr. 2 a. a. O. ausgeschlossen.

2) Zur Erzwingung einer Unterlassung, welche bereits durch eine allgemeine Polizeivorschrift — Gesetz, Polizeiverordnung — unter Strafe gestellt ist, sind zwar die sonstigen Zwangsmittel des § 132 L.-V.-G. zulässig, nicht aber auch dasjenige der Androhung einer Geldstrafe aus Nr. 2 a. a. O.

J. Gewerbliche Anlagen.

(Einzuschalten auf Seite 68 des Ergänzungsbandes 1892.)

Nr. 14.

Endurteil des III. Senats vom 12. November 1891 (Entsch. Bd. XXIII. S. 257).

1) Jeder Gewerbebetrieb, welcher ohne Verletzung der für Jedermann bestehenden polizeilichen Vorschriften nicht ausführbar ist, ist unzulässig und kann derselbe — mag er bereits begonnen haben oder nur in Aussicht genommen sein — polizeilich untersagt werden.

Eine Ausnahmestellung hiervon nehmen nur die nach § 16 R.-G.-O. einer besonderen Genehmigung bedürfenden gewerblichen Anlagen ein. Für sie ergeben sich die Grenzen des polizeilichen Einschreitens aus der erteilten Genehmigung, da letztere nur unter Berücksichtigung auch der allgemeinen Bau-, Feuer- und gesundheitspolizeilichen Vorschriften auszusprechen ist (§ 18 a. a. O.) und die einmal erteilte Genehmigung so lange in Kraft bleibt (§ 25 Abs. 1 a. a. O.), als keine Aenderung in der Lage oder Beschaffenheit der Betriebsstätte vorgenommen wird.

2) Die Anwendbarkeit des Enteignungsparagraphen 61 R.-G.-O. beschränkt sich nur auf solche gewerbliche Anlagen, zu deren Betriebe der Unternehmer durch die erteilte Genehmigung ein Recht erlangt hat und auf solche nichtgenehmigungspflichtige gewerbliche Anlagen, deren Betrieb sich innerhalb der durch die Gesetze und polizeilichen Vorschriften gezogenen Grenzen bewegt, wenn er auch mit Nachteilen für das Gemeinwohl verbunden ist.

Nichtgenehmigungspflichtige Betriebe aber, welche den Gesetzen oder polizeilichen Vorschriften zuwiderlaufen, bilden keinen Gegenstand der Enteignung und die Befugnis der Polizeibehörden, gegen solche Betriebe bis zu ihrer völligen Untersagung einzuschreiten, um dem Gesetze Geltung zu verschaffen, wird durch den § 51 nicht berührt.

3) Die Befugnis der Polizeibehörden, gegen gesundheitsgefährliche Betriebe einzuschreiten, folgt aus den für sämtliche Teile des Preußischen Staates maßgebenden Vorschriften in § 10 Tit. 17 T. II A. L.-R., nach welchem auch die Abwendung der dem Publikum oder dessen einzelnen Mitgliedern bevorstehenden Gefahr Amt der Polizei ist. — Jedenfalls ist ein solches Einschreiten bei Anlagen mit widerlichen Gerüchen, da die länger andauernde Verunreinigung

der Luft bei der Notwendigkeit reiner Luft für die menschliche Gesundheit gesundheitsgefährlich ist, gerechtfertigt.

4) Aufgabe nicht der Polizeibehörden, sondern der Gewerbetreibenden ist es, die Mittel und Wege für einen dem Gemeinwohle nicht gefährlichen Gewerbebetriebe aufzufinden.

Nr. 15.

Endurteil des III. Senats vom 26. September 1892 (Entsch. Bd. XXIII. S. 268).

1) Die Frage, ob die Polizei zum Einschreiten gegen gewerbliche Anlagen mit anhaltendem Geräusch befugt ist, hängt von den thatsächlichen Verhältnissen ab.

2) Voraussetzung zum polizeilichen Einschreiten aus § 10 Tit. 17 T. II A. L.-R. ist bei Geräuschen immer, daß eine Gefahr bei Erlaß der Verfügung dem Publikum oder einzelnen Mitgliedern desselben bevorstand. Dies wird anzunehmen sein bei immerwährendem Klopfen von Pelzwerk auf dem Dache eines Hauses oder bei starken Geräuschen in einzelnen Werkstätten, z. B. eines Schreinermeisters, da derartige Störungen für nervös reizbare Personen im hohen Grade belästigend und bis zu krankhafter Höhe aufregend, also gesundheitsgefährlich sind. Es ist nicht unbedingt nötig, daß solche Personen gerade in der Nähe der geräuschvollen Stätte wohnen, da bei der weiten Verbreitung nervöser Zustände dieser Fall zu jeder Zeit eintreten kann. Hier kommt der Schutz eines weit verbreiteten, dauernden Zustandes in Betracht und die Abwehr einer Gefahr von den Mitgliedern des Publikums, bei denen dieser Zustand besteht. Wesentlich anders ist es, wenn es sich nur um vereinzelte und vorübergehende persönliche Belästigungen wie bei einem zufällig in der Nähe liegenden Schwerkranken handelt.

Nr. 16.

Endurteil des III. Senats vom 19. Januar 1893 (Entsch. Bd. XXIV. S. 316).

1) Die Frage, ob eine Aenderung der Betriebsstätte im Sinne des § 25 R.-G.-Ordn. eine wesentliche ist, entscheidet im allgemeinen der Gesichtspunkt, ob die Veränderung auf diejenigen Rücksichten einwirken kann, welche im Eingange des § 16 a. a. O. als solche hervorgehoben werden und nach dem Gedanken des Gesetzgebers überhaupt die Anlage genehmigungspflichtig gemacht haben, mit anderen Worten die Rücksicht, daß die Anlage „durch die Beschaffenheit der Betriebsstätte für die Besitzer oder Bewohner der benachbarten Grundstücke oder für das Publikum erhebliche Nachteile, Gefahren oder Belästigungen herbeiführen könne."

2) Ist eine gewerbepolizeiliche Genehmigung zu einer solchen Veränderung erforderlich, so ist es rechtlich ohne Bedeutung, ob die Genehmigung aus dem Grunde nicht erteilt ist, weil die zuständige Behörde s. Z. eine solche nicht für nötig gehalten hat.

3) Ist die ohne Genehmigung vorgenommene Veränderung der Fabrikanlage derart, daß sie den ganzen einheitlichen Betrieb berührt, so ist die Polizeibehörde auch befugt, gegen den Betrieb einzuschreiten. Ist dies geschehen und hat sie, statt denselben gänzlich zu untersagen, nur beispielsweise die Beseitigung der Ausströmung schweflig-saurer Dämpfe verlangt, kommt es schon deshalb nicht darauf an, zu prüfen, ob die verbotene Ausströmung überhaupt Beschädigungen oder Gefahren hervorruft, weil der Betrieb an sich ein polizeiwidriger gewesen ist.

Nr. 17.

Endurteil des III. Senats vom 19. Januar 1893 (Entsch. Bd. XXIV. S. 319).

1) Nach § 25 Abs. 1 R.=G.=O. tritt eine einmal früher erteilte Konzession mit der Vornahme einer wesentlichen Veränderung der Betriebsstätte oder in dem Betriebe nicht ohne weiteres außer Kraft. Es kann daher sehr wohl der Fall vorkommen, daß ein Teil der Fabrik konzessioniert und der andere nachträglich ohne Konzession erbaut ist.

2) Gegen den sich innerhalb der Konzessionsbedingungen haltenden Betrieb einer konzessionierten gewerblichen Anlage und die hiermit etwa verbundenen Gefahren für das Publikum einzuschreiten, ist die Polizei nicht befugt. Dagegen darf sie einen konzessionspflichtigen, aber nicht konzessionierten Betrieb untersagen ohne Rücksicht darauf, ob durch ihn Gefahren für das Publikum bestehen, lediglich deshalb, weil er der gewerblichen Ordnung zuwiderläuft.

3) Läßt sich der konzessionierte Teil nicht vom unkonzessionierten scheiden, ist somit der Betrieb für beide Teile ein einheitlicher, dehnt sich wegen der Unmöglichkeit der Scheidung dem ganzen Betriebe gegenüber die polizeiliche Befugnis zum Einschreiten auch auf die ganze Anlage aus, da das Bestehen einer Konzession für einen Teil des Betriebes nicht den ganzen Betrieb dem polizeilichen Einschreiten entziehen kann.

XXI.

Krankenversicherung der Arbeiter u. s. w.

(Einzuschalten auf Seite 71 des Ergänzungsbandes 1892.)

Nr. 46.

Endurteil des III. Senats vom 12. Mai 1892 (Entsch. Bd. XXIII. S. 295).

Unter § 26 Abs. 4 Nr. 2 des Krankenversicherungsgesetzes fällt jede durch die Trunkfälligkeit im Verhältnis der Wirkung zur Ursache (im Kausalzusammenhange) stehende Krankheit. Unerheblich ist, ob die Krankheit die notwendige, unabwendbare Folge der Trunkfälligkeit gewesen; es genügt, daß die Krankheit wirklich durch die Trunkfälligkeit herbeigeführt ist.

Nr. 47.

Endurteil des III. Senats vom 12. Mai 1892 (Entsch. Bd. XXIII. S. 296.)

Nach §§ 273 ff. der Civilprozeßordnung ist es gestattet, Teilurteile zu erlassen. Dadurch ist anerkannt, daß eine der Teilung in quanto fähige Forderung nicht notwendigerweise deswegen abgewiesen werden muß, weil sie mit unbegründeten verbunden ist.

Nr. 48.

Endurteil des III. Senats vom 28. März 1892 (Entsch. Bd. XXIII. S. 303).

Der Anspruch einer geschwängerten Frauensperson auf Sechswochen=, Tauf= und Entbindungskosten gegen den Schwängerer ist ein Entschädigungsanspruch, welcher auf die Krankenkasse übergeht und allein im Verwaltungsstreitverfahren trotz der privatrechtlichen Natur des Streites zum Austrag zu bringen ist. (cfr. auch § 58 Abs. 2 K.=V.=G. in der Fassung vom 10. April 1892.)

Nr. 49.

Endurteil des III. Senats vom 11. April 1892 (Entsch. Bd. XXIII. S. 308).

Der § 16 Abs. 1 des Ges. vom 28. Mai 1885 ist dahin auszulegen, daß dem auf der Fahrt im Inlande Erkrankten gegenüber die die Fürsorge übernehmende Gemeinde zunächst alle Verpflichtungen und Rechte der zuständigen Krankenkasse übernimmt, also auch an Stelle der freien ärztlichen Behandlung, freie Kur und Verpflegung in einem Krankenhause, selbst wenn dem Versicherten hierauf ein Rechtsanspruch nicht zusteht. Der vom Gesetzgeber beabsichtigte Zweck — einen so Erkrankten nicht der Armenpflege verfallen zu lassen — würde nicht erreicht werden, wenn demselben nur diejenigen Unterstützungen gereicht würden, auf welche er einen Rechtsanspruch hat, also nicht auch auf die etwa erforderliche Kur und Verpflegung in einem Krankenhause.

Die Krankenkassen haben daher der für sie eingetretenen Gemeinde auch jeden erwachsenen notwendigen Kostenaufwand ohne Abzug zu erstatten.

Nr. 50.

Endurteil des III. Senats vom 5. Januar 1893 (Entsch. Bd. XXIV. S. 322.)

Die in Privatkrankenanstalten beschäftigten Personen sind in stehenden Gewerbebetrieben beschäftigt und deshalb versicherungspflichtig und zwar nicht blos dann, wenn sie mit Wärterdiensten, sondern auch dann, wenn sie mit häuslichen Diensten für die Anstalt, nicht etwa blos für deren Unternehmer und seine Familie beschäftigt sind, z. B. als Köche, Stubenmädchen, Wäscherinnen, zur Herstellung der Kost für die Kranken, Reinigung der von diesen benutzten Räume und Wäsche u. s. w. Auch die Thätigkeit der in letzter Weise beschäftigten Personen dient dem Gewerbebetrieb des Unternehmers der Privat-Krankenanstalt.

Nr. 51.

Endurteil des III. Senats vom 12. Januar 1893 (Entsch. Bd. XXIV. S. 324).

In die dreizehn Wochen, mit deren Ablauf die Krankenunterstützung endet, ist der erste Tag der ärztlichen Behandlung nicht einzurechnen. (§ 78a K.-G.-V. in der Fassung vom 10. April 1892.)

Nr. 52.

Endurteil des III. Senats vom 20. Februar 1893 (Entsch. Bd. XXIV. S. 328.)

1) Unter „Krankheit" im Sinne des K.-V.-G. ist ein Zustand zu verstehen, welcher ärztliche Behandlung, Arznei und Heilmittel notwendig macht.

Eine körperliche Mißbildung (krumme Beine) ist daher an sich keine Krankheit, sondern wird dies erst, wenn sie ärztliche Behandlung notwendig macht.

2) Voraussetzung für die Zulässigkeit einer gänzlichen oder teilweisen Vorenthaltung des Krankengeldes ist nur, daß die Absicht des Kassenmitgliedes auf Herbeiführung der Krankheit gerichtet gewesen ist, nicht aber, daß das Kassenmitglied sich die Krankheit lediglich zu dem Zwecke zugezogen hat, um die Krankenunterstützung zu erhalten. Im ersten Falle darf nur das Krankengeld versagt werden. Auf die sonstigen im § 6 Abs. 1 Nr. 1 K.-V.-G. genannten Leistungen — ärztliche Behandlung, Arznei ꝛc. — haben die Mitglieder auch dann Anspruch, wenn sie sich die Krankheit vorsätzlich zugezogen haben.

3) Der Erstattungsanspruch der Armenverbände auf Grund des § 57 Abs. 5 K.-V.-G. hat nicht nur den Zweck, an die Stelle des Anspruchs des

Kassenmitgliedes auf ärztliche Behandlung 2c. einen festen Geldbetrag zu setzen, sondern auch den Anspruch des Armenverbandes wegen der von ihm gewährten ärztlichen Behandlung in gleicher Höhe zu fixieren und dadurch die Notwendigkeit einer speziellen Liquidation zu vermeiden. Es kommt sonach nicht darauf an, ob thatsächlich mehr als jene Hälfte des Krankengeldes, oder auch ob weniger aufgewandt ist.

Nr. 53.

Endurteil des III. Senats vom 8. Dezember 1892 (Entsch. Bd. XXIV. S. 333).

Eine geschlechtliche Ausschweifung im Sinne des K.-V.-G. setzt eine Mehrheit von Excessen nicht voraus. Ausschweifend ist schon, was über die herrschende Sitte und die geltende Moral hinausgeht. Diese aber beschränken den erlaubten Beischlaf auf die Ehe. Es ist daher, um den Begriff der Ausschweifung zu erfüllen, mehr als ein einmaliger außerehelicher Beischlaf nicht erforderlich.

Nr. 54.

Endurteil des III. Senats vom 7. November 1892 (Entsch. Bd. XXIV. S. 339.)

Ein Statut, das Bestimmungen über das gesetzliche Mindestmaß hinausgehende Leistungen einer Krankenkasse enthält, darf allerdings die Ausführung dieser Vorschriften nicht in das *Ermessen* des Kassenvorstandes stellen. Ein solches Ermessen steht aber nicht in Frage, wenn das Statut die Kassenleistung von dem Uebersteigenwerden der Ausgaben durch die Einnahmen und das Vorhandensein des gesetzlichen Reservefonds abhängig macht. Dies sind objektive Ereignisse und durch die Verknüpfung der Vergütung mit ihnen verliert der Anspruch auf die Vergütung noch nicht den Character eines Rechtsanspruchs.

Nr. 55.

Endurteil des III. Senats vom 24. März 1892 (Entsch. Bd. XXIII S. 314).

1) Durch das landwirthschaftliche Unfallgesetz vom 5. Mai 1886 ist die Verpflichtung der Armenverbände zur Unterstützung hilfsbedürftiger Personen nicht abgeändert worden, mithin haben dieselben nach wie vor im Bedarfsfalle einzutreten.

2) Glaubt ein so eingetretener Armenverband seine Aufwendungen von der nach § 10 a. a. O. verpflichteten Gemeinde, in deren Bezirk der Verletzte beschäftigt war, während der ersten dreizehn Wochen nach der Erkrankung zurückverlangen zu können, ist das Verwaltungsstreitverfahren zwischen diesen Verbänden ausgeschlossen. Der Armenverband kann in einem solchen Falle seinen Ersatzanspruch nur auf § 62 des Unterstützungswohnsitzgesetzes vom 6. Juni 1870 stützen und entweder in den Unterstützungsanspruch des Verletzten eingetreten oder einen selbstständigen Ersatzanspruch auf Grund der nützlichen Verwendung erlangt haben. Im ersteren Falle ist der Anspruch nach § 12 Abs. 1 des Ges. vom 5. Mai 1886 zur Entscheidung der Aufsichtsbehörde zu bringen, im letzteren Falle als privatrechtliche Forderung im Civilprozeßwege einzuklagen.

XXII.

Das Bauwesen.

(Einzuschalten auf Seite 74 des Ergänzungsbandes 1892.)

Nr. 71.

Endurteil des IV. Senats vom 10. Juni 1892 (Entsch. Bd. XXIII. S. 319).

1) Die Forderung, daß ein Bauwerk zum Zweck seiner Bewohnbarkeit einer baulichen Umänderung z. B. durch Austrocknen unterzogen werde, fällt in das Gebiet der Baupolizei und kann deshalb, wenn die Baupolizei der Königl. Polizeibehörde abgenommen und der städtischen Polizeiverwaltung übertragen ist, nur von letzterer erhoben werden, auch wenn diese Fürsorge aus gesundheitlichen Rücksichten geübt ist.

2) Eine polizeiliche Verfügung, welche die Räumung einer Wohnung aus sanitären Gründen fordert, stellt sich nach Inhalt und Zweck als ein einheitliches Ganze dar. Sie muß deshalb im Ganzen aufgehoben oder zu Recht bestehend anerkannt werden. Jedenfalls darf der Richter im Verwaltungsstreitverfahren dieselbe nicht durch teilweise Aufrechterhaltung spalten und eine Entscheidung dahin treffen, daß sie in Bezug auf das eine oder andere Zimmer bestehen bleiben soll.

Nr. 72.

Endurteil des IV. Senats vom 24. Mai 1892 (Entsch. Bd. XXIII. S. 325).

1) Die Baukonsense können in Form von Bedingungen auch Anordnungen in sich schließen, die dem Bauenden gewisse Schranken bei der Ausführung auferlegen. Diese Anordnungen können auch — falls nicht der Grundsatz ne bis in idem zur Anwendung zu kommen hat — mit den im § 132 L.-V.-G. vorgesehenen Zwangsmitteln versehen werden, müssen aber selbst mit dem Bauproject in sachlicher enger Verbindung stehen.

2) Die Möglichkeit allein, daß der Unternehmer allenfalls in naher oder ferner Zukunft polizeiwidrige Einrichtungen einmal treffen werde, berechtigt die Polizei noch nicht, demselben schon beim Baukonsens Normen vorzuschreiben, nach welchen er sich eintretenden Falls richten soll; sie beschreitet sonst ein Gebiet, welches der einzelnen Polizeiverfügung entzogen und für welches die Polizeiverordnung der eigentlich gegebene Weg ist.

3) Die Baupolizei kann nicht im allgemeinen, sondern nur auf Grund besonderer thatsächlicher Verhältnisse verlangen, daß jedes Haus seinen eigenen Brunnen hat oder für jede Familie ein besonderer Abort hergestellt werde, dagegen ist ihr Verlangen, daß zu einem Hause ein jederzeit offener Weg zugänglich sei, im Interesse der Feuer- 2c. Sicherheit berechtigt (cfr. Entsch. vom 7. Mai 1892 S. 47).

Nr. 73.

Endurteil des IV. Senats vom 1. November 1892 (Entsch. Bd. XXIII. S. 334/343).

1) Grundstücke, die zu einem wirtschaftlichen Ganzen verbunden sind, werden der Regel nach als eine Einheit im Sinne der Baupolizeiordnungen zu behandeln sein. Die grundbuchlichen Eintragungen, die nur zur Regelung privatrechtlicher Verhältnisse dienen, sind hierbei nicht allein ausschlaggebend und können deshalb von der Polizeibehörde nicht erzwungen werden.

2) Die Polizeibehörde hat die Fürsorge, daß die Benutzung des Baues nicht mit Gefahren für das Publikum verbunden ist und daß zu dem Ende die erforderlichen Ausgänge jederzeit den Besuchern zur Verfügung stehen. Der freie Ausgang durch mehrere Grundstücke kann aber auch vorhanden sein, wenn sich die Grundstücke nicht in einer Hand befinden, wie auch umgekehrt derselbe auf die mannigfaltigste Weise gehindert sein kann, wenn mehrere Grundstücke grundbuchlich geregelt sind.

Nr. 74.

Endurteil des IV. Senats vom $\frac{\text{9. Dezember 1890}}{\text{4. Oktober 1892}}$ (Entsch. Bd. XXIII. $\frac{\text{S. 349}}{\text{S. 351}}$).

1) Als Neubau im Sinne des § 11 des Baufluchtliniengesetzes vom 2. Juli 1875 ist die Erneuerung einer Vorderwand und die Neuherstellung des Daches an einem Hause nicht anzusehen. Dasselbe gilt von einem zerstörten Fabrikgebäude, das unter Benutzung der stehengebliebenen Mauern des Erdgeschosses und des ersten Stockes wiederaufgeführt worden ist. Einen „teilweisen" Neubau kennt das Gesetz nicht.

2) Das Privatrecht und insbesondere das verfassungsmäßig garantierte Eigentum schließt als solches und schon an und für sich ein polizeiliches Einschreiten keineswegs aus. So zweifellos das Eigentum am Grund und Boden das Recht zu seiner Bebauung in sich begreift, so gewiß steht der Polizeibehörde das Recht zu, für die Ausübung der im Eigentum liegenden Befugnisse diejenigen Normen vorzuschreiben, deren Innehaltung der Schutz der der Polizei anvertrauten öffentlichen Interessen erheischt. Dies folgt schon aus dem Inhalte der Polizeigewalt im § 10, Tit. 17, T. II A. L.-R. Es ist daher der Polizeibehörde unbenommen, in das Recht der Baufreiheit je nach dem Bedürfnis im öffentlichen Interesse einzugreifen.

3) Ob die Rücksicht auf das Gemeinwohl die gegebenen Vorschriften erfordert, ob die Polizeibehörde in ihren Verordnungen auf dem ihrer Fürsorge anvertrauten Gebiete zu weit gegangen und ob etwa das entgegenstehende Interesse der Grundeigentümer in ungerechtfertigter Weise beeinträchtigt wird, liegt ausschließlich auf dem Gebiete der Notwendigkeit und Zweckmäßigkeit und kann daher nur durch die Aufsichtsbehörde entschieden werden.

4) Jedes Baugesuch ist nach denjenigen Bestimmungen des öffentlichen Baurechts zu beurteilen und zu erledigen, die zur Zeit der Entscheidung in Geltung stehen.

Nr. 75.

Endurteil des IV. Senats vom 24. Mai 1892 (Entsch. Bd. XXIII. S. 359).

1) Der Ausbau eines Dachgeschosses ohne Bauconsens bewirkt noch nicht ohne weiteres einen unstatthaften, von der Polizeibehörde abzustellenden Zustand; ein solcher ist vielmehr erst dann vorhanden, wenn eine unkonsentierte Anlage gegen das bestehende, dem Schutze der Polizeibehörde anvertraute öffentliche Recht verstößt.

2) Das bestehende Recht gestattet nicht, Häuser, welche, sei es kürzere oder längere Zeit, Verbrechern zur Wohnung gedient haben, dieserhalb als Wohnräume zu beseitigen.

3) Bei Ansiedelungen kann der Gesichtspunkt, daß die Nachbargrundstücke vor Felddiebstählen geschützt werden sollen, mit Erfolg nur zur Geltung

gebracht werden, wenn die Frage zur Entscheidung steht, ob der Ansiedelungsconsens zu erteilen ist. (§§ 13 ff. des Ges. vom 25. August 1876).

4) Ist der Ansiedelungskonsens einmal erteilt, dann ist das Bestehen der Ansiedelung und damit auch die Vergrößerung und Vermehrung der Wohnräume in dem erbauten Hause aus Rücksicht für etwa vorkommende Felddiebstähle nicht weiter anfechtbar.

5) Eine Ansiedelungsgenehmigung mit Klauseln giebt es nicht und da, wo der Eigentümer auf eine solche auf Verlangen der Polizeibehörde durch Eintragung im Grundbuch eingegangen ist, ist dieselbe nicht geeignet, ein lediglich nur im öffentlichen Interesse gebotenes polizeiliches Einschreiten zu rechtfertigen. Durch die Eintragung kann nur ein privatrechtlicher Anspruch hergeleitet werden.

6) Ist dagegen eine Ansiedelung ohne Konsens erbaut, kann die Polizeibehörde den Eigentümer nur vor die Alternative stellen, entweder innerhalb einer entsprechenden Frist den gesetzlich erforderlichen Konsens nachzusuchen, oder aber, falls dies nicht oder resultatlos geschieht, das Wohnhaus als solches d. h. in seiner besonderen Einrichtung zu Wohnzwecken zu beseitigen. Ein Mehreres zu fordern, ist die Polizeibehörde nicht berechtigt.

Nr. 76.

Endurteil des IV. Senats vom 17. Mai 1892 (Entsch. Bd. XXIII. S. 365).

1) Nach dem Fluchtliniengesetze vom 2. Juli 1875 sind mit dem Ausdrucke „Straßen" nur die für den Verkehr innerhalb der Ortschaften und in erster Linie zugleich für den Anbau bestimmten Wege gemeint, nicht aber die Wasserstraßen.

2) Das Gesetz von 1875 bietet keine Handhabe, eine Bebauung solcher Grundstücke zu verhindern, an denen Fluchtlinien nicht gezogen sind. Dies gilt auch für Fälle, wo früher festgestellte Fluchtlinien später wieder beseitigt sind.

3) Die Polizeibehörde ist nicht berechtigt, der Durchführung eines Unternehmens mit polizeilichen Mitteln, insbesondere etwa mit einer auf § 66 Tit. 8 T. I. A. L.-R. gestützten Verweigerung des Baukonsenses zu Hilfe zu kommen.

Nr. 77.

Endurteil des IV. Senats vom 28. März 1893 (Entsch. Bd. XXIV. S. 342).

1) Die Polizeibehörde hat ihre Verfügungen rechtlich und thatsächlich soweit zu begründen, daß dadurch dem Betroffenen Gelegenheit gegeben wird, die Verfügung in ihren Grundlagen durch die ihm zustehenden Rechtsmittel anzugreifen.

2) Die Freiheit des Eigentümers kann in einer an sich völlig legalen Nutzung seines Eigentums nicht um deswillen polizeilich beschränkt werden, weil durch sie möglicherweise die Begehung von Mißthaten erleichtert wird. Wenn der § 15 des Ansiedelungsgesetzes der Polizei für Ansiedelungen bei Bauten von Wohnhäusern ein weitergehendes Recht gesetzlich zuspricht, so kann dieses nur für das darin vorgesehene Rechtsverhältnis, nicht aber für andere Bau-Verhältnisse Anwendung finden.

3) Die gesetzliche Einräumung der polizeilichen Beschränkung der Ansiedelungsfreiheit läßt erkennen, daß außerhalb dieses Rechtsgebiets für ihre Anwendung kein Raum ist. Die polizeiliche Regelung des Ansiedelungs-

rechts stellt keine Einschränkung, sondern eine Erweiterung der §§ 66 und 71 Tit. 8 T. I A. L.-R. dar.

4) Wenn nach der letzten Gesetzesbestimmung „zum Schaden oder zur Unsicherheit des gemeinen Wesens" kein Bau vorgenommen werden soll, so wird dabei vorausgesetzt, daß Schaden oder Gefahr des Publikums die notwendige Folge des Baues, seiner Bestimmung und Konstruction ist, daß der Bau als solcher gemeinschädlich ist. Auf die Möglichkeit einer mißbräuchlichen Benutzung, welche für Andere Schaden im Gefolge haben kann, kommt es dabei nicht an.

Nr. 78.

Endurteil des IV. Senats vom 7. April 1893 (Entsch. Bd. XXIV. S. 346).

1) Ein unmittelbares Eingreifen der höheren Instanz ist nur in besonders dringenden Fällen zulässig, im Uebrigen mit Rücksicht auf die Behördenorganisation und die zugelassenen Rechtsmittel gegen polizeiliche Verfügungen unstatthaft.

Die Zurücknahme einer im öffentlichen Interesse erteilten Bauerlaubnis fällt nicht in das Gebiet der Landespolizei und kann deshalb nur von der Ortspolizei event. auf Anweisung der Aufsichtsbehörde erfolgen.

2) Die Erteilung der Bauerlaubnis stellt fest, daß die zustehende Polizeibehörde nach ihrem pflichtmäßigen Ermessen keinen Anlaß zur Beanstandung des Baues gefunden hat. Ein einmal erteilter Baukonsens kann aber ohne weiteres zurückgenommen werden, sobald die Behörde nachträglich zu der Ueberzeugung gelangt, daß sie sich geirrt und die Verhältnisse anders, als geschehen, zu beurteilen sind. Dasselbe gilt von der Cognition der Aufsichtsbehörde.

Die Zurücknahme der Bauerlaubnis kann ferner erfolgen, wenn die Erlaubnis sich mit dem zur Zeit der Erteilung geltenden örtlichen Polizeirecht in Widerspruch setzt. Ein solcher Widerspruch liegt da aber vor, wo die Erlaubnis gegen positiv bindende, das freie Ermessen im Einzelfall ausschließende Vorschriften des materiellen Polizeirechtes erteilt ist. Diesen Fällen können unter Umständen auch solche gleichgestellt werden, wo beim Mangel konkreter Vorschriften die allgemeinen, dem Ermessen der Polizeibehörde als Richtschnur gegebenen Normen des Polizeirechts (§ 10, Tit. 17, T. II A. L.-R. u. dgl. mehr) maßgebend sind und durch offenbar sach- und pflichtwidrige Handhabung im Einzelfalle derartig verletzt werden, daß das öffentliche Interesse eine Remedur unabweisbar erheischt.

3) Keineswegs ist aber die Zurückziehung des Baukonsenses ohne weiteres mit dem bestehenden Rechte vereinbarlich, wo in den Grenzen des der Polizeibehörde eingeräumten freien pflichtmäßigen Ermessen eine verschiedene Beurteilung polizeilicher Gesichtspunkte möglich und die Genehmigung nach Prüfung dieser Gesichtspunkte erteilt worden ist. Denn hier hat bei Erteilung des Baukonsenses die Behörde nur das bestehende Baurecht in Gemäßheit der ihr überlassenen Anwendung auf den einzelnen Fall gehandhabt. Hierüber hinaus mag der Polizeibehörde die Zurücknahme einer früher erteilten Bauerlaubnis nur dann gestattet sein, wenn es sich um den Bau auf einer öffentlichen Straße handelt und wenn die thatsächlichen Verhältnisse sich inzwischen geändert haben und eine Beseitigung des Bauwerks im Interesse des öffentlichen Verkehrs unumgänglich zu fordern wäre.

Nr. 79.

Endurteil des IV. Senats vom 31. Januar 1893 (Entsch. Bd. XXIV. S. 353).

1) Die Thatsache, daß eine Polizeiverordnung von zuständiger Stelle aus aufgehoben ist, macht eine auf die Polizeiverordnung gegründete polizeiliche Verfügung nicht ohne weiteres ungültig; die Polizeiverordnung kann aber einer auf Grund derselben erlassenen Verfügung nicht mehr zur Stütze dienen und das ist von wesentlicher Bedeutung für die Entscheidung über die Verfügung, wenn diese rechtzeitig angegriffen wird.

2) Ueber Klagen wegen Verweigerung der Bauerlaubnis kann nur in Gemäßheit des öffentlichen Baurechts, wie es zur Zeit des Urteils besteht, entschieden werden; es müssen daher Beschränkungen der Baufreiheit, die erst nach Einleitung des Streitverfahrens in Wirksamkeit getreten sind, ebenso zu Ungunsten des Bauunternehmers berücksichtigt werden, wie umgekehrt Milderungen in diesen Beschränkungen dem Unternehmer zu gute kommen. Diese aus der rechtlichen Bedeutung der Bauerlaubnis notwendig folgenden Sätze müssen zur Anwendung gebracht werden, mag nun die Aufhebung der Polizeiverordnung aus Zweckmäßigkeitsrücksichten oder aus Rechtsgründen erfolgt sein.

3) An sich liegt in dem Eigentume auch die Befugnis des Eigentümers, auf seinem Grundstücke Gebäude nach seinem Gutdünken zu errichten; grundsätzlich ist diese Baufreiheit anerkannt im § 65 Tit. 8 T. I. A. L.-R., der lautet: „In der Regel ist jeder Eigentümer seinen Grund und Boden mit Gebäuden zu besetzen oder sein Gebäude zu verändern wohl befugt." Beschränkt wird die Baufreiheit indes durch die unmittelbar folgende Bestimmung des § 66: „Doch soll zum Schaden oder Unsicherheit des gemeinen Wesens oder zur Verunstaltung der Städte und öffentlichen Plätze kein Bau und keine Veränderung vorgenommen werden." Hierauf ruht das, später auch im § 6 f und g des Gesetzes über die Polizeiverwaltung vom 11. März 1850 anerkannte und näher beschriebene Recht der Polizeibehörden, allgemein geltende Einschränkungen des Eigentümers bei dem Bauen vermittelst Polizei-Verordnung einzuführen. Jede Baupolizeiordnung enthält daher begrifflich eine mehr oder weniger scharf einschneidende Beschränkung der Baufreiheit. Werden nun die Anordnungen einer Baupolizeiordnung verschärft, so wird die Beschränkung vergrößert, und dies schließt stets einen Widerspruch mit jenen Anordnungen in sich, weil bei Erlaß der letzteren eine weitergehende Einengung der Baufreiheit zur Sicherung des öffentlichen Interesses nicht für erforderlich erachtet worden ist, vielmehr die getroffenen Bestimmungen als ausreichend betrachtet sind. Die Verschärfung bestehender baupolizeilicher Vorschriften ist in gleicher Weise ein Widerspruch, wie die Abschwächung; ein Widerspruch ist immer da vorhanden, wo die beiden Bestimmungen — die ursprünglichen und die neuen — nicht neben einander bestehen und angewendet werden können, wo nur eine oder die andere sich anwenden läßt, wo also die ursprüngliche durch die neue eine Abänderung erleidet. Wird hiernach der Fall einer Verschärfung bestehender Vorschriften kaum je besondere Schwierigkeiten bei der Beurteilung bereiten, so liegt es mit einer Ergänzung bestehender Vorschriften nicht ebenso einfach. Zwar können auch hier über den anzuwendenden Grundsatz kaum Zweifel herrschen: eine Ergänzung erscheint insoweit gestattet, als die höhere Instanz auf dem in betracht kommenden Gebiete keine Anordnungen getroffen hat, also eine Lücke besteht, die durch die Polizeiverordnung der unteren Instanz ausgefüllt wird; die Ergänzung ist dagegen ausgeschlossen, soweit das Gebiet durch die Verordnung der höheren Instanz vollständig erschöpfend geregelt ist;

denn im letzteren Falle würden bei Erlaß einer ergänzenden Polizeiverordnung wieder zwei Bestimmungen vorliegen, die nicht neben einander angewendet werden könnten.

4) Die Forderung, daß jede Vorschrift einer Polizeiverordnung „einen objektiv festbestimmten abstrakten Thatbestand“, im Gegensatz zu einer nur relativ bestimmten Norm eine absolut bestimmte Norm aufstellen müsse, ist in dem bestehenden Rechte nicht begründet; in den Baupolizeiordnungen finden sich denn auch sehr häufig solche, nur relativ bestimmte Anordnungen, sie werden auch nicht immer zu vermeiden sein. Ob die Bestrafung ihrer Uebertretung für den Strafrichter mit Schwierigkeiten verknüpft ist, muß für die Frage ihrer Rechtsgültigkeit jedenfalls außer Betracht bleiben; übrigens kann die Anwendung baupolizeilicher Vorschriften oft genug — auch für den Verwaltungsrichter — umfangreiche und in ihrem Ergebnisse nicht immer vollkommen sichere Beweiserhebungen nötig machen; das wird einen Grund abgeben können, solche Vorschriften als unzweckmäßig zu bezeichnen; daraus allein folgt aber nicht ihre Rechtsungültigkeit.

5) Die Polizeibehörde ist rechtlich nicht behindert, in einer Baupolizeiordnung Bestimmungen zu treffen, deren Handhabung im einzelnen Falle dem Ermessen der Polizeibehörde einen mehr oder minder weiten Spielraum läßt. Daß dies Ermessen kein schrankenloses ist, vielmehr immer nur ein pflichtgemäßes sein kann, versteht sich von selbst; sofern die Polizeibehörde etwa dazu übergehen sollte, ihre Verfügung nicht mehr auf polizeiliche Gesichtspunkte zu gründen, würde einer dagegen gerichteten Klage stattzugeben und die Aufhebung der Verfügung auszusprechen sein; die betreffende Anordnung der Polizeiordnung bliebe aber in ihrer Rechtsgültigkeit davon unberührt.

Nr. 80.

Endurteil des IV. Senats vom 18. April 1893 (Entsch. Bd. XXIV. S. 364.)

1) Neue baurechtliche Bestimmungen haben in der Regel noch keine Geltung für Bauten, die auf Grund eines ordnungsmäßig erteilten Konsenses bereits in der Ausführung begriffen sind.

2) Ein Gebäude erscheint in der Errichtung begriffen, sobald die Bauarbeiten ernstlich d. h. nicht blos zum Schein oder zur Umgehung des Gesetzes begonnen sind. Die allgemeine Vorschrift in den einzelnen Baupolizeiordnungen, daß der erteilte Bauconsens seine Gültigkeit verliert, wenn nicht innerhalb Jahresfrist mit der Bauführung begonnen wird, setzt nur den Beginn und nicht die stetige ununterbrochene Weiterführung des Baues voraus.

Nr. 81.

Endurteil des IV. Senats vom 21. Februar 1893 (Entsch. Bd. XXIV. S. 373).

Etwaige Vereinbarungen zwischen den Behörden und dem Einzelnen auf dem Gebiete des Polizeirechts und insbesondere des öffentlichen Baurechts entbehren der öffentlich-rechtlichen Wirksamkeit. Die Behörde hat nur das bestehende Baurecht zur Geltung zu bringen. Aus diesem Grunde bleibt auch eine freiwillige Unterwerfung der Beteiligten unter Beschränkungen, die im öffentlichen Baurecht nicht enthalten sind, ohne öffentlich-rechtlich maßgebende Bedeutung. Ebensowenig, wie die Polizeibehörde auf ihre aus dem Baurecht entspringenden Befugnisse verzichten kann, ist ein solcher Verzicht auf Seiten des Einzelnen möglich. Sollte hiervon eine Ausnahme zulässig sein, so müßte sie ausdrücklich durch das Gesetz für statthaft erklärt sein.

Nr. 82.

Endurteil des IV. Senats vom 11. April 1893 (Entsch. Bd. XXIV. S. 380).

Ist der Bau eines Gebäudes nur an einer öffentlichen Straße gestattet, so ist nothwendig, daß diese Straße auch wirklich dem öffentlichen Verkehr übergeben ist. Auf eine Straße mit vorgesehener Fluchtlinie, welche noch nicht fertiggestellt und ausgebaut ist, trifft diese Voraussetzung nicht zu. Hat die Gemeinde ausnahmsweise dem angrenzenden Besitzer einen Zugang über das in ihrem Privatbesitz befindliche Terrain gestattet, so folgt noch nicht daraus, daß nunmehr der ganze Weg dem öffentlichen Verkehr gewidmet ist.

XXV.

Die Handelskammern.

(Einzuschalten auf Seite 76 des Ergänzungsbandes 1892.)

Nr. 6.

Endurteil des III. Senats vom 14. März 1892 (Entsch. Bd. XXIII. S. 283.)

1) Gegen die Heranziehung zu Handelskammerbeiträgen beschließt zunächst die Handelskammer selbst und ist gegen deren Beschluß innerhalb 2 Wochen die Klage beim Bezirksausschuß und gegen dessen Urteil nur das Rechtsmittel der Revision zulässig. (§ 135 Abs. 3 und 4, § 138 Zust.-Ges.)

2) Die Handelskammern haben die Interessen ihrer Mitglieder auch dann wahrzunehmen, wenn dieselben räumlich über den Bezirk der Handelskammern hinausgreifen oder sich ganz außerhalb derselben bewegen.

3) Das Handelskammergesetz vom 24. Febr. 1870 stellt mit dem Worte „ferner" den § 4 dem § 3 vollkommen gleichberechtigt zur Seite, und es ist die Wahlberechtigung aus § 4 nicht deshalb ausgeschlossen, weil eine solche bereits nach § 3 für eine andere Handelskammer existiert. Zur Wahlberechtigung eines Bergbaubetriebes zu einer Handelskammer ist allein wesentlich, daß es sich um eine Bergbauunternehmung handelt und eine oberirdische Betriebsstätte (Schacht) vorhanden ist. Aus der Wahlberechtigung folgt wieder nach § 23 a. a. O. die Beitragspflicht.

Nr. 7.

Endurteil des III. Senats vom 14. März 1892 (Entsch. Bd. XXIII. S. 290).

Unter den nach § 3 des Handelskammergesetzes vom 24. Februar 1870 aufgeführten wahlberechtigten Gesellschaften sind auch die eingetragenen Genossenschaften, einschließlich derjenigen, die nicht zu den Handel- und Gewerbetreibenden zu rechnen sind, zu verstehen. Der Eintragung der Gesellschaften im Genossenschaftsregister des Gesetzes vom 1. Mai 1889 stehen die im § 3 des Handelskammergesetzes bezeichneten Handelsregister gleich.

Vierte Abteilung.

Der Verwaltungsprozeß.

XXX.

Disziplinarsache.

(Einzuschalten auf Seite 77 des Ergänzungsbandes 1892.)

Nr. 14.

Endurteil des I. Senats vom 7. Dezember 1892 (Entsch. Bd. XXIV. S. 414).

Wenn auch der Bürgermeister als Vorsteher des Magistrats dessen Beamten gegenüber das Ordnungsstrafrecht und ausschließlich das Recht zur Verhängung von Geldstrafen gegen dieselben hat (§§ 74, 75 der Hannoverschen Städte-Ordn.), so ist auch der Magistrat in der Provinz Hannover als Dienstvorgesetzter der städtischen Beamten anzusehen und als solcher befugt, gegen diese Warnungen und Verweise zu erlassen. (§§ 52, 5, 38, 48, Abs. 3 u. 4, 61/67 u. 71, Abs. 1 u. 3 a. a. O.)

XXXI.

Konflikte.

(Einzuschalten auf Seite 649 des Hauptwerkes).

Nr. 28.

Endurteil des I. Senats vom 13. April 1892 (Entsch. Bd. XXIII. S. 421).

Ein Steuerbeamter, welcher einem allgemeinen Verbot zuwider das Bahngeleise lediglich aus dem Grunde betritt, um auf einem kürzeren Wege das Ziel seines dienstlichen Auftrages (z. B. eine Zuckerfabrik) zu erreichen, befindet sich nicht beim Betreten der Bahnanlage in Ausübung seines Dienstes, wenn er auch an sich im Dienst ist. Er übertritt unbefugt die polizeilichen Vorschriften, damit auch seine Amtsbefugnis und hat sein Versehen auch strafrechtlich zu vertreten. Selbst wenn er sich über das objektive Recht im Irrtum befunden hat, hören seine Handlungen um deswillen nicht auf, eine Amtsüberschreitung zu sein. Auch eine allgemeine Anweisung der Vorgesetzten enthebt ihn nicht der Verantwortung, weil eine solche den Beamten nicht von der Beachtung eines allgemeinen Verbotsgesetzes entbinden kann.

Nr. 29.

Endurteil des I. Senats vom 11. Februar 1893 (Entsch. Bd. XXIV. S. 418)

1) Die Reichs-Justizgesetze lassen landesgesetzlich die Vorentscheidung durch eine besondere Behörde in zwei Fällen zu, nämlich einmal nach § 17 G. V. G. über die Zulässigkeit des Rechtswegs — Kompetenzkonflikt — d. i. darüber, ob der Streit seinem Gegenstande nach zu den bürgerlichen Rechtsstreitigkeiten oder den gerichtlichen Strafsachen im Sinne des § 13 G. V. G. gehört und daher der Entscheidung durch den ordentlichen Richter unterliegt, und zweitens nach § 11 des Einführungsgesetzes zum Gerichtsverfassungsgesetze über den sogen. „Konflikt" des Gesetzes vom 13. Februar 1854 d. i. darüber, ob bei einem, dem Rechtswege an sich unterliegenden Gegenstande die civil- oder strafgerichtliche Verfolgung eines öffentlichen Beamten gleichwohl zu unterbleiben hat, weil sie wegen Amtshandlungen erfolgt und der Beamte eine Ueberschreitung seiner Amtsbefugnisse oder der Unterlassung einer ihm obliegenden Amtshandlung sich nicht schuldig gemacht hat.

Bei dem völlig verschiedenen Inhalte beider schließt die Erledigung des Antrags auf Vorentscheidung der einen Art die Erhebung eines Antrages der andern Art und die Vorentscheidung über diesen nicht aus. Deshalb steht auch die Vorschrift des § 17 No. 4 G.-V.-G., wonach der Kompetenzkonflikt nach rechtskräftiger Verwerfung der Einrede der Unzulässigkeit des Rechtsweges unzulässig ist, der Erhebung des Konfliktes in derselben Streitsache und der Entscheidung über denselben nicht entgegen.

2) Ein Beamter, welcher in Ausübung seines Berufs ein ohne Legitimation versehenes Stück Wild während der Schonzeit mit Beschlag belegt (§ 98 R.-Pr.-Ord.), kann dieserhalb nicht im Civilprozeßwege auf Schadenersatz vom Eigentümer verklagt werden. Es besteht keine unbedingte Amtspflicht, die Richtigkeit der ihm übermittelten Anzeige durch eigene Erhebungen vorher außer allem Zweifel zu stellen, zumal wenn die ihm zugegangene Mitteilung glaubwürdig erscheint. Hat der Beamte die Sache seiner vorgesetzten Behörde resp. dem Gericht überwiesen, so liegt keine Pflichtwidrigkeit vor, die einmal angeordnete Beschlagnahme so lange aufrecht zu erhalten, bis weitere Anweisung an ihn ergeht; es müßten denn inzwischen neue Thatsachen hervortreten, die den bis dahin vorhandenen Verdacht einer Zuwiderhandlung gegen das Wildschongesetz vom 26. Februar 1870 ausschließen.

3) Zur Versteigerung des Wildes ist — zumal dasselbe dem Verderben ausgesetzt ist — der Beamte auf Grund der generellen ministeriellen Weisungen in den Reskripten vom 7. und 27. April und 29. September 1870 (Min.-Bl. S. 148, 149, 271) befugt; der Erlös ist je nach dem strafrichterlichen Urteil entweder dem Eigentümer oder der Armenkasse zu überweisen.

Fünfte Abteilung.

Entscheidungen in Staats-Steuersachen.

I A.

Allgemeine Besteuerungsgrundsätze.

Nr. 1.

Entscheidung des V. Senats vom 12. Dezember 1892 (Bd. I. S. 71.)

Nach Art. 43 der Ausführungs-Anweisung des Finanzministers vom 5. August 1891 können die Wahrnehmungen über die Lebensweise und die sichtbaren Aufwendungen, welche der Steuerpflichtige für sich, seine Angehörigen und seinen Haushalt fortgesetzt macht, einen Anhalt gewähren, um den Jahresverbrauch und danach das mutmaßliche Gesamteinkommen zu schätzen, wenn das Einkommen nach seinen einzelnen Quellen nicht mit genügender Sicherheit festzustellen ist. „Danach ist die Verwertung dieser Schätzungsgrundsätze nur subsidiär, d. h. wenn anderweit sich das Einkommen in der vorbezeichneten Weise, namentlich durch Erkundigung und mündliche oder schriftliche Befragung des Steuerpflichtigen, nicht ermitteln läßt (vergl. Art. 47 No. 1—6, Art. 57 I. No. 1—4, Art. 66 No. 1 und 2 a. a. O.), gestattet. Der Art. 43 a. a. O. verlangt aber auch bestimmte Wahrnehmungen über die Lebensweise, über sichtbare Aufwendungen, die der Steuerpflichtige für sich, seine Angehörigen, seinen Haushalt fortgesetzt macht, ersichtlich zu dem Zwecke, um allgemeine Urteile auszuschließen und um einen Zwang in der Richtung zu üben, daß nur mit greifbaren Momenten gerechnet werde.

Ehe die Kommission zu dem Hilfsmittel nach Art. 43 greift, muß sie von Amtswegen alle Wege erschöpfen, die das Gesetz sonst an Handhaben für Ermittelungen bietet.

Nr. 2.

Entscheidung des V. Senats vom 12. Dezember 1892 (Bd. I. S. 76).

Die rechtliche Vermutung spricht dafür, daß ein im Haushalte seines Vaters lebender und in dem väterlichen Gewerbe behülflicher Sohn den ihm gewährten Unterhalt nicht als gewerblicher Gehilfe, sondern als Sohn seines Vaters erhält. Der summarische Bericht der Commission, „Angabe nicht erwiesen“, läßt die Verwertung zu Ungunsten des Censiten bezüglich der für seine Steuerfreiheit aufgestellten Behauptungen nicht zu, zumal im § 11

Abs. 1 u. 3 No. 2 des Einkommensteuergesetzes in Verbindung mit Art. 6 I. No. 2 litt. b der Ausführungsbestimmung vom 5. August 1891 zum Ausdruck gebracht ist, daß behufs der Steuerveranlagung dem Einkommen des Haushaltungsvorstandes das Einkommen der Angehörigen der Haushaltung zuzurechnen ist, sofern die letzteren nicht selbstständig zu veranlagen sind; daß ferner Kinder nur dann selbstständig zu veranlagen sind, wenn sie ein der Verfügung des Haushaltungsvorstandes nicht unterliegendes Einkommen aus eigenem Erwerb — mit Ausschluß der Beihülfe in dem Geschäft des Haushaltungsvorstandes — oder aus anderen Quellen beziehen. Ein Einkommen aus Thätigkeit in der Wirtschaft oder dem Gewerbe des Haushaltungsvorstandes kann als einer derartigen Verfügung nicht unterliegendes Einkommen nur gelten, wenn dafür Gehalt oder Lohn in baarem Gelde und nicht nur ein Taschengeld gewährt wird.

Nr. 3.

Entscheidung des V. Senats vom 22. Dezember 1892 (Bd. I. S. 84).

1) Einen Rechtssatz, daß Jemand den Wohnsitz lediglich durch die Thatsache der Abwesenheit verliert, giebt es nicht;

Die Abwesenheit als solche schließt den Begriff des Wohnsitzes an und für sich nicht aus (vergl. Anm. 23 zu Art. 35 der Ausführungsanw.).

2) Handelt es sich bei der Doppelbesteuerung um die Konkurrenz zweier Bundesstaaten — Hamburg und Preußen —, so ist allein das Reichsgesetz wegen Beseitigung der Doppelbesteuerung vom 13. Mai 1870 maßgebend und entscheidend, wo Jemand den Wohnsitz, d. h. seine Wohnung inne hat unter Umständen, welche auf die Absicht der dauernden Beibehaltung einer solchen schließen lassen. Für einen Minderjährigen kann eine gültige Willensthätigkeit nur vom Vormunde ausgehen.

3) Hält sich ein Ausländer (Nichtdeutscher) nur in Preußen auf, kann er zur Staatssteuer nur dann herangezogen werden, wenn er im deutschen Reiche keinen Wohnsitz im Sinne des Reichsgesetzes hat. (§ 1 No. 2a. Einkommensteuerges.)

Nr. 4.

Entscheidung des V. Senats vom 17. Januar 1893 (Bd. I. S. 118).

„Ausländer“ und „Ausland“ im Sinne des Einkommensteuergesetzes bedeuten nur, was nicht zum Bundesgebiet oder Schutzgebiet gehört. Hierfür spricht nicht nur die im § 1 a. a. O. neben einander erfolgte Erörterung der Steuerpflicht der Preußischen Staatsangehörigen in Nr. 1, der Angehörigen anderer Bundesstaaten in Nr. 2 und der „Ausländer“ in Nr. 3, sondern auch die in Nr. 1 desselben Paragraphen gewissermassen im Gegensatze zu einander abgehandelten Verhältnisse der Preußischen Staatsangehörigen in Rücksicht auf a) ihren Wohnsitz in Preußen, b) in einem anderen Bundesstaat oder deutschem Schutzgebiet oder endlich c) in Beziehung auf ihren Aufenthalt im „Auslande“.

Nr. 5.

Entscheidung des V. Senats vom 17. Januar 1893 (Bd. I. S. 120).

Ist ein gemeinsamer Haushalt mehrerer Geschwister unter Leitung eines derselben anzunehmen, nicht aber die wirthschaftliche Abhängigkeit Aller von der leitenden Persönlichkeit, weil das Einkommen des Einzelnen nicht dem Verfügungsrecht des Leiters unterliegt, so ist es nach § 11 des Einkommensteuergesetzes vom 24. Juni 1891 ausgeschlossen, daß eine gemeinsame Besteuerung der Geschwister stattfindet.

Nr. 6.

Entscheidung des V. Senats vom 24. Januar 1893 (Bd. I. S. 136).

Bestreitet ein Beamter seine Gehalts- und Anstellungsverhältnisse, so hat die Berufungskommission nach Art. 47 Nr. 2 Abs. 2 und Art. 66 Nr. 2 Abs. 1 der Anweisung vom 5. August 1891 diese Verhältnisse durch Einholung einer amtlichen Auskunft der vorgesetzten Behörde oder auf andere geeignete Weise festzustellen. Ueberhaupt erscheint es angezeigt, mit der Besteuerung solcher öffentlichen Beamten, die keine Steuerklärung abgegeben haben, nicht anders als auf der Grundlage einer amtlichen Mitteilung über dessen Höhe vorzugehen.

Nr. 7.

Entscheidung des V. Senats vom 3. Februar 1893 (Bd. I. S. 152).

Dem Einkommen eines Haushaltungsvorstandes ist dasjenige Einkommen der Angehörigen seiner Haushaltung, über welches er nicht unmittelbar kraft eigenen Rechts und im eigenen Interesse verfügen kann, dessen Genuß ihm nicht zusteht, nicht zuzurechnen. Unter diesen Voraussetzungen ist auch das Einkommen eines zur Haushaltung der Mutter gehörigen Sohnes dem Einkommen der Mutter nicht zuzurechnen. Das Einkommen eines minderjährigen Sohnes, welches er aus dem ihm erbweise zugefallenen Anteile an dem Nachlasse seines Vaters bezieht, ist an sich ein besonders selbständiges (§§ 621 und 623 Tit. 1 T. II. A.-L.-R.). Besucht der Sohn ein auswärtiges Gymnasium, so darf er trotzdem als zur Haushaltung seiner Mutter gehörig angesehen werden. Das Einkommen des Sohnes, über dessen Erträge die Mutter als Vormünderin desselben innerhalb der gesetzlichen Grenzen die Verfügung hat, ist jedoch nicht als ein solches anzusehen, welches nach § 11 Abs. 1 des Einkommensteuergesetzes vom 24. Juni 1891 dem Einkommen des Haushaltungsvorstandes zuzurechnen ist. Wenn auch der Mutter in ihrer Eigenschaft als Vormünderin im Rahmen der Vorschriften der Vormundschaftsordnung ein Verfügungsrecht über jenes Einkommen zusteht, so schließt dasselbe doch nicht eine Befugnis zur Verfügung kraft eigenen, aus ihrer Person selbst herzuleitenden Rechts in sich, sondern nur eine Befugnis, die sich auf die Bestellung zur Vormünderin stützt und lediglich die Verfügung aus dem Rechte des Sohnes, namens desselben und in dessen Interesse, zum Gegenstande hat. Daß aber nur ein Recht des Haushaltungsvorstandes zur Verfügung unmittelbar kraft eigenen Rechts und im eigenen Interesse im § 11 a. a. O. verstanden ist, folgt mit Sicherheit aus der Erwägung, daß sonst dem Haushaltungsvorstande das Einkommen auch solcher zu seinem Haushalte gehörigen Personen zugerechnet werden müßte, welche an sich völlig unabhängig und im Besitze eigenen Vermögens, dem Haushaltungsvorstande nur vertragsmäßig behufs ihrer Vertretung das Recht der Verfügung, etwa durch eine generelle Vollmacht, übertragen haben. Eine solche Auffassung ist unvereinbar mit der Absicht des Gesetzes, unter Einschränkung des früheren Rechtszustandes, jede Besteuerung des Haushaltungsvorstandes nach dem ihm nicht zufließenden eigenen Einkommen des Haushaltungsangehörigen zu vermeiden. In Uebereinstimmung mit dieser Auslegung des Begriffs eines der Verfügung des Haushaltungsvorstandes unterliegenden Einkommens des Angehörigen seiner Haushaltung bestimmt denn auch Art. 6 der Ausführungsanweisung des Finanzministers vom 5. August 1891 unter I. 2c, daß zu solchem Einkommen nicht zu rechnen ist dasjenige aus einem Vermögen, dessen Genuß dem Haushaltungsvorstande nicht zusteht.

2) Der Zinsenbetrag, welcher einem Großvater aus dem seinen Enkelkindern gehörigen Vermögen als Vormund zwecks Erziehung derselben vom Obervormundschaftsgericht zuerkannt ist, kann behufs der Steuerveranlagung dem Einkommen desselben als Einkommen der Angehörigen seiner Haushaltung (§ 11 des Einkommensteuergesetzes vom 24. Juni 1891) nicht zugerechnet werden (Art. 6 I. 2c der Ausführungsanweisung des Finanzministers vom 5. August 1891). Der Umstand, daß ein vertragsmäßiges Recht des Unterhaltsgebers auf den Bezug der Erträgnisse des Mündelvermögens oder eines Teils derselben, gegen welchen er verpflichtet wäre, die Kinder zu erhalten, bestehen mag, kann den Mangel eines gesetzmäßigen Verfügungsrechts des Haushaltungsvorstandes nicht ersetzen. Unter solchen Umständen sind nach § 11 Nr. 2 a. a. O. die hier in Frage stehenden Haushaltungsangehörigen, und zwar jede für sich, da sie mangels wirtschaftlicher Abhängigkeit von einander einen gemeinschaftlichen Haushalt nicht bilden, nach dem einem jeden von ihnen aus eigenem Kapitalvermögen zufließenden Einkommen selbstständig event. steuerfrei zu veranlagen.

Nr. 8.

Entscheidung des V. Senats vom 6. Februar 1893 (Entsch. Bd. I S. 163).

1) Es ist unerheblich, ob ein rechtsgültig aus dem Eigentum einer Person in dasjenige einer anderen übergehendes Steuerobjekt bei dieser zur Besteuerung herangezogen ist oder herangezogen werden kann, niemals kann daraufhin eine an sich unzulässige Besteuerung des früheren Eigentümers gestützt werden.

2) Die Uebertragung des Eigentums findet bei Inhaberpapieren ebenso wie bei beweglichen Sachen lediglich durch die Uebergabe statt. Die Cession wäre eine dazu ungeeignete Form (A. L.-R. T. I Tit. II § 401). Die Eigentumsübertragung ist daher perfect in dem Augenblicke, in welchem die körperliche Uebergabe der Inhaberpapiere von dem bisherigen Eigentümer an den neuen Erwerber zur Ausführung kommt, was auch dadurch geschehen kann, daß die Aushändigung mit Genehmigung des Erwerbers für ihn an einen Dritten, z. B. Banquier, erfolgt und der Erwerber die bewirkte Hingabe an jenen Dritten als an ihn erfolgt anerkennt.

Nr. 9.

Entscheidung des V. Senats vom 6. Februar 1893 (Entsch. Bd. I S. 165).

Die Bestimmung im § 20 Abs. 2 des Einkommensteuergesetzes vom 24. Juni 1891, wonach im Falle eines mehrfachen Wohnsitzes dem Steuerpflichtigen die Wahl des Ortes der Veranlagung zusteht, bezieht sich nur auf den Fall, wenn in Preußen ein mehrfacher Wohnsitz vorhanden ist; übrigens kann die Heranziehung zur Steuer überhaupt nicht von dem Willen des Steuerpflichtigen abhängig sein.

Nr. 10

Entscheidung des V. Senats vom 7. Februar 1893 (Bd. I S. 169).

Nicht der Bezug von Einkünften aus einer Erbschaft selbst zur Zeit der Veranlagung, sondern das Recht auf den Bezug derselben ist für die Besteuerung entscheidend. Hat jemand sein Revenüenrecht vor Beginn des Steuerjahres durch Vertrag aufgegeben, so dürfen ihm die Revenüen bei seiner Steuerveranlagung nicht angerechnet werden.

Nr. 11.

Entscheidung des V. Senats vom 6. März 1893 (Entsch. Bd. I S. 238).

Die Gesammtheit der im Steuerjahre zufließenden Einkünfte bildet ein einheitliches Steuerobjekt, woraus folgt, daß der bei einer Einkommenquelle sich ergebende Verlust von den Erträgnissen der anderen Quellen abzurechnen ist.

Nr. 12.

Entscheidung des V. Senats vom 7. März 1893 (Entsch. Bd. I. S. 252).

Der Begriff dauernder Trennung der Ehefrau von dem Ehemanne im Sinne des § 11 des Einkommensteuergesetzes vom 24. Juni 1891 läßt sich nicht für alle Fälle in gleichartige, allgemein hinzustellende Erfordernisse auflösen. Indessen wird immer doch die Thatsache völligen Getrenntseins, wie im ehelichen Leben, so im Haushalt und in der Wirthschaftsführung, und zwar, das ist das Wesentlichste, herbeigeführt in der erkennbaren Absicht, die Trennung vorzunehmen und diesen Zustand für längere Dauer festzuhalten, unerläßlich sein. Derartige aber gleichwerte Momente sind deshalb klarzustellen und zwar für den Zeitpunkt der Veranlagung. Auch die Erörterung über den Umfang des einzelnen Haushalts ist in einem solchen Falle nötig.

Nr. 13.

Entscheidung des V. Senats vom 23. Februar 1893 (Bd. I. S. 293).

Beweisfälligkeit in bezug auf das Bestehen behaupteter Schulden darf nicht angenommen werden, bevor nicht eine Aufforderung an den Steuerpflichtigen ergangen ist, für jede Schuld den Namen und Wohnort des Gläubigers, das Datum der Schuldurkunde und den Prozentsatz der Verzinsung anzugeben, auch die Zinsquittung vorzulegen.

Nr. 14.

Entscheidung des V. Senats vom 17. April 1893 (Bd. I. S. 323).

Die Ehefrau kann nur selbstständig veranlagt werden, wenn sie vom Ehemanne getrennt lebt. (§ 11 Abs. 1 Einkommensteuerges., Art. 6 Nr. 1 der Ausführungsanw.). Fehlt es an dieser Voraussetzung, läßt sich eine Veranlagung nicht ins Werk setzen, wenn auch sonst die Frau im alleinigen Besitz der Grundstücke und des Gewerbes ist, und letzteres auf ihren Namen geführt wird.

Nr. 15.

Endurteil des V. Senats vom 15. Mai 1893 (Entsch. Bd. I. S. 377).

Die Ansicht, daß die Einkünfte eines Familienangehörigen z. B. der Mutter schon deshalb, weil sie nach Abzug der Schulden ꝛc. zum selbstständigen Unterhalte nicht ausreichen und die Mutter deshalb im Haushalte des Sohnes unterhalten werde, dem steuerpflichtigen Einkommen des Sohnes zugerechnet werden müsse, ist mit der Vorschrift des § 11 des Einkommensteuergesetzes völlig unverträglich, da das Einkommen der Haushaltungsangehörigen wie der Kinder dem steuerpflichtigen Einkommen des Haushaltungsvorstandes auch in solchem Falle nur dann zugerechnet werden darf, wenn jenes Einkommen der rechtlichen Verfügung des Vorstandes unterliegt. Die entgegengesetzte Auffassung stand allerdings mit § 16 des früher geltenden Klassensteuer- und klassifizierten Einkommensteuergesetzes vom $\frac{\text{1. Mai 1851}}{\text{25. Mai 1873}}$ im Einklange.

I B.

Besondere Vorschriften.

a) Einkommen aus Kapitalvermögen.

Nr. 1.

Entscheidung des V. Senats vom 6. Oktober 1892 (Entsch. Bd. I. S. 10).

In dem Falle nicht ausreichender Aufklärung über den Zinsfuß der genutzten Kapitalien ist die Regel des Art. 8 Abs. 5 Nr. 2 der Ausführungsbestimmung, das ist ein Zinsfuß von 4 Prozent, zum Grunde zu legen. Wahrnehmungen über die Lebensweise des Zensiten können zur Schätzung seines mutmaßlichen Gesamteinkommens erst dann einen Anhalt gewähren, wenn eine genügend sichere Feststellung des Einkommens nicht zu erreichen ist (vergleiche Art. 43 a. a. O.).

Nr. 2.

Entscheidung des V. Senats vom 14. November 1892 (Entsch. Bd. I. S. 37).

Die Annahme, daß eine in Vorjahren angefallene Erbschaft ohne weiteres Zinsen und damit ein steuerpflichtiges Einkommen gewähre, steht mit den gesetzlichen und Ausführungsvorschriften deshalb in Widerspruch, weil als Einkommen aus Kapitalvermögen (§ 12 des Einkommensteuergesetzes) nur der für das Steuerjahr thatsächlich zugesicherte (oder ausbedungene) Jahresbetrag an Zinsen zur Anrechnung gelangen soll (Art. 8a und Nr. 2 der Ausführungsanweisung vom 5. August 1891).

Nr. 3.

Entscheidung des V. Senats vom 14. November 1892 (Entsch. Bd. I. S. 39).

Es mag unter Umständen fraglich sein, ob die seit mehr als Jahresfrist rückständigen Zinsen eines bei dem im Laufe des Steuerjahres stattgehabten Zwangsverkaufe ausgefallenen Kapitals zu den feststehenden Einnahmen im Sinne des § 10 des Gesetzes zu zählen und daher nach ihrem vollen Betrage dem Einkommen zuzurechnen, oder ob sie als eine schwankende Einnahme nach dem Durchschnitte der maßgebenden Vorjahre einzusetzen sind. Die Thatsache, daß zur Zeit der Veranlagung die Zinsen für das Vorjahr nicht bezahlt, sondern in Rückstand waren, genügt aber nicht schon allein, in Ermangelung sonstiger für die Beurteilung etwa in Betracht kommender Umstände, der Zinsforderung den Charakter einer feststehenden Einnahme abzusprechen.

Nr. 4.

Entscheidung des V. Senats vom 24. November 1892 (Entsch. Bd. I. S. 51).

Nach der positiven Bestimmung des § 12 des Einkommensteuergesetzes gelten Dividenden und Zinsen von Aktiengesellschaften als Einkommen aus Kapitalvermögen und nicht aus dem Gewerbebetriebe. Deshalb sind dieselben in Preußen zur Besteuerung heranzuziehen, auch wenn die Aktien von einer in einem außerpreußischen deutschen Bundesstaate domizilierten Aktiengesellschaft herrühren. Denn § 3 des Reichs-Gesetzes vom 13. Mai 1870, betreffend Beseitigung der Doppelbesteuerung, spricht nur von Grundbesitz und Gewerbebetrieb. Auch nach dem Sinn dieses Gesetzes ist, wie im Beschlusse des Bundesrats vom 16. Oktober 1874 angenommen ist, der Gewerbebetrieb nur für den Inhaber die Quelle des aus demselben herrührenden Einkommens. Daß aber bei Aktiengesellschaften der Aktionär nicht derjenige ist, der das Gewerbe der Aktiengesellschaft betreibt, darüber besteht in Wissenschaft und Praxis kein Zweifel.

Nr. 5.

Entscheidung des V. Senats vom 20. Januar 1893 (Bd. I. S. 130).

Es erscheint an sich unstatthaft, der Veranlagung eines Steuerpflichtigen *beliebige* Kapitalien und Erträge von solchen zu Grunde zu legen, vielmehr wird nur dann der Besitz von Kapitalvermögen und von Einnahmen daraus für die Besteuerung in Betracht gezogen werden dürfen, wenn *bestimmte thatsächliche* Umstände die Annahme rechtfertigen oder doch die Wahrscheinlichkeit begründen, daß der Pflichtige mit der Wahrheit zurückhält. Wenn deshalb die Berufungskommission mit einem Einkommen des Beschwerdeführers aus Kapitalvermögen rechnen will, so wird sie das nur dann thun dürfen, wenn und soweit sie thatsächliche Unterlagen dafür zu beschaffen vermag. Nach § 10 des Einkommensteuergesetzes vom 24. Juni 1891 sind ihrem Betrage nach unbestimmte oder schwankende Einnahmen nach dem Durchschnitte der drei, für das Steuerjahr 1892/93 nach dem Durchschnitte der zwei der Veranlagung unmittelbar *vorangegangenen* Jahre zu berechnen. In Art. 5 Nr. 2 der Ausführungsanweisung des Finanzministers vom 5. August 1891 ist ferner grundsätzlich anerkannt, daß der für die Berechnung des Durchschnitts maßgebende Zeitraum sich bei jedem einzelnen Steuerpflichtigen nach dem von *diesem* angenommenen Betriebsjahre richtet. Hieraus ergiebt sich ohne weiteres, daß die Einnahmen aus dem Geschäftsjahre eines Steuerpflichtigen, dessen Betriebsjahr von Oktober zu Oktober läuft, für das Steuerjahr 1892/93 nach dem Durchschnitte der Jahre Oktober 1889/90 und Oktober 1890/91 zu berechnen waren. Das Jahr Oktober 1891/92 hat schon deshalb nicht in Betracht gezogen werden können, weil dessen Ergebnisse zur Zeit der Veranlagung (Steuererklärung) noch nicht festgestellt sein konnten.

Nr. 6.

Entscheidung des V. Senats vom 24. Januar 1893 (Bd. I. S. 138).

1) Nach § 10 des Einkommensteuergesetzes gelten auch Forderungen als Einnahmen, und zwar nicht nur feststehende, sondern auch schwankende.

2) An Zinsen von Kapitalforderungen hat der für das Steuerjahr zugesicherte Jahresbetrag, d. h. die Zinsenforderung, zur Anrechnung zu kommen. Ebenso ist von Grundstücken der Pacht- oder Mietszins als Einkommen zu berechnen, so daß es auch hier auf den „zu entrichtenden“ (Art. 15 II. der Anw.) oder „bedungenen“ (Art. 16 II. das.) Zins, einerlei, ob er gestundet oder sonst ausständig ist, ankommt.

Nr. 7.

Entscheidung des V. Senats vom 13. Februar 1893 (Bd. I. S. 173).

Die Zinsenherabsetzung bei Staatsanleihen ist als eine Aenderung der Zinsenzusicherung bei Feststellung des steuerpflichtigen Einkommens zu berücksichtigen. Zinsen von Staatspapieren, welche der betreffende Staat zu einem bestimmten Betrage bei der Ausgabe der Papiere zugesichert hat, sind, nachdem der Staat erklärt hat, daß er die Zinsen nicht mehr in der früheren Höhe, sondern nur zu einem niedrigeren Betrage oder gar nicht zahlen werde, gleichgültig, aus welchen Motiven, von dem Zeitpunkte solcher Erklärung ab nicht mehr in der ursprünglichen Höhe als zugesichert, sondern entweder als weggefallen oder nur noch zu dem niedrigeren Betrage zugesichert anzusehen. In der ursprünglichen Höhe können sie daher niemals für die Besteuerung in Ansatz gebracht werden, wenn sie nach Lage des einzelnen Falles überhaupt noch als feststehende Einkommen (§§ 10 und 12 des Einkommensteuergesetzes vom 24. Juni 1891) anzusehen sind. Wollte man der gegenteiligen Auffassung folgen, so müßten Konvertierungen von Staatspapieren, Bankerutt von Staaten und dergleichen für einflußlos erachtet werden. Ueberdies hat es auch nicht in der Absicht des Gesetzgebers gelegen, ein noch nicht vorhandenes Einkommen mit Steuer zu belegen.

Nr. 8.

Entscheidung des V. Senats vom 28. Februar 1893 (Entsch. Bd. I. S. 231).

1) Wenn den Angaben eines Censiten kein Glauben geschenkt wird, dann erübrigt nur, nach Anhaltspunkten für die Annahme höherer Bestände zu forschen. Grundsätzlich anzunehmen, daß die Schätzung eines höheren Einkommens aus Kapitalbesitz zulässig sei, weil der Censit nicht das Gegenteil bewiesen habe, ist nicht gerechtfertigt, da unter Umständen ein solcher Beweis überhaupt nicht zu erbringen ist.

2) Legt einer seine Bücher und sonstigen vorhandenen Nachweise zur Feststellung seines Einkommens aus Kapitalvermögen vor, kann ihm ferner nicht zugemutet werden, noch Auszüge getrennt z. B. nach Hypothekenzinsen, Effectenzinsen, Wechseldiskont 2c. zu erbringen, zumal nicht feststeht, wie dadurch ein anderes Resultat erwiesen werden sollte. Namentlich kann auch eine Vermögensaufstellung nicht gefordert werden, da es sich nicht um Vermögensausweise handelt.

Nr. 9.

Entscheidungen des V. Senats vom 14. März 1893 (Entsch. Bd. I. S. 275).

1) Voraussetzung für die Anwendbarkeit des § 12 des Einkommensteuergesetzes, wonach vereinnahmte Gewinne aus der zu Spekulationszwecken unternommenen Veräußerung von Grundstücken zum Einkommen aus Kapitalvermögen gehören, während ohne das Vorhandensein dieser Zwecke eine solche nicht gewerbsmäßig erzielte außerordentliche Einnahme als Vermehrung des Stammvermögens anzusehen (§ 8), ist die Veräußerung „zu Spekulationszwecken". Daraus folgt von selbst, daß bei Anwendung des § 12d das Vorwalten der Spekulationszwecke in positiver Weise festgestellt werden muß.

2) Die Frage, ob bei einer Veräußerung Spekulationszwecke als zu Grunde liegend anzusehen sind, kann naturgemäß nur aus den das ganze Geschäft begleitenden Umständen beantwortet werden. Entscheidend dabei ist, ob die Absicht beim Erwerb „vornehmlich auf die mit dem Besitz verbundene laufende Nutzung, mithin auf die dauernde Anlage eines Vermögensteiles gerichtet war, oder vielmehr auf den durch die erwartete Erhöhung des Kapitalwertes zu erzielenden Gewinn". Es ist deshalb, wenn Jemand bei dem Verkauf eines Vermögensobjekts einen Gewinn macht, für die Regel nicht etwa von einer Vermutung dafür auszugehen, daß ein Spekulationsgeschäft vorliegt; sondern es sind stets die begleitenden Umstände ins Auge zu fassen, um aus ihnen die Absicht, auf die es allein ankommt, festzustellen. Es ist deshalb wichtig, stets festzustellen, in welcher Absicht der Pflichtige z. B. ein Haus angekauft hat, ob sein Wille dahin gegangen ist, sich durch den Ankauf eine angemessene Nutzung seines Vermögens zu beschaffen und zu sichern, oder ob derselbe auf die Erzielung eines Vorteils durch Wiederverkauf des Grundstückes gerichtet war.

Nr. 10.

Entscheidung des V. Senats vom 17. April 1893 (Entsch. Bd. I S. 353).

Die steuerpflichtige Höhe aus Einkommen vom Gewinn muß für jedes Steuerjahr nach den thatsächlichen Ergebnissen der maßgebenden Vorjahre bemessen werden. Zu den „Einnahmen" gehört: Der erzielte Preis für alle gegen Baarzahlung oder auf Kredit verkaufte Waaren und Erzeugnisse. (Art. 18 I Nr. 2 der Ausführungsbest.) Hiernach darf der Kaufpreis für ein zu Spekulationszwecken veräußertes Grundstück als „vereinnahmt" auch insoweit gelten, als er dem Käufer kreditiert worden ist. Andernfalls würde auch das durch Ausgleichung von Gewinn und Verlust bei derartigen Geschäften zu ermittelnde Objekt für die Besteuerung kaum jemals festzuhalten bezw. greifbar sein. Betrachtet man aber den fraglichen Gewinn lediglich aus Kapitalvermögen herrührend, so kommt man zu demselben Resultat; denn das durch den Umsatz von Kapital- in Grundvermögen eingeleitete Geschäft würde als vollendet, der Gewinn also mit dem Augenblick als vereinnahmt angesehen werden müssen, mit welchem an Stelle des Grundeigentums wiederum Kapitalvermögen getreten ist.

b) Einkommen aus Grundvermögen.

Nr. 1.

Entscheidung des V. Senats vom 6. Oktober 1892 (Entsch. Bd. I. S. 8).

Handelt es sich nicht um den Betrieb einer Gärtnerei mit gewerblichem Charakter, sondern um den Besitz von Hausgärten, so sind dieselben bei Einschätzung des Einkommens aus den Gebäuden, zu denen sie gehören, in Anschlag zu bringen (Art. 14 Abs. 2 der Ausführungsanweisung). Dient aber die Gartenanlage ihrem Zweck und ihrer Natur nach zur Verschönerung und besseren Ausstattung des Wohngebäudes, so sind die dafür gemachten Ausgaben, z. B. Gärtnerlohn, nicht als solche anzusehen, welche auf die Erwerbung, Sicherung und Erhaltung des Einkommens abzielen, weshalb denn auch Art. 16 I. der Ausführungsanweisung bestimmt, daß von dem Mietswerte selbstbenutzter Gebäude die Aufwendungen für Anlage und Pflege des zur Annehmlichkeit für den Besitzer dienenden Hausgartens nicht in Abzug zu bringen sind. Eben dieser Grundsatz kommt jedenfalls für die Regel auch da zur Anwendung, wo es sich um vermietete Gebäude handelt (vergl. Art. 16 Nr. II. a. a. O.).

Nr. 2.

Entscheidung des V. Senats vom 9. Januar 1893 (Bd. I. S. 92).

1) Richtig mag es sein, daß den Landwirten die Führung von Büchern nicht positiv vorgeschrieben ist, jedoch liegt dieselbe in ihrem besonderen Interesse. Nach Anmerkung 21 zu Art. 30 der Ausführungsanweisung des Finanzministers vom 5. August 1891 muß für die Zukunft auch bei kleineren Wirtschaftsbetrieben die Anforderung gestellt werden, daß eine regelmäßige Anschreibung der Einnahmen und Ausgaben stattfinde; aber auch außerhalb des in Art. 30 abgehandelten Thatbestandes dient es nur dem Interesse der Steuerpflichtigen, auf jene Buchführung Bedacht zu nehmen, damit bei Ermittelung ihres Einkommens gerechnet werden kann (§ 10 des Einkommensteuergesetzes vom 24. Juni 1891) und jede Schätzung sich erübrigt.

2) Handelt es sich um die Ertragsfähigkeit eines einzelnen Grundstücks, so kommt es bei der Ermittelung desselben auf die besondere Benutzungsart dieses Grundstücks und deren Ergebnisse an, und müssen die von dem Steuerpflichtigen hierauf bezüglichen Angaben berücksichtigt werden. Es ist nur der wirkliche, nicht der nach allgemeinen Grundsätzen mögliche Ertrag zu versteuern. Wo die Möglichkeit besteht, an der Hand der von dem Pflichtigen aufgestellten Thatsachen das Einkommen nach seiner konkreten Entstehung und seinem Umfange festzustellen, da ist eine summarische Schätzung nicht am Platze. Sind die Erzeugnisse gewisser Grundstücksteile zur Erhaltung und zum Betriebe der Wirtschaft bestimmt, verwendet und erforderlich, so kommen sie bei Berechnung des steuerpflichtigen Einkommens weder als Einnahme, noch als Ausgabe in Betracht (Artikel 11 der Ausführungsanweisung des Finanzministers vom 5. August 1891).

Nr. 3.

Entscheidung des V. Senats vom 24. Januar 1893 (Bd. I. S. 132.)

Die Berechnung der Wirtschaftsergebnisse eines Pachtgutes kann nicht nach dem Durchschnitte von zwei bezw. drei Jahren erfolgen, wenn diese Einnahmequelle sich nur während eines Wirtschaftsjahres (allerdings neben anderem zwei bezw. drei Jahre hindurch bewirtschafteten eigenen Grundbesitze) in der Hand des Steuerpflichtigen befunden hat. Nötigenfalls kommt der mutmaßliche Jahresbetrag in Betracht. Der § 10 des Einkommensteuergesetzes vom 24. Juni 1891 unterscheidet, nachdem er als Regel die Anwendung des zwei- bezw. dreijährigen Durchschnitts bei schwankenden Einnahmen vorgeschrieben hat, den Fall, daß die Einnahmen noch nicht so lange bestehen, und giebt hierfür eine Spezialvorschrift dahin, daß der Durchschnitt nach der Zeit ihres Bestehens zu ziehen sei. Wenn diese Vorschrift auch wenig klar und zweifelsfrei gefaßt ist, so geht doch aus ihrem Zusammenhange mit der Regel soviel hervor, daß in einem solchen Falle nicht der zweijährige Durchschnitt zu ziehen ist, weil es alsdann der besonderen Behandlung des Falles überhaupt nicht bedurft hätte. Dann liegt es aber, wenn ein volles Wirtschaftsjahr mit seinen Ergebnissen bekannt ist, nahe, daß die Ergebnisse als Grundlage für die Besteuerung zu nehmen sind und es der eventuellen Schätzung des mutmaßlichen Jahresbetrages nicht mehr bedarf. Hat ein Steuerpflichtiger neben Einkommen aus verpachtetem Grundbesitze auch solches aus erpachteten Ländereien, welche er aber erst ein Jahr und mit Verlust bewirtschaftet hat, so ist behufs Ermittelung seines steuerpflichtigen Einkommens das Einkommen aus verpachtetem Grundbesitze nach den Pachterträgen einzustellen, das Einkommen aus dem selbstbewirtschafteten eigenen Grundbesitze bei der erstmaligen Veranlagung nach dem Gesetze vom 24. Juni 1891 nach dem zweijährigen (später dreijährigen) Durchschnitt, sofern eine solche Wirtschaftszeit mit ihren Ergebnissen vorliegt. Von dieser Einnahme ist das Ergebnis der einjährigen Bewirthschaftung des Pachtgutes, soweit Verlust vorhanden ist, voll abzusetzen.

Nr. 4.

Entscheidung des V. Senats vom 14. Februar 1893 (Bd. I S. 182)*

Amortisationsbeiträge bei landschaftlichen Schulden, welche der Pfandbriefschuldner zur Bildung und Vermehrung seines Guthabens bei der Landschaft neben dem vereinbarten Zinsfuße der eingetragenen Pfandbriefe an die Landschaft in bestimmten Prozenten zahlt, sind keinenfalls Zinsen im eigentlichen Sinne, d. h. Vergütungen für den Genuß eines Kapitals im Sinne der Bestimmungen des § 9 des Einkommensteuergesetzes vom 24. Juni 1891. Für die rechtliche Natur dieser Beiträge ist nicht das rein äußerliche Merkmal der „Zinsen" der Zahlung mit den eigentlichen Pfandbriefzinsen und in denselben Perioden, sondern die Bedeutung des Guthabens selbst entscheidend, zu welchem sie abgeführt werden. Muß dieses letztere nach dem betreffenden Landschaftsreglement als auf Verabredung beruhende feststehende Kapitalansammlung gelten, deren stetiges Wachsen durch die vom Schuldner zu leistenden periodischen Beiträge sicher gestellt ist, außerdem auch durch außerordentliche Zuschüsse beschleunigt werden kann und durch die zinsbare Anlegung der so gewonnenen Bestände gesteigert wird, die aber auch wiederum dadurch vermindert werden kann, daß der Schuldner unter bestimmten Voraussetzungen darüber verfügt oder mittels des ganzen vorhandenen Betrages einen entsprechenden Teil der Pfandbriefschuld tilgt, so können die fraglichen Amortisationsbeiträge, wenn auch das Verfügungsrecht des Pfandbriefschuldners über das Guthaben nach dem Reglement nach mannigfachen Richtungen beschränkt ist, unter keinen Umständen als Zahlung von Schuldenzinsen und als eine abzugsfähige Ausgabe bei Feststellung des steuerpflichtigen Einkommens in Betracht kommen. Das Guthaben des Pfandbriefschuldners durch die von der Landschaft angesammelten Amortisationsbeiträge ist als ein im Eigentum desselben stehendes Vermögensobjekt anzusehen, wenn auch für ihn mannigfache Beschränkungen in der Verfügung darüber bestehen. Daraus folgt, daß auch die Früchte dieser Kapitalansammlung, die davon gewonnenen Zinsen, dem Gläubiger des Guthabens und in diesem Sinne dem Eigentümer der fruchttragenden Sache gebühren, daß sie für ihn ein steuerliches Einkommen darstellen, wenn sie auch, so lange und so weit die Abhebung unterbleibt, verabredetermaßen dem Kapitale zuwachsen.

Nr. 5.

Entscheidung des V. Senats vom 6. April 1893 (Entsch. Bd. I. S. 298).

Das von einem Vermieter an den bisherigen Mieter einer Wohnung gezahlte Abstandsgeld behufs anderweiter Vermietung dieser Wohnung und die Aufwendungen für die anderweite Einrichtung dieser Wohnung im Interesse des neuen Mieters stellen sich, wenn sie vertragsmäßig zwecks Erzielung eines höheren Mietsertrages bedingt und vor Beginn des Mietsverhältnisses und des Veranlagungsjahres als einmalige Aufwendung gemacht waren, als Kapitalanlage zur Verbesserung der Einkommensquelle behufs Erzielung eines höheren Einkommens aus derselben dar, welche nach § 9 Nr. II. 1 des Einkommensteuergesetzes vom 24. Juni 1891 überhaupt nicht, also insbesondere auch von den Mietseinkünften eines einzelnen Jahres, zu welchem sie in keiner erkennbaren besonderen Beziehung stehen, nicht abzugsfähig sind. Selbstverständlich gehören sie danach auch nicht etwa zu denjenigen Ausgaben für „Instandhaltung und Reparatur", welche gemäß Art. 16 I. Nr. 2a bezw. II. Abs. 1 der Ausführungsanweisung vom 5. August 1891 nach dem Durchschnitt der Vorjahre abzüglich in Abrechnung gebracht werden dürfen. Von dem eingestellten Mietsertrage dürfen dagegen die üblichen Prozente für Nebenabgaben 2c. und für Instandhaltung, Steuern, Abnutzung 2c. in Abzug gebracht werden.

Nr. 6.

Entscheidung des V. Senats vom 25. April 1893 (Bd. I. S. 367).

Miets- und Pachteinnahmen sind nicht zu schätzen, sondern nach § 13 des Einkommensteuergesetzes Art. 16 II der Ausführungsanweisung regelmäßig nach ihrem thatsächlichen Betrage zu ermitteln und so das Reineinkommen bei Berücksichtigung der zulässigen und gebotenen Abzüge festzustellen. In der Benennung der Mieter ist für die Höhe der Mietseinnahmen Zeugenbeweis angetreten. Ein mehreres, als Einnahmen und Ausgaben unter Beweis zu stellen, liegt dem Pflichtigen nicht ob. Ob es gestattet ist, bei teilweise leer stehenden Wohnungen für das Steuerjahr überhaupt ein Einkommen und event. welches zu berechnen, muß nach den thatsächlichen Verhältnissen beurteilt werden.

c) Einkommen aus Handel und Gewerbe einschließlich des Bergbaues.

Nr. 1.

Endscheidung des V. Senats vom 10. Oktober 1892 (Entsch. Bd. I. S. 15.)

Durch die Thatsache, daß der Pflichtige ein Bankgeschäft betreibt, ist schon an sich eine Wahrscheinlichkeit dafür gegeben, daß Ankauf und Verkauf von Wertpapieren nicht außerhalb der gewerblichen Thätigkeit, im Gegenteil gerade als ein wesentlicher Zweig derselben vorgenommen wird. Es steht in solchem Fall ein Einkommen aus Handel und Gewerbe in Frage, auf welches nicht Art. 8, sondern Art. 9 Abs. 2, Art. 18 und 19 der gedachten Ausführungsanweisung Anwendung finden.

Nr. 2.

Entscheidung des V. Senats vom 21. November 1892 (Entsch. Bd. I. S. 45).

1) Unbeschadet der Vorschriften in § 14 des Einkommensteuergesetzes vom 24. Juni 1891 sind auch die Handel- und Gewerbetreibenden mit ihrem Einkommen aus anderen Quellen, so namentlich aus Kapital- und Grundvermögen, welches sie durch ihre Geschäftsbücher gehen lassen, denselben Veranlagungsvorschriften unterworfen, wie alle anderen Kapital- und Grundbesitzer u. s. w. Für jede steuerpflichtige physische Person ausnahmslos sind die Einnahmen nach den Quellen des § 7 des Einkommensteuergesetzes zu trennen und ebenso gilt gemäß § 10 a. a. O. für jeden solchen Steuerpflichtigen die Unterscheidung der Einnahmen in feststehende nach ihrem Betrage für das Steuerjahr und in schwankende nach ihrem Betrage in den maßgebenden Vorjahren zu berechnende Einnahmen. So giebt auch § 26 a. a. O. ausdrücklich die allgemeine Vorschrift, daß das Einkommen getrennt nach den im § 7 vorgesehenen Einkommensquellen in der Steuererklärung zu bezeichnen ist (vergl. Art. 29 I. der Ausführungsanweisung). Etwas von alledem Abweichendes setzt auch § 14 des Gesetzes nicht fest, weil er nicht von dem Einkommen der Handel- und Gewerbetreibenden überhaupt, sondern nur von dem Einkommen aus Handel und Gewerbe, einer der Quellen des § 7 handelt, demgemäß auch seine Bestimmung hinsichtlich der Inventur und Bilanz nur eine auf Einkommen aus Handel und Gewerbe beschränkte ist. Dies ist auch in den Art. 17 und 19 der gedachten Ausführungsanweisung zum Ausdrucke gebracht. Den für Inventur und Bilanz durch das Allgemeine Deutsche Handelsgesetzbuch vorgeschriebenen Grundsätzen kann also auf diesem Gebiete eine weitere Wirkung nicht eingeräumt werden, als daß sie für die Berechnung des gewerblichen Reingewinns maßgebend sind, nicht aber für die Berechnung von Einnahmen aus Kapitalien oder Grundstücken, die unabhängig von dem Handels- oder Gewerbebetriebe genutzt werden; die für die Berechnung der letzteren maßgebenden besonderen Grundsätze, wie sie in den § 10, 12 und 13 des Gesetzes und in den Art. 5, 8 und 10 der Ausführungsanweisung niedergelegt sind, behalten stets ihre Geltung.

2) Aus den von dem Kaufmann zu führenden Büchern gemäß Art. 28 des Allgemeinen Deutschen Handelsgesetzbuches sollen die Handelsgeschäfte und die Lage des Vermögens zu ersehen sein. Nur die ersteren, nicht das letztere, sind für die Steuerveranlagung von Bedeutung, es sei denn, daß anderes als Betriebskapital und andere als dem Betriebe dienende Grundstücke nicht vorhanden wären, auf welchen Fall auch somit die Berechnung des Gesamteinkommens lediglich nach dem Bücherabschluß beschränkt bleiben muß.

Nr. 3.

Entscheidung des V. Senats vom 24. November 1892 (Entsch. Bd. I. S. 56).

Das Einkommen aus dem in einem anderen Deutschen Bundesstaat als Preußen betriebenen Gewerbe ist nicht steuerpflichtig, wenn der dort zur Ausführung gelangende Betrieb sich nicht zugleich und mit in Preußen als ein einheitlicher vollzieht. In letzterem Falle hat eine anteilige Besteuerung stattzufinden, deren Gegenstand nach Anleitung des Art. 17 der Ausführungsanweisung zu ermitteln ist.

Nr. 4.

Entscheidung des V. Senats vom 24. November 1892 (Entsch. Bd. I. S. 62).

Es ist Pflicht der Veranlagungs- resp. Berufungskommission, jede Bilanz nebst ihren Unterlagen daraufhin zu prüfen, ob sie nicht Ausgabeposten, Abschreibungen oder Rücklagen enthält, die vom Standpunkt eines vorsichtigen und sorgfältigen Kaufmanns event. immerhin berechtigt, für die Berechnung des steuerpflichtigen Einkommens aber gleichwol auszuscheiden sind. Dies gilt z. B. von den Zinsen des im Handelsbetriebe angelegten eigenen Kapitals (§ 14 Nr. 1 des Einkommensteuergesetzes), von den thatsächlich erfolgten Aufwendungen zur Vermögens-Vermehrung oder -Verbesserung, zu Geschäftserweiterungen 2c. aus den laufenden Einnahmen (§ 9 II. Nr. 1), soweit solche durch die Bilanz eingestellte Werte nicht oder nicht voll zur Darstellung gelangt sein sollten; von den Aufwendungen für den eigenen Haushalt (§ 9 II. Nr. 2), von ungewöhnlichen oder außerordentlichen Abschreibungen (§ 19 Abs. 4).

Nr. 5.

Entscheidung des V. Senats vom 16. Januar 1893 (Bd. I. S. 107).

1) Uebt jemand eine gewerbliche Thätigkeit z. B. in Berlin aus als Gesellschafter einer in einer außerpreußischen Gemeinde — Hamburg — belegenen Handelsgesellschaft, so ist er aus dem Einkommen hieraus auch steuerpflichtig. Es ist dabei gleichgültig, ob sämmtliche Geschäfte der Firma in H. abgeschlossen werden und ob er eine Zweigniederlassung oder Geschäftslokal in B. hat oder nicht. Es genügt zur Steuerpflicht, daß Censit nur zur Vertretung seiner Firma seine Thätigkeit in B. aufgenommen, an der Jahresbilanz des Geschäfts in B. teilnimmt und nicht von der Befugnis, die Gesellschaft zu vertreten, ausgeschlossen ist. (Art. 115 u. 116 des deutsch. Handelsgesetzbuches).

2) Steht ein nicht steuerpflichtiger Gewerbebetrieb außerhalb Preußen mit einem steuerpflichtigen in Preußen nicht im Zusammenhange, so ist nach den Bestimmungen im Abs. 3 des Art. 17 der Ausführungsbestimmung vom 5. August 1891 zu verfahren.

Nr. 6.

Entscheidung des V. Senats vom 19. Januar 1893 (Bd. I. S. 127).

Trinkgelder sind an und für sich allerdings freiwillig geleistete Geschenke, welche der Besteuerung nicht unterliegen. Insofern aber Kellner, Portiers in Gasthöfen und ähnliche Bedienstete nach den thatsächlich bestehenden Verhältnissen auf die Trinkgelder, welche ihnen von den Gästen herkömmlich gezahlt zu werden pflegen, als eine beständige Einkommensquelle neben dem verabredeten Lohn oder statt dessen *angewiesen* sind, so ist die Anrechnung der Trinkgelder als steuerpflichtiges Einkommen, nämlich als *Verdienst der Gewerbegehilfen* (§ 15 des Einkommensteuergesetzes vom 24. Juni 1891) gerechtfertigt.

Nr. 7.

Entscheidung des V. Senats vom 24. Januar 1893 (Bd. I. S. 138.)

Auch die auf Kredit veräußerten Erzeugnisse sind in Einnahme zu stellen; dasselbe gilt vom Einkommen aus Handel und Gewerbe. In Konsequenz dieses Grundsatzes ist auch der *vorbedungene* Preis von auf Kredit geleisteter Arbeit als Einnahme zu erachten, während bei nicht vorbedungenem Arbeitsverdienst die thatsächlich bezogene Einnahme allein entscheidend ist.

Nr. 8.

Entscheidung des V. Senats vom 30. Januar 1893 (Entsch. Bd. I. S. 145).

Eine der hauptsächlichsten Voraussetzungen für die Durschnittsberechnung des Reineinkommens aus Handel und Gewerbe ist die, daß der Charakter, der Verlauf und Umfang des Geschäfts in den beiden der Vergangenheit und der Zukunft angehörigen Zeiträumen nicht wesentlich ungleichartig sind.

Nr. 9.

Entscheidung des V. Senats vom 6. Februar 1893 (Bd. I. S. 159).

Wenn auch bei einem kleinen Gewerbetreibenden nicht immer seine Aufzeichnungen einen vollen Beweis seines Ertrages ergeben werden, so sind dieselben doch als Grundlage für die Schätzung immerhin erheblich.

Nr. 10.

Entscheidung des V. Senats vom 23. Februar 1893 (Bd. I. S. 192).

Nach dem Wortlaut des Art. 57 der Ausführungsanweisung in Verbindung mit § 43 Abs. 2 des Einkommensteuergesetzes ist der Pflichtige nur zur Vorlegung der Bücher an die Kommission oder deren Vorsitzenden oder an das mit der Erledigung der beschlossenen Beweisaufnahme beauftragte Mitglied der ersteren, nicht aber zu einer erzwingbaren Uebergabe oder Einreichung der Bücher an die Kommission u. s. w. verpflichtet. (cfr. auch die Verfügung des Finanzministers vom 28. September 1892 — II. 11627 —.) Andererseits ist der Pflichtige nicht berechtigt, zu verlangen, daß die Einsicht der Bücher in seinem Hause vorgenommen werden solle.

Nr. 11.

Entscheidung des V. Senats vom 28. Februar 1893 (Entsch. Bd. I. S. 212).

1) Die Effekten mit ihrem Minderwerte dürfen in die Bilanzen eingestellt werden.

2) Sobald die Ueberschüsse einer Gesellschaft nur durch Deckung der Kursdifferenzen aus dem Reservefonds sich ergeben, so stecken unter der aus den Ueberschüssen stattgehabten Dividendenverteilung jedenfalls Teile der dem Reservefonds entnommenen Beträge und müssen dann steuerfrei bleiben, da nach Art. 27 Ziff. 1 der Ausführungsanweisung vom 5. August 1891 solche Einnahmen aus dem Reservefonds zu dem steuerpflichtigen Einkommen nicht zu rechnen sind.

Nr. 12.

Entscheidung des V. Senats vom 28. Februar 1893 (Entsch. Bd. I. S. 224).

1) Das Einkommensteuergesetz vom 24. Juni 1891 ist nach § 85 Abs. 2 mit dem Wahlgesetz vom 24. Juni 1891 zugleich in Kraft getreten, d. i., da das Stück Nr. 22 der Gesetzsammlung, in welchem dasselbe publiziert ist, am 16. Juli 1891 in Berlin ausgegeben worden ist, nach § 1 des Gesetzes vom 16. Februar 1874 der 30. Juli 1891.

2) Die nach § 16 des Einkommensteuergesetzes für die Berggewerkschaften in betracht kommenden 4 Jahre sind demgemäß diejenigen 4 Jahre, welche vor dem 30. Juli 1891 liegen und zwar nach dem Prinzip des Ge-

setzes und der dazu erlassenen Anweisung die 4 vor dem 30. Juli 1891 liegenden Wirtschaftsjahre, event. Kalenderjahre, welche zur Zeit der Steuererklärung in ihren Ergebnissen festgestellt werden können.

Nr. 13.

Entscheidung des V. Senats vom 7. März 1893 (Entsch. Bd. I. S. 248).

Steht nicht ein Einkommen aus Kapitalvermögen, sondern aus Handel und Gewerbe in Frage, insbesondere aus dem Betrieb eines Bankgeschäftes, für dessen Ermittelung § 14 des Einkommensteuergesetzes und Art. 17 bis 19 der Ausführungsanweisung maßgebend sind, so ist jeder im Geschäftsbetriebe entstehende Verlust nicht als ein Kapitalverlust im oben gedachten Sinne, sondern als Geschäftsverlust anzusehen, wodurch das der Besteuerung unterliegende Reineinkommen gemindert wird. Somit ist der Geschäftsgewinn und danach das Einkommen um den Betrag einer Forderung, die sich als uneinbringlich erweist und deshalb nach Art. 31 des Handelsgesetzbuches abgeschrieben werden muß, geschmälert. Im einzelnen Falle muß aber ermittelt werden, nicht blos, ob es sich um einen Verlust an dem zum Gewerbebetrieb bestimmten Kapital oder etwa an dem neben diesem vorhandenen besonderen Kapitalvermögen handelt, sondern auch, ob etwa der Kaufmann nach seinem Gebrauch die Abschreibung bezüglich seiner Ausstände in Form eines sog. Delkrederekontos vornimmt und dort die fragliche Forderung bereits Berücksichtigung findet. Dieselben Grundsätze gelten, soweit es sich um die Zulassung von Absetzungen handelt, für Kursverluste. Steht Einkommen aus K a p i t a l v e r m ö g e n in Frage, so bleiben nach Art. 8 Nr. 3 der Ausführungsanweisung Kursverluste außer Betracht; gehören aber die Effecten, an denen der Verlust entstanden ist, zum gewerblichen Betriebskapital, so wird der gewerbliche Gewinn wie durch Kursgewinn erhöht, so durch Kursverluste, welche sich durch Vergleichung des Anschaffungspreises und des Bilanzpreises ergeben, vermindert.

Nr. 14.

Entscheidung des V. Senats vom 20. März 1893 (Entsch. Bd. I. S. 283).

D e r G e w i n n a u s K u p p e l e i (d e m B e t r i e b e e i n e r B o r d e l l w i r t s c h a f t) k a n n n i c h t a l s e i n d e r B e s t e u e r u n g u n t e r l i e g e n d e s E i n k o m m e n b e h a n d e l t w e r d e n. Das im § 7 Nr. 3 des Einkommensteuergesetzes vom 24. Juni 1891 als Einkommensquelle bezeichnete „Gewerbe“, von dessen Reinerträgen (§ 14 a. a. O.) der Staat in Gestalt der Einkommensteuer für sich und seine Zwecke eine Quote in Anspruch nimmt, hat begrifflich nur eine e r l a u b t e auf Gewinn und Erwerb gerichtete Thätigkeit zur Voraussetzung und kann niemals dargestellt werden durch ein Verhalten, dem der Staat mit seiner Strafgewalt hindernd und strafend entgegentritt. Es erscheint nicht angänglich, daß mit einer Einschätzung des Ertrages gewerbsmäßiger Verübung von Verbrechen und Vergehen nach Maßgabe des Einkommensteuergesetzes vorgegangen und davon eine Einkommensteuer erhoben werde.

Nr. 15.

Entscheidung des V. Senats vom 20. März 1893 (Entsch. Bd. I. S. 286).

Außerordentliche Abschreibungen auf Wirtschaftsinventar und Ausstattungen, auswärtige Besitzungen 2c. und zur Bildung eines Delkrederefonds, welche sich mehr als einen Reservefonds im eigentlichen Sinne darstellen, sind nicht abzugsfähig. Die Annahme, daß die verliehenen Inventargegenstände gewissermaßen Darlehne seien, ist verfehlt, da körperliche Gegenstände keine ausstehenden Forderungen sind.

Nr. 16.

Entscheidung des V. Senats vom 4. April 1893 (Entsch. Bd. I. S. 331).

1) Hat sich eine Gewerkschaft entschlossen, für die Berechnung des Grundkapitals nach § 16 Einkommensteuergesetzes und Art. 27 Nr. 2 der Ausführungsanweisung den 20fachen Betrag der im Durchschnitt der letzten 4 Jahre vor dem Inkrafttreten des Einkommensteuergesetzes verteilten Ausbeute anzunehmen, so können nicht für jenen vierjährigen Zeitraum verschiedene Jahre, sondern nur die letzten 4 vor Inkrafttreten des Gesetzes — 30. Juli 1891 — in Betracht kommen d. h. die Jahre von 1887 bis 1890 einschließlich.

2) Auf Grund des § 9 I. Nr. 5 und § 14 Abs. 1 des Einkommensteuergesetzes sind beim Bergbau die der jährlichen Verringerung der Substanz entsprechenden Abschreibungen als abzugsfähig anzuerkennen. Der § 3 des Kommunalabgabengesetzes vom 27. Juli 1885 gestattet Abschreibungen für Verringerungen der Substanz ausdrücklich. Dieser Grundsatz findet auch bei der Besteuerung nach Maßgabe des § 16 Einkommensteuergesetzes Anwendung. Deshalb erscheint die Annahme ausgeschlossen, es habe durch Art. 20 der Ausführungsanweisung für nicht physische Personen die Abschreibung für Substanzverringerung als unstatthaft hingestellt werden sollen.

3) Für die Gewerkschaften besteht eine positive Bestimmung zur Aufstellung von Bilanzen nicht. Die Abzugsfähigkeit der Abschreibungen für Substanzverminderung kann daher bei Berggewerkschaften nicht wohl dadurch bedingt werden, daß sie schon bei Aufstellung der Bilanzen berücksichtigt sein müßte. Daß für die Zwecke der Besteuerung an sich ein anderer Berechnungsmodus Platz greift, als für das Verhältnis zwischen den Angehörigen einer Gewerkschaft und der letzteren selbst, ist nichts Ungewöhnliches. Allerdings ist im Art. 27 Nr. 3 der Ausführungsanweisung vorgeschrieben, daß das steuerpflichtige Einkommen auf Grund der Jahresabschlüsse zu berechnen sei; damit ist aber nicht ausgesprochen, daß der fundamentale Grundsatz, es sollen eben nur Ueberschüsse zur Besteuerung gelangen, außer Kraft zu treten habe. Festzuhalten bleibt, daß die Gewerkschaften thatsächlich keineswegs nur Ueberschüsse im Sinne von Reingewinn ohne Bestandteile der Substanz, sondern in Wahrheit immer diese mitverteilen. Wenn das Gesetz im ersten Absatz des § 16 im gewollten Gegensatze zu den späteren Bestimmungen nicht von der verteilten Ausbeute, sondern gerade von Ueberschüssen spricht und nur die Ueberschüsse für steuerpflichtig erklärt, so muß für die Auffindung des Steuerobjects in jedem Falle dem nachgegangen werden, ob das Verteilte „Ueberschuß" ist. Andererseits ist bei Berechnung des Grundkapitals lediglich mit der Ausbeute zu rechnen. Das Gesetz ist in dieser Beziehung allerdings nicht völlig klar. Objectiv deckt sich aber bei der Gewerkschaft nicht „Ueberschuß" und verteilte Ausbeute. Wenn das Gesetz daher an einer Stelle von „Ueberschüssen", an der andern von „Ausbeute" spricht, so muß auch angenommen werden, daß an beiden Stellen etwas Verschiedenes gemeint ist.

Nr. 17.

Entscheidung des V. Senats vom 4. April 1893 (Entsch. Bd. I. S. 338).

1) Auch bei Berggewerkschaften ist eine regelmäßige jährliche Absetzung für Abnutzung von Gebäuden, Maschinen, Betriebsgerätschaften u. s. w., soweit

solche nicht bereits unter den Betriebsausgaben verrechnet sind, nach § 9 I. Nr. 5 des Einkommensteuergesetzes unzweifelhaft zulässig. Es ist nur hierbei zu beachten, daß die Gewerkschaft die Wiederherstellung abgängig gewordener Anlagen nicht auf Kapitalkonto bucht, sondern die bezüglichen Ausgaben aus den Betriebseinnahmen deckt. Trifft es zu, daß die Pflichtige in dieser bei Bergwerkschaften nicht ungewöhnlichen Art verfährt, so dürfen in Betreff derjenigen Erneuerungen von Anlagen, deren Kosten unter den Betriebsausgaben nach § 9 I. Nr. 1 des Gesetzes bereits in Abzug gekommen sind, nicht nochmals Absetzungen für die Abnutzung stattfinden, abgesehen davon, daß die Zulässigkeit der Verrechnung der Herstellungskosten unter den Betriebskosten in jedem Falle mit Rücksicht auf die Vorschrift des § 9 II. Nr. 1 a. a. O. zu prüfen bleibt.

2) Bei Berechnung des für die Substanzverringerung abzusetzenden Betrages ist von der Substanzmenge auszugehen, welche beim Beginn der Veranlagungsperiode in Wirklichkeit vorhanden war. Mit fictiven Werten darf in keinem Falle gerechnet werden. Der Natur der Sache entsprechend hat vielmehr der Wertansatz der durch die Förderung verursachten Minderung der Substanz eines Bergwerks die Ermittelung des vor der Förderung in Wirklichkeit vorhanden gewesenen Substanzquantums zur ersten und unerläßlichen Voraussetzung. Der Wert dieses Quatums muß ermittelt sein, bevor eine Wertsberechnung für den durch den Betrieb bewirkten Verlust überall möglich ist. Für diese Berechnung kommt es daher, wie nicht auf den Zeitpunkt des Erwerbs, der Anlage oder der Einrichtung eines Bergwerks, so auch nicht (selbstverständlich vorbehaltlich der für Actien- und Kommanditgesellschaften auf Actien geltenden Vorschriften in Art. 185a Nr. 2 und 3 des Ges. vom 18. Juli 1884) auf den Erwerbspreis oder auf die Kosten der Anlage oder Einrichtung bezw. Erweiterung des Bergwerks an, und es ist nicht zulässig, der Berechnung des Wertes der Substanzverringerung diejenige Durchschnittsberechnung nach der verteilten Ausbeute zu Grunde zu legen, welche der § 16 des Einkommensteuergesetzes für die Ermittelung des Grundkapitals zum Zwecke des Abzugs von 3½ %, mithin nach einer völlig anderen Richtung hin der Summe des Erwerbspreises und der Anlagekosten als gleichwertig an die Seite stellt.

Nr. 18.

Endurteil des V. Senats vom 17. April 1893 (Entsch. Bd. I. S. 353).

§ 12d des Einkommensteuergesetzes stellt in Uebereinstimmung mit der durch Art. 9 Abs. 3 der Ausführungsanweisung gegebenen Erläuterung „vereinnahmte" Gewinne und wirkliche Verluste den Wertveränderungen, welche durch das Steigen und Fallen der Kurse oder Preise bedingt werden, gegenüber.

Nr. 19.

Endurteil des V. Senats vom 24. April 1893 (Entsch. Bd. I. S. 361).

Das Handelsgesetzbuch, Art. 31, bestimmt, daß „zweifelhafte Forderungen nach ihrem wahrscheinlichen Werte anzusetzen, unbeibringliche aber abzuschreiben sind. Ersteres kann geschehen, indem die Activseite der Bilanz anstatt des Nennbetrages der Forderungen nur deren wahrscheinlichen Wert aufführt, oder indem dem vollen Nennbetrage in den Activis ein wahrscheinlicher Verlust in den Passiven gegenübergestellt wird, der als Delcredere üblich und zulässig ist und nur insoweit, als er über das Bedürfnis hinausgeht, als unzutreffend bezeichneter Reservefond zu gelten hat. Die Bilanzen müssen mit Sicherheit erkennen lassen, ob in den Ansätzen derselben bei den Debitoren schon eine Verwertung der ausstehenden Forderungen stattgefunden hat, oder ob der Nennbetrag eingestellt ist; denn nur im letzteren Falle ist ein steuerfreies Delcredere, im ersteren Falle aber ein steuerpflichtiger Reservefonds anzunehmen.

Nr. 20.

Endurteil des V. Senats vom 4. Mai 1893 (Entsch. Bd. I. S. 372).

1) Begrifflich fällt unter dem Betriebe eines Gewerbes jede auf Erzielung von Gewinn (Einkommen) gerichtete Thätigkeit des Gewerbetreibenden. Dementsprechend wird in Art. 17 Abs. 3 in Verbindung mit Art. 2 litt. c. der Ausführungsanweisung nicht nur die Unterhaltung einer „Fabrikationsstelle", sondern es werden auch andere Anstalten, wie Speicher, Warenlager und sonstige Erscheinungen stehenden Gewerbebetriebs und in § 2 litt. b. des Einkommensteuergesetzes jede „gewerbliche Betriebsstätte" als maßgebend für die Feststellung der Steuerpflicht bezeichnet (vergl. Entsch. des Oberverwaltungsgerichts Bd. I S. 60 Bd. VI S. 28 und des Reichsgerichts in Civilsachen Bd. XV S. 27). Nicht aus der Verwertung, dem Umsatze der Fabrikate in Geld allein ergiebt sich der Geschäftsgewinn, das Einkommen, sondern als solches ist zu betrachten der Ueberschuß, den die Herstellung und der Vertrieb gewähren. Es wird hierbei darauf ankommen, nach Anleitung des Art. 17 der Anweisung unter Eingehen auf die einzelnen Thätigkeiten, in welchen sich der Gewerbebetrieb äußert, wie des Erwerbes der Rohmaterialien, der Entgegennahme von Bestellungen, des Abschlusses von Kauf- und Verkaufsgeschäften, der Versendung und Uebergabe der Fabrikate u. s. w. die bezeichneten Merkmale zu sammeln, für den Fall aber, daß auf diesem Wege ein zutreffender Maßstab für die Gewinnverteilung nicht zu finden sein sollte, den zu ermittelnden Gewinn aus dem Gesammtbetriebe nach verständigem Ermessen zu verteilen.

2) Steht ein steuerpflichtiger Gewerbebetrieb mit einem nicht steuerpflichtigen im Zusammenhange, ist zu prüfen, ob eine gesonderte Gewinnberechnung für die einzelnen Betriebe nach den allgemeinen Bestimmungen (Art. 18 ff. der Anweisung) ausführbar ist oder ob, falls dies nicht angängig erscheint, nach den Vorschriften in Abs. 3 und 4 des Art. 17 a. a. O. zu verfahren ist.

Nr. 21.

Endurteil des V. Senats vom 15. Mai 1893 (Entsch. Bd. I. S. 377).

1) Nicht jeder bilanzmäßig festgestellte Vermögenszuwachs ist gleichbedeutend mit Einkommen; andererseits schließt eine bilanzmäßige Vermögensminderung das Vorhandensein von Einkommen grundsätzlich nicht aus. Die Bilanzen, als Vermögensnachweise, sind daher nicht ohne weiteres als maßgebende Grundlagen, sondern nur als Anhalt für die Einkommensberechnung zu betrachten.

2) Erstreckt sich die Bilanz nur über einen kurzen Zeitraum, der als Durchschnittsberechnung im Sinne des § 10 des Einkommensteuergesetzes ungeeignet erscheint, muß nach § 10 Abs. 2 l. c. der mutmaßliche Jahresertrag des Gewerbebetriebs im Steuerjahr angenommen werden.

d) Einkommen aus Gewinn bringender Beschäftigung und aus Rechten auf periodische Hebungen etc.

Nr. 1.

Entscheidung des V. Senats vom 6. Oktober 1892 (Entsch. Bd. I. S. 13).

Erhält ein bei einem Bankinstitute angestellter Beamter außer seinem Gehalt und Naturalbezügen in Gemäßheit des mit dem betreffenden Bankinstitute abgeschlossenen Engagementsvertrags noch alljährlich eine bestimmte Summe auf ein besonderes Konto gutgeschrieben und am Schlusse des Jahres verzinst, treten ferner die nicht abgehobenen Zinsen dem Kapitale hinzu und werden dieselben gleich dem letzteren verzinst und wird das zurückgelegte Kapital nebst den Zinsen bei Auflösung des Vertrages dem Beamten selbst bezw. seinen Erben ausbezahlt, so bilden sowohl die gutgeschriebene Summe als die Zinsen hiervon einen Teil des Jahreseinkommens des Beamten aus Gewinn bringender Beschäftigung; es handelt sich hier um Einkommen im Sinne des § 7 des Einkommensteuergesetzes vom 24. Juni 1891 und speziell um periodische Hebungen (§ 15 a. a. O.), die nicht aufhören, Einkommen zu sein, auch wenn sie zur Kapitalanlage verwendet werden.

Nr. 2.

Entscheidung des V. Senats vom 3. November 1892 (Entsch. Bd. I. S. 34).

Was ein Steuerpflichtiger (z. B. ein Privatsekretär), dessen Einkommen aus Gewinn bringender Beschäftigung fließt, neben seinem festen Gehalt noch erwirbt, ist gleichfalls als Einkommen aus Gewinn bringender Beschäftigung nach § 15 des Einkommensteuergesetzes vom 24. Juni 1891 steuerpflichtig. Die Ergiebigkeit und Regelmäßigkeit des Bezuges ist für den Charakter desselben steuerlich ohne Bedeutung.

Nr. 3.

Entscheidung des V. Senats vom 12. Dezember 1892 (Bd. I. S. 74).

Erhält ein Steuerpflichtiger von einer Gesellschaft mit einer gewissen Stetigkeit Unterstützungen zu seinem Unterhalt, so genügt dies nicht allein für die Steuerpflichtigkeit desselben; der § 7 Nr. 4 des Einkommensteuergesetzes vom 24. Juni 1891, setzt um solche Unterstützungen als Einkommen besteuern zu können, ein Recht auf die periodische Hebung voraus.

Nr. 4.

Entscheidung des V. Senats vom 16. Januar 1893 (Bd. I. S. 112).

Das Einkommen aus Gewinn bringender Beschäftigung umfaßt nach § 15 Abs. 1 des Einkommensteuergesetzes vom 24. Juni 1891 insbesondere auch die Besoldung der Beamten jeder Art. Der nach dem Gesetze vom 12. Mai 1873 den unmittelbaren Staatsbeamten zu gewährende Wohnungsgeldzuschuß gilt als Teil der Besoldung und ist daher ein Teil des steuerpflichtigen Einkommens der Beamten. Für dieses Ergebnis ist es gleichgültig, ob dem Beamten eine Dienstwohnung gewährt ist, für welche nach dem Etat ein Abzug an der Besoldung stattfindet, und ebenso, ob der Beamte, welcher eine Dienstwohnung erhält, deshalb den tarifmäßigen Wohnungsgeldzuschuß, zu dessen

Bezug er nach dem Gesetze vom 12. Mai 1873 an sich ein Recht hat, nicht erhält. Ein an sich zum Bezuge von Wohnungsgeldzuschuß berechtigter Beamter, der statt desselben eine Dienstwohnung erhält, für welche er eine Vergütung bezahlt — sei es, daß er den Wohnungsgeldzuschuß nicht empfängt, sei es, daß ihm ein bezüglicher Abzug an der Besoldung gemacht wird —, ist mit dem Betrage des Wohnungsgeldzuschusses steuerpflichtig. Es steht bei ihm eine bezahlte Dienstwohnung in Frage, bei welcher nach § 15 Abs. 1 des Einkommensteuergesetzes vom 24. Juni 1891 ein besonderes Einkommen a Dienstwohnungen überhaupt nicht in Ansatz kommt, sondern mit der voll Besoldung einschließlich des tarifmäßigen Wohnungsgeldzuschusses gerechn wird. Anders verhält es sich, wenn der Beamte eine freie Dienstwohnun d. h. eine solche, für welche er weder durch Abzug an der Besoldung, no durch den Verlust des Wohnungsgeldzuschusses eine Vergütigung entrichtet, in hat. Bei einer freien Dienstwohnung kommt der § 15 Abs. 2 a. a. O. z Anwendung, wonach das Einkommen aus Dienstwohnungen nach dem ort üblichen Mietswerte, jedoch nicht höher als mit Fünfzehn vom Hundert b baren Gehalts des Berechtigten in Ansatz zu bringen ist.

Nr. 5.

Entscheidung des V. Senats vom 24. Januar 1893 (Bd. I. S. 138).

Anwaltsgebühren sind solche vorbedungene, zugesicherte Bezüge, einerl ob sie auf Grund des gesetzlichen Tarifs liquidiert werden, also stillschweige zugesichert sind, oder ob eine ausdrückliche vertragsmäßige Festsetzung erfolgt i

Nr. 6.

Entscheidung des V. Senats vom 3. Februar 1893 (Bd. I. S. 155).

Beruht eine Einahme (Zinsen) nicht auf einem, den fortlaufend Bezug sichernden besonderen Rechtstitel, sondern ist dieselbe nur eine sold deren Bezug von dem freien Willen des Gebers (Schwiegervater) abhängt, ist sie, auch wenn sie sich thatsächlich und mit Regelmäßigkeit wiederholt, d zur Anrechnung nicht geeignet. (Vergl. §§ 7, 15 Abs. 1 des Ges. vom 24. Ju 1891; Art. 4 II. 4 der Ausführungsanweisung vom 5. August 1891.)

Nr. 7.

Entscheidung des V. Senats vom 3. Februar 1893 (Bd. I. S. 157.)

Ein Arzt kann von seinem der Besteuerung unterliegenden Einkomm aus ärztlicher Praxis nur diejenigen Geschäftsunkosten abrechnen, welche er z Erwerbung, Sicherung und Unterhaltung desselben thatsächlich, und zwar au schließlich zu diesen Zwecken aufwendet, während die Frage, ob der thatsächl solchergestalt gemachte Aufwand etwa in einem richtigen Verhältnis zu der a ärztlicher Praxis erzielten Einnahme steht, für die Beurteilung der Abzu fähigkeit nicht von Einfluß sein kann. (§§ 15, 9 I. Nr. 1 des Einkomm steuergesetzes vom 24. Juni 1891 und Art. 21 Nr. 4 der Ausführungsa weisung des Finanzministers vom 5. August 1891.)

Nr. 8.

Entscheidung des V. Senats vom 6. März 1893 (Entsch. Bd. I. S. 240).

Eine Gratifikation, welche einem Buchhalter außer dem vertragsmäßigen zugesicherten Gehalte thatsächlich und herkömmlich für seine Thätigkeit gewährt wird, stellt ein Aequivalent, ein „Nebenemolument" für seine Thätigkeit dar und unterscheidet sich von den im Art. 23 Nr. 2 als fortlaufende Hebungen bezeichneten „Unterstützungen und anderen Zuwendungen", denen eben eine solche Gegenleistung des damit Bedachten nicht gegenübersteht, und kennzeichnet sich dadurch als Einkommen aus Gewinn bringender Beschäftigung. Dementsprechend schreibt der Art. 21 Nr. 2 der Ausführungsanweisung vom 5. August 1891 in voller Uebereinstimmung mit dem § 15 des Einkommensteuergesetzes vom 24. Juni 1891 ausdrücklich vor, daß solche Bezüge den aus dieser Steuerquelle fließenden Einnahmen hinzuzurechnen seien. Da diese Anrechnung lediglich die thatsächliche, in gewisser Stetigkeit wiederholte, in Anerkennung geleisteter oder zu leistender Dienste gewährte Zuwendung zur Voraussetzung hat, so erscheint der Einwand des Censiten, seine Gratifikation beruhe nicht auf einem besonderen Rechtstitel, namentlich nicht auf Herkommen oder Ersitzung, und sei im Rechtswege nicht erzwingbar, bedeutungslos.

Nr. 9.

Entscheidung des V. Senats vom 9. März 1893 (Entsch. Bd. I. S. 255).

1) Handelt es sich um eine Dienstaufwandsentschädigung, die ohne ausdrückliche Festsetzung ihres anteiligen Verhältnisses zu dem ganzen Diensteinkommen durch letzteres mit gedeckt wird, so bedarf es behufs Abrechnung des nach dem Gesetze steuerfrei bleibenden Teiles des Diensteinkommens naturgemäß der in der Ausführungsbestimmung (Art. 22) vorgeschriebenen „besonderen" Berechnung, und ebenso kommt es, da der freizulassende Teil nach dem Gesetze zur Bestreitung des Dienstaufwandes „bestimmt" sein muß, darauf an, daß die Verpflichtung zur Bestreitung des Dienstaufwandes aus dem Diensteinkommen auf einer bezüglichen bindenden Festsetzung oder „Vereinbarung", nicht etwa auf einseitiger, willkürlicher Annahme des Steuerpflichtigen beruht. Es ist nicht ohne weiteres anzunehmen, daß das Vorliegen eines solchen Verhältnisses bei den Geistlichen nach den Etats und den Anordnungen der zuständigen Behörden zu beurteilen ist (Art. 21a. und 22 Nr. 1); denn wie es bei den öffentlichen Beamten die Regel bildet, daß Etats oder Anordnungen der zuständigen Behörden im gegebenen Falle vorliegen oder doch zu erlangen sind, ist andererseits mit dieser Vorschrift keineswegs gesagt, daß da, wo ausnahmsweise dieser Beurteilungsmaßstab versagen sollte, nun auch von vornherein der Abzug wegfallen müßte.

Ist aber die mit der Pfarrstelle verbundene Besoldung von vornherein so bemessen, daß in ihr zugleich die Entschädigung für Unkosten und Auslagen (Halten eines Dienstfuhrwerks) mit enthalten ist, genügt es, daß bei Besetzung der Pfarrstelle die beteiligen Organe resp. Personen, wenn auch stillschweigend, darüber einig sind, daß, anstatt eines jeweiligen besonderen Ersatzes der Dienstaufwandskosten, eine in ihrem Betrage nicht weiter festgestellte bezügliche Entschädigung als ein für allemal durch das ganze Diensteinkommen schon mit gewährt, in letzterem mit einbegriffen, anzusehen ist.

2) Dasselbe ist der Fall, wenn der Pfarrer nach den Verhältnissen seines Pfarrsprengels genötigt ist, sich zu besonderen Zeiten Arbeitshülfe bei der Versehung seines Amtes zu beschaffen, ihm dadurch ein Kostenaufwand erwächst und das Diensteinkommen die Entschädigung für die Aufnahme der bei besonderen kirchlichen Festen Aushülfe leistenden Geistlichen mit enthält.

Nr. 10.

Entscheidung des V. Senats vom 13. März 1893 (Entsch. Bd. I. S. 260).

Nach § 15 des Einkommensteuergesetzes vom 24. Juni 1891 und Art. 22 der Ausführungsanweisung vom 5. August 1891 stellt dasjenige, was der

Geschäftsreisende etwa von seinem Prinzipale außer seinem Gehalt für die Zeit seiner Reisen zur Bestreitung des Unterhalts während der Reise empfängt, nicht ohne weiteres steuerpflichtiges Einkommen dar, sondern es erscheint zunächst als zur Bestreitung des Aufwandes gegeben, den der Reisende während der Verrichtung seiner Dienstpflichten zu machen genötigt ist. Verbleibt dem Reisenden aus der Reiseentschädigung ein Ueberschuß, so kann nach § 15 des gedachten Gesetzes und Art. 22 der Ausführungsanweisung allein dieser als steuerpflichtiges Einkommen angesehen werden.

Nr. 11.

Entscheidung des V. Senats vom 14. März 1893 (Entsch. Bd. I. S. 270).

Geschäftsdiäten eines zum Hilfsrichter bestellten Gerichtsassessors sind steuerlich als feststehende Einnahmen zu behandeln. Die einem Gerichtsassessor auf Grund des § 4 des Ausführungsgesetzes vom 24. April 1878 zum deutschen Gerichtsverfassungsgesetze in gewissen Fällen zu gewährende „Entschädigung" besteht zur Zeit in im voraus zugesicherten, auf den Monatsbetrag von 180 (seit 1. Januar 1893 200 Mark) fixierten Tagegeldern (Diäten) und stellt nach Lage der maßgebenden Etats und den in der Justizverwaltung beobachteten Grundsätzen eine als „Geschäftsdiäten" (Just.-Min.-Verordnung vom 1. Februar 1889 unter I. 3, Just.-Min.-Bl. S. 47) bezeichnete Vergütung für dienstliche Thätigkeit, mithin eine Art von Besoldung dar, insbesondere also nicht, es sei ganz oder teilweise, eine Entschädigung für irgend welche Art von Dienstaufwand (Art. 22 Nr. 3 der Ausführungsanweisung vom 5. August 1891) und zwar letzteres auch dann nicht, wenn sie bei auftragsweiser Beschäftigung des Assessors außerhalb des dienstlichen Wohnsitzes gewährt wird. Demnach handelt es sich dabei um die vorher genau bestimmte Gegenleistung für die Ausführung eines dienstlichen, zum Teil übrigens jederzeit widerruflichen Auftrags von nicht immer im voraus bestimmt abzusehender bezw. bestimmter Dauer, zu welcher der betreffende Uebernehmer überdies auf Grund seiner Beamtenstellung verpflichtet ist (§ 4 des oben angezogenen Ausführungsgesetzes), d. h. um Einkommen aus lediglich auf besonderem dienstlichen Auftrage beruhender, Gewinn bringender Beschäftigung (§ 7 Nr. 4 des Einkommensteuergesetzes vom 24. Juni 1891). Der preußische Gerichtsassessor als solcher hat zur Zeit überhaupt kein Staatseinkommen; hört er auf, lediglich Gerichtsassessor zu sein, etwa dadurch, daß er zum Hilfsrichter bestellt wird, so gelangt erst damit die Einkommensquelle der Gewinn bringenden Beschäftigung zur Entstehung, die aber dann nicht ihrem Betrage nach unbestimmte und schwankende (§ 10 a. a. O.), sondern Einnahmen liefert, bei denen nichts für diesen Begriff Wesentliches schwankend oder unbestimmt ist, die also recht eigentlich nach allgemeinen Grundsätzen und nach dem Bau des Einkommensteuergesetzes und der Ausführungsanweisung (vergl. Art. 5 Nr. 1) als feststehende Einnahmen zu gelten haben und steuerlich nur als solche behandelt werden können.

Nr. 12.

Entscheidung des V. Senats vom 14. März 1893 (Entsch. Bd. I. S. 279).

1) Die Berufung in eine amtliche Thätigkeit ohne zeitliche Grenze „bis auf weiteres" ist eine dauernde unter dem Vorbehalt jederzeitigen Widerrufs und einer solchen auf Kündigung gleichzustellen, wie denn der Gesetzgebung sogar eine definitive Anstellung unter dem Vorbehalte des Widerrufs oder der

Kündigung nicht fremd ist. (§ 83 des Disziplinargesetzes vom 21. Juli 1852, § 2 des Pensionsgesetzes vom 27. März 1872 und § 2 des Reichsbeamtengesetzes vom 31. März 1873.)

2) Bei der Einschätzung der diätarischen Remuneration kommt nicht Art. 22 Nr. 4 der Ausführungsanweisung, sondern Art. 21 Nr. 1 und 2 ibid. in Betracht, welche den § 15 des Einkommensteuergesetzes, wonach alles, was ein Beamter als Aequivalent für seine amtliche Thätigkeit erhält, als zu besteuerndes Einkommen anzusehen ist, näher erläutern.

Nr. 13.

Endscheidung des V. Senats vom 17. April 1893 (Entsch. Bd. I. S. 319).

Sind etwaige Dienstaufwandskosten eines Beamten nicht von vornherein bei der Anstellung 2c. vereinbart worden und streitig, welcher Betrag hiervon als steuerpflichtig anzusehen ist oder nicht, ist es Sache der Beanstandung, dem Steuerpflichtigen unter Hinweis auf die Lage der gesetzlichen und Ausführungsvorschriften (§§ 5 Abs. 3, 44 Nr. 1 Eink.-Ges. und Art. 22 Nr. 1 der Anweis.) die Führung der erforderlichen Nachweise oder eine Aufklärung nahezulegen, und zugleich Sache des Vorsitzenden der Veranlagungskommission, gemäß Art. 47 II. Nr. 1 durch amtliche Rückfragen bei den zuständigen Anstellungs- bezw. vorgesetzten Behörden des Beamten seinerseits festzustellen: in erster Linie, ob die auch der Höhe nach evntl. amtlich zu eruierenden allgemeinen Dienstbezüge irgend welche Entschädigung für Aufwendungen lediglich im dienstlichen Interesse mitenthalten, und bejahendenfalls, ob etwa doch und event. welche Bestimmungen über die Höhe dieser Entschädigung derzeit bestanden haben möchten.

Werden damit die Angaben des Steuerpflichtigen nicht bestätigt, kann von irgend welchen Abzug überhaupt nicht die Rede sein. Ist indessen die Höhe des Aufwands nicht überall bestimmt, hat eine besondere Berechnung und Abrechnung (Art. 22 Nr. 3) der Kosten stattzufinden. Die geeigneten Unterlagen hierzu zu beschaffen, liegt einerseits dem Beamten ob, andererseits bleibt den Veranlagungsbehörden der Weg amtlicher Ermittelungen überlassen.

Nr. 14.

Endurteil des V. Senats vom 11. April 1893 (Entsch. Bd. I S. 346).

Der § 2a des Einkommensteuergesetzes bestimmt, daß alle Personen bezüglich des Einkommens aus den von der Preuß. Staatskasse bezogenen Besoldungen, Pensionen und Wartegeldern der Besteuerung unterliegen. In Verbindung mit § 15 a. a. O. und Art. 21, 2 Abs. 2 der Ausführungsanweis. könnte möglicherweise behauptet werden, daß damit ohne Rücksicht auf Staatsangehörigkeit, Wohnsitz oder Aufenthalt jede Person, — gleichgültig, ob sie Beamter oder nicht — die eine Remuneration, Diäten oder dergl. aus der Preuß. Staatskasse bezieht, steuerpflichtig sei, und somit das Einkommensteuergesetz mit dem § 4 des Reichsgesetzes vom 13. Mai 1870 wegen Beseitigung der Doppelbesteuerung sich nicht decke. Denn nach diesem sind „Gehalt, Pension und Wartegeld, welche deutsche Militärpersonen und Civilbeamte aus der Kasse eines Bundesstaates beziehen, nur in demjenigen Staate zu besteuern, welcher die Zahlung zu leisten hat", und ist demnach die Voraussetzung des Besteuerungsrechts des betreffenden Staats die Beamtenqualität der betreffenden Person. Allein diese Auffassung wäre irrtümlich und dabei übersehen, daß

Besoldung, Pension, Wartegeld nur ein Beamter oder ein früherer Beamter bezieht, daß deshalb Art. 21, 2 Abs. 2 der Ausführungsanweisung nur von den Bezügen von Beamten redet und bezüglich dieser lediglich ausspricht, daß es unerheblich sei, welchen Namen die Bezüge der Beamten haben. Voraussetzung für Anwendung des § 2a Einkommensteuerges. und Art. 21, 2 Abs. 2 der Ausführungsanweis. ist daher ebenfalls die Beamtenqualität der betreffenden Person, demnach konform mit dem Reichsgesetze vom 13. Mai 1870 — abgesehen von dem Falle, wo es sich um Militärpersonen handelt — die Feststellung der Civilbeamten-Eigenschaft des event. Steuerpflichtigen unerläßlich.

Nr. 15.

Endurteil des V. Senats vom 18. Mai 1893 (Entsch. B. I S. 382).

Ist ein Beamter zur Zeit der Steuerveranlagung auf unbestimmte Zeit oder „bis auf weiteres" in seine amtliche Thätigkeit berufen, so ist diese keineswegs als eine vorübergehende, sondern als eine dauernde, nur unter dem Vorbehalte jederzeiten Widerrufs übertragene Beschäftigung anzusehen und einer solchen etwa auf Kündigung gleichzustellen, wie denn der Gesetzgebung sogar eine definitive Anstellung unter dem Vorbehalte des Widerrufs oder der Kündigung nicht fremd ist.

Da ferner nach der Vorschrift des § 15 des Einkommensteuerges. und Art. 21 Nr. 1, 2 der Ausführungsanweis. alles dasjenige, was ein Beamter als Gegenleistung für seine amtliche Thätigkeit erhält, als sein der Besteuerung unterliegendes Einkommen anzusehen ist, so muß auch die diätarische Remuneration als steuerpflichtiges Einkommen behandelt werden.

e) Einkommen der Aktiengesellschaften etc.

Nr. 1.

Entscheidung des V. Senats vom 20. Oktober 1892 (Entsch. Bd. I. S. 21).

Inhaber des Gewerbebetriebes einer Aktiengesellschaft ist diese selbst und nicht der Vorstand, noch weniger ein einzelnes Mitglied. Letzteres ist ein Beamter der Gesellschaft, und das Einkommen, das derselbe aus dem Gewerbebetriebe der Gesellschaft bezieht, ist ein Einkommen aus Gewinn bringender Beschäftigung und ist mit dem ganzen Betrage zur Steuer heranzuziehen, gleichviel, ob die Gesellschaft ihre Einnahmequellen nur teilweise in Preußen hat.

Nr. 2.

Entscheidung des V. Senats vom 15. Dezember 1892 (Bd. I. S. 81).

1) Nach § 16 Einkommensteuergesetzes vom 24. Juni 1891 ist für die Besteuerung der Aktiengesellschaften 2c. lediglich die thatsächlich verteilte Ausbeute maßgebend und nicht der Umstand, was „verteilbar" war. Die Worte: „verteilte Ausbeute" sind nicht dahin zu verstehen, daß damit sowohl die verteilten als auch die sonst verwendeten Beträge bezeichnet sein sollen. Daß die sonach nicht gestattete Mitberücksichtigung des zur Geschäftserweiterung verwendeten Teiles der Ausbeute bei der Abzugsberechnung im einzelnen Falle zu einer Härte führen kann, ist dabei unerheblich.

2) Auch der Berücksichtigung des Erwerbspreises des Grubenterrains neben dem Zwanzigfachen der verteilten Jahresausbeute steht § 16 a. a. O.

entgegen. Der Steuerpflichtige hat nur die Wahl: zwischen dem Grundkapital einerseits und dem Zwanzigfachen der verteilten Durchschnittsausbeute andrerseits, wobei das Grundkapital dahin näher bestimmt wird, daß es sich zusammensetzt aus dem Erwerbspreise und aus den Kosten der Anlage, Einrichtung und Erweiterung des Bergwerks. Der Art. 27 Nr. 2 Abs. 1 letzter Satz der Ausführungsanweisung beruht nur auf einer nicht glücklichen Redaction. Es entspricht nur allgemeinen Grundsätzen, den Wert des in einem Unternehmen angelegten Kapitals zu ermitteln, entweder durch Zusammenhang dessen, was für den Erwerb und die Einrichtung aufgewendet ist, oder auch durch Kapitalisierung des Jahresbetrages, und so bei Zugrundelegung eines angemessenen Zinssatzes diesen Nutzungswert mit jenem Substanzwerte gleichzustellen, dagegen ist für die Gleichstellung des Nutzungswertes mit dem Werte der Anlage und Verbesserungen unter Ausschluß des Erwerbspreises kein Grund ersichtlich.

Nr. 3.

Entscheidung des V. Senats vom 16. Januar 1893 (Bd. I. S. 100).

Nach § 16 des Einkommensteuergesetzes vom 24. Juni 1891 gelten als steuerpflichtiges Einkommen der Aktiengesellschaften — unbeschadet der Vorschrift im § 6 Nr. 1 — die Ueberschüsse, welche als Actienzinsen oder Dividenden, gleichviel unter welcher Benennung, unter die Mitglieder verteilt werden, und zwar unter Hinzurechnung der zur Tilgung der Schulden oder des Grundkapitals, zur Verbesserung oder Geschäftserweiterung, sowie zur Bildung von Reservefonds — soweit solche nicht bei den Versicherungssummen bestimmt sind — verwendeten Beträge, jedoch nach Abzug von 3½ % des eingezahlten Aktienkapitals. Der Abzug von 3½ % soll vom eingezahlten Aktienkapital gemacht werden; Art. 27 Nr. 2 der Ausführungsanweisung des Finanzministers vom 5. August 1891 wiederholt dies mit den Worten „daß die 3½ % von dem in der Bilanz für das betreffende Geschäftsjahr aufgeführten Aktienkapital in Abzug zu bringen seien“. Nach diesen klaren Bestimmungen des Gesetzes und der Ausführungsanweisung besteht für die Berechnung des Abzugs der 3½ % keine andere Voraussetzung, als die erfolgte Einzahlung des Aktienkapitals, das Bestehen desselben nach der Bilanz. Die Ansicht, daß das thatsächlich eingezahlte Aktienkapital erst dann als solches gelten könne, wenn es Anrecht an der Dividende gewähre, ist keineswegs gerechtfertigt; auch Art. 216 des Handelsgesetzbuchs erscheint nicht geeignet, diese Ansicht zu stützen, denn derselbe regelt nur in Verbindung mit Art. 217 das Rechtsverhältnis des Aktionärs zur Gesellschaft im allgemeinen, ohne den Rechtssatz zu enthalten, daß seine Einzahlungen erst dann den Charakter der Aktienzahlung erhalten, wenn sie an den Dividenden teilnehmen. Der § 16 des Einkommensteuergesetzes vom 24. Juni 1891 und der Art. 27 Nr. 2 der Ausführungsanweisung des Finanzministers vom 5. August 1891 rechtfertigen aber auch für den Abzug der 3½ % weder eine Unterscheidung danach, ob die Aktien dividendenberechtigt sind, noch danach, wann in dem betreffenden Geschäftsjahre die neuen Aktienbeträge eingezahlt sind. Dagegen muß bei Berechnung des steuerpflichtigen Einkommens zufolge des eingangs des § 16 neben der den alten Aktien gewährten Dividende und der Rücklage in den Reservefonds dasjenige zum Abzug gebracht werden, was den jungen Aktien in dem betreffenden Geschäftsjahre als Aktienverzinsung oder unter anderer Bezeichnung gewährt worden ist.

Nr. 4.

Entscheidung des V. Senats vom 30. Januar 1893 (Bd. I. S. 150).

Die allmählich eintretende Verringerung des Grundkapitals einer Aktiengesellschaft durch Amortisation von Aktien aus dem Gewinne hat zur Folge, daß der amortisierte Teil des Grundkapitals bei Berechnung des der Aktiengesellschaft zu gute kommenden Abzuges von 3½ Prozent ausscheidet. Im § 16 des Einkommensteuergesetzes vom 24. Juni 1891 wird erörtert, was als steuerpflichtiges Einkommen der Aktiengesellschaften ꝛc. zu betrachten ist, und dabei vorgeschrieben, daß von den ermittelten Ueberschüssen „3½ Prozent des eingezahlten Aktienkapitals abzuziehen sind". Der zugelassene Abzug ist mit andern Worten nur für eingezahltes, also thatsächlich vorhandenes und arbeitendes Aktienkapital zu machen. Von andern Beteiligungen, welche die gleiche Berücksichtigung erfahren sollen, ist keine Rede. Wenn in dem Statute einer Aktiengesellschaft die Amortisation der Aktien in der Weise vorgesehen ist, daß sie nach Maßgabe der verfügbaren Mittel ausgelost und bar heimgezahlt werden, dem Inhaber aber ein Genußschein zu gleicher Höhe mit der Bestimmung erteilt wird, daß der Bezug der den Aktionären zustehenden 5 Prozent Dividenden aufhört, daß bei Auflösung der Gesellschaft vor Amortisation sämmtlicher Aktien die Genußscheininhaber sich den bereits zurückempfangenen Kapitalbetrag in Anrechnung bringen müssen und daß sie nur mit den Aktionären an Superdividenden teilnehmen, so haben diese Genußscheininhaber nicht mehr eine Kapitaleinlage in dem Unternehmen, mit welcher sie gleich den Aktionären für die Gesellschaftsschulden verhaftet sind. Diese Genußscheine stellen hiernach von den Aktien wesentlich verschiedene Beteiligung an der Gesellschaft dar und sind jedenfalls keine eingezahlten Aktien mehr; der durch die Genußscheine repräsentirte amortisierte Teil des Grundkapitals scheidet mithin bei der Berechnung des der Gesellschaft zu gute kommenden Abzuges von 3½ Prozent aus.

Nr. 5.

Entscheidung des V. Senats vom 14. Februar 1893 (Bd I. S. 170).

Das steuerpflichtige Einkommen der Kommanditgesellschaften auf Aktien umfaßt auch Gewinnanteile, die den persönlich haftenden Gesellschaftern (Geschäftsinhabern), abgesehen von ihrer Kapitalbeteiligung, zufließen. Die persönlich haftenden Mitglieder einer Kommanditgesellschaft auf Aktien sind nicht Beamte derselben; ihre Bezüge stellen sich, wenn es sich um Ermittelung des Reineinkommens der Gesellschaft handelt, nicht als eine Ausgabe der letzteren dar, die den Ueberschuß vermindert und gemacht werden muß oder gemacht wird, um Ueberschüsse zu erzielen. Bei der Remuneration, welche die persönlich haftenden Gesellschafter vertragsmäßig beziehen, handelt es sich um eine Präzipualgewinnbeteiligung derselben als solcher, immerhin in Rücksicht auf ihre weiterreichenden Rechte und Pflichten, also unter allen Umständen nicht nur um „Ueberschüsse" überhaupt, sondern zugleich um derartige, welche auf Gesellschaftsmitglieder als solche verteilt werden. In welcher Weise die Verteilung an die persönlich haftenden Gesellschafter geschieht, ist eine innere Angelegenheit der Gesellschaft. Für die Frage der Steuerpflicht der Gesellschaft nach Grund und Umfang ist es maßgebend, daß sie überhaupt „Ueberschüsse" verteilt, und daß sich diese Verteilung der Mitglieder der Gesellschaft als solche vollzieht; dagegen ist es gänzlich ohne Belang, in welcher Höhe und nach welchen Grundsätzen das einzelne Mitglied an dem Verteilungsobjekt beteiligt wird.

Nr. 6.

Entscheidung des V. Senats vom 27. Februar 1893 (Entsch. Bd. I S. 199).

Eine in der Bilanz enthaltene Abschreibung darf bei Feststellung des steuerpflichtigen Einkommens einer Aktiengesellschaft nicht deshalb verworfen werden, weil sie bei der Inventuraufnahme noch nicht berücksichtigt ist. Nach Art. 31 des Handelsgesetzbuchs und Art. 185c des Gesetzes, betreffend die Kommanditgesellschaften auf Aktien und die Aktiengesellschaften vom 18. Juli 1884, sind bei der Aufnahme des Inventars und der Bilanz die Warenbestände nach dem Werte zur Zeit der Aufnahme anzusetzen, jedoch höchstens zum Anschaffungs- oder Herstellungspreise. Da es in der Natur der Sache liegt, daß die Bilanzaufstellung nach Aufnahme des Inventars erfolgt, so ergiebt sich aus Art. 31 des Handelsgesetzbuchs, daß in dem Falle, wo sich bei Aufnahme der Bilanz herausstellt, daß ein Vermögensobjekt bei der Aufnahme des Inventars zu hoch bewertet worden sei, eine Korrektur in dieser Beziehung erfolgen muß. Dieselbe wird auch durch Einstellung der entsprechenden Post auf der Passivseite der Bilanz bewirkt werden können, wenn nicht der Weg der Einstellung eines geringeren Wertes unter Abschreibung auf der anderen Seite gewählt wird, was jedoch in keiner Weise vorgeschrieben ist. Die definitive rechtsgültige Aufstellung der Bilanz erfolgt erst durch die Genehmigung der Generalversammlung. (Art. 239a, 239b und 185c des Gesetzes vom 18. Juli 1884.) Ist hiernach die Generalversammlung berechtigt, die Genehmigung der ihr vorgelegten Berechnungen zu versagen, einzelne Posten derselben zu beanstanden und durch Beschluß eine anderweite Berechnung und Bewertung und Feststellung herbeizuführen, so kann von einer in rechtlicher Beziehung definitiv vorhandenen Inventur und Bilanz vorher nicht die Rede sein.

Die von der Generalversammlung bei Erteilung ihrer Genehmigung der Bilanz beschlossenen Abschreibungen sind also nicht nach Aufstellung der Bilanz, sondern bei und mit dieser Aufstellung durch die Generalversammlung bewirkt.

Nr. 7.

Entscheidung des V. Senats vom 27. Februar 1893 (Entsch. Bd. I. S. 203.)

1) Die sog. Spezialreserve für Kommanditen bei Aktiengesellschaften ist nichts weiter als eine besondere Art der Abschreibung, steuerpflichtige Rücklagen zum Spezialreservefonds. (§ 16 des Einkommensteuergesetzes und Art. 27 der Ausführungsanweisung.) Mit der Bezeichnung „Spezialreserve für Kommanditen" ist der Charakter der Rücklagen nicht entschieden, es bedarf vielmehr in jedem einzelnen Falle der Untersuchung, ob in der Bildung eines Reservefonds eine Vermehrung des Vermögens enthalten ist (Art. 27 Nr. 1 Abs. 4 der Ausführungsanweisung vom 5. August 1891), und nicht etwa nur der Ausgleich einer bei Aufstellung der Bilanz hervorgetretenen Wertverminderung von Vermögensobjekten in Frage steht.

2) Verluste, welche die Kommanditgesellschaften, bei denen eine Aktiengesellschaft als Kommanditistin beteiligt ist, etwa treffen, gehen die Letztere direkt nichts an, sondern mindern nur den Gewinn des Kapitals, mit welchem sie als Kommanditistin arbeitet. Es sind also künftige Verluste, welchen das Kommanditkapital der Pflichtigen möglicherweise aus-

gesetzt sein kann, deren Deckung durch die Dotirung der Spezialreserve für Kommanditen beabsichtigt ist. Alles aber, was zu diesem Zweck aus den Ueberschüssen zurückgelegt wird, ist Reservefonds. Die Kommanditbeteiligungen sind nicht Forderungen, oder Sachen, oder Waren, die in der Bilanz bewertet werden müssen (solcher Bewertung dient z. B. das Delkrederekonto), sondern stellen ebenso wie das Hauptgeschäft und die Filialen mit den daselbst arbeitenden Kapitalien den Gewerbebetrieb selbst dar.

Nr. 8.

Entscheidung des V. Senats vom 27. Februar 1893 (Entsch. Bd. I. S. 206.)

Bei Berechnung des steuerpflichtigen Einkommens einer Aktiengesellschaft (§ 16 des Einkommensteuergesetzes vom 24. Juni 1891 und Art. 27 der Ausführungsanweisung des Finanzministers vom 5. August 1891) sind zur Tilgung von Schulden verwendete Beträge dem steuerpflichtigen Einkommen nur dann hinzuzurechnen, wenn diese Beträge den Ueberschüssen entnommen sind.

Nr. 9.

Entscheidung des V. Senats vom 28. Februar 1893 (Entsch. Bd. I. S. 215).

1. Wenn im § 16 des Einkommensteuergesetzes bestimmt ist, daß dasjenige, was aus den Ueberschüssen verteilt oder verwendet ist, nur versteuert werden soll nach Abzug von 3½ % des Aktienkapitals, so folgt hieraus, daß eben nur ein Gewinn über 3½ % des Aktienkapitals hinaus versteuert werden kann oder mit andern Worten, daß, solange nicht 3½ % des Aktienkapitals verdient sind, kein Steuerobjekt vorhanden ist. Somit ergiebt sich, daß im Sinne des Gesetzes die Feststellung des Steuerobjekts dergestalt zu erfolgen hat, daß zunächst berechnet wird, was zu versteuern wäre, wenn der Abzug nicht stattfände, und daß, nachdem dieses Objekt nach Vorschrift des Gesetzes (§ 10) festgestellt ist, davon der Abzug von 3½ % des einfachen Aktienkapitals stattfindet, oder, was dasselbe sagen will, der Hälfte des Doppelten, und wenn die Kapitalien verschieden sind, von der halben Summe beider, vom Durchschnitt.

2) Ein steuerpflichtiges Einkommen aus der Vergangenheit giebt es nicht (§ 7), die Ergebnisse des vergangenen Zeitraumes kommen vielmehr nur dergestalt in Betracht, daß für denselben das Einkommen nach den für die Steuerpflicht im § 16 vorgeschriebenen Faktoren festgestellt und alsdann nach § 10 der Durchschnitt gezogen wird. Nicht also § 16 allein, sondern in Verbindung mit § 10, worin auf § 16 ausdrücklich verwiesen wird, ist bei Berechnung des Einkommens von Aktiengesellschaften entscheidend, und der § 10 die sedes materiae.

Nr. 10.

Entscheidung des V. Senats vom 6. März 1893 (Entsch. Bd. I. S. 241).

Während das Einkommensteuergesetz (§ 7) davon ausgeht, daß nicht sämtliche Jahreseinkünfte, sondern nur diejenigen zum steuerpflichtigen Einkommen gehören, welche unter eine der im § 7 aufgeführten Kategorien fallen, daß ferner von diesen Einkünften allein die im § 9 Nr. I. erwähnten Abzüge gemacht werden dürfen und der Rest das steuerpflichtige Einkommen darstellt, sollen nach der Vorschrift des § 16 und Art. 27 der Ausführungsbestimmung für die Aktiengesellschaften nur die „Ueberschüsse“ ermittelt und, soweit sie zur Verwendung gelangen, als steuerpflichtiges Einkommen gelten. Diese Ueberschüsse ergeben sich nun nicht allein aus der Gegenüberstellung von Einnahmen und Ausgaben, sondern aus der Vergleichung der Vermögensbestände in der Bilanz unter Berücksichtigung der Gewinn- und Verlustrechnung. Bei einer Aktiengesellschaft besteht daher zwischen Kapitals- und sonstigen Verlusten für die Regel kein Unterschied und vor der Deckung eines etwa eingetretenen Verlustes kann von einem Gewinne nicht die Rede sein, so daß auch Kapital nicht verloren gehen kann, ohne den Gewinn zu beeinträchtigen.

Rücklagen in einen Fonds zur Deckung eines möglichen und befürchteten Verlustes (conto dubio) sind nicht Abschreibungen im gesetzlichen und wirtschaftlichen Sinne, sondern lediglich dazu bestimmt, bilanzmäßige Fehlbeträge auszugleichen und die Gläubiger der Gesellschaft und die Aktionäre gegen Geschäftsverluste zu schützen. Ein solcher Fonds ist deshalb ein Reservefonds und die in denselben fließenden Ueberschüsse steuerpflichtig.

Nr. 11.

Entscheidung des V. Senats vom 13. März 1893 (Entsch. Bd. I. S. 262).

Nur diejenigen eingetragenen Genossenschaften, deren Geschäftsbetrieb über den Kreis ihrer Mitglieder hinausgeht, sind steuerpflichtig und haben event. auf Erfordern eine Steuererklärung abzugeben, im andern Falle kann die Abgabe einer solchen Erklärung verweigert werden. Wird jene Genossenschaft gleichwohl eingeschätzt und nachträglich festgestellt, daß die Voraussetzungen zur Steuerfreiheit nicht vorlagen, verliert dieselbe nach § 30 des Einkommensteuergesetzes das Recht zur Einlegung der Rechtsmittel und bleibt es bei der Veranlagung. Kann ihr aber die Steuerpflicht nicht nachgewiesen werden, so ist auf Freistellung zu erkennen, ohne daß ihr die Nachteile aus § 30 a. a. O. angerechnet werden dürfen, da thatsächlich nur „Steuerpflichtige" zur Abgabe von Steuererklärungen aufgefordert und veranlaßt werden dürfen und wegen Nichtabgabe von Steuererklärungen der Rechtsmittel verlustig gehen.

Nr. 12.

Entscheidung des V. Senats vom 13. März 1893 (Entsch. Bd. I. S. 265).

Voraussetzung der Veranlagung einer Aktiengesellschaft zur Einkommensteuer (§ 16 des Einkommensteuergesetzes vom 24. Juni 1891) ist das Vorhandensein eines Ueberschüsse ergebenden Abschlusses für eine Geschäftsperiode, in der die Aktiengesellschaft bestanden hat. (Art. 211 des Gesetzes vom 18. Juli 1884.)

Nr. 13.

Entscheidung des V. Senats vom 13. März 1893 (Entsch. Bd. I. S. 267).

1) Die Ueberschüsse, welche zur Tilgung des Grundkapitals verwandt werden, sind steuerpflichtiges Einkommen. (§ 16 Einkommensteuergesetzes.)

2) Die allgemeinen Vorschriften der §§ 5 bis 10 und die Bestimmungen der §§ 12 bis 15 a. a. O. finden auf die im § 16 behandelten Aktiengesellschaften keineswegs ohne weiteres Anwendung.

Weder die Zinsen des im Gewerbebetriebe angelegten eigenen Kapitals bleiben steuerfrei (§ 18 I.), noch die Abschlagszahlungen auf dieses Kapital. Dagegen dürfen die Zinsen erborgter Betriebskapitalien abgesetzt werden. Abschreibungen auf den Wert einer nach bestimmten Jahren erlöschenden Betriebskonzession sind unzulässig.

Nr. 14.

Entscheidung des V. Senats vom 27. März 1893 (Entsch. Bd. I. S. 290).

Nach § 16 des Einkommensteuerges. gelten als steuerpflichtiges Einkommen der im § 1 Nr. 4 und 5 bezeichneten Steuerpflichtigen, also insbesondere der Aktiengesellschaften, diejenigen Ueberschüsse, welche als Aktienzinsen oder Dividenden unter die Mitglieder verteilt werden, unter Hinzurechnung derjenigen Beträge der Ueberschüsse, welche verwendet sind 1. zur Tilgung der Schulden oder 2. des Grundkapitals, 3. zur Verbesserung oder 4. zur Geschäftserweiterung und 5. zur Bildung von Reservefonds.

Hieraus folgt, daß solche Teile der Ueberschüsse, welche nicht unter die Mitglieder verteilt und nicht zu einem oder mehreren dieser 5 Zwecke verwendet worden sind, als steuerpflichtiges Einkommen nicht gelten und von der Besteuerung freizulassen sind; letzteres trifft auf Beträge zu, welche die Gesellschaft zu wohlthätigen, gemeinnützigen Zwecken, zum Bau einer Kirche ꝛc. verausgabt. Denn das Gesetz bestimmt in keiner Weise, daß alle Ueberschüsse als steuerpflichtiges Einkommen gelten sollen. Wenn daher die Frage entsteht, ob ein unverteilter Betrag der Ueberschüsse zur Besteuerung herangezogen werden darf, wird eine Bejahung derselben nur stattfinden können, wenn der Betrag eine unter die bezeichneten 5 Zwecke fallende Verwendung gefunden hat. Eine solche Verwendung ist in der Ergänzung eines teilweise verloren gegangenen Grundkapitals nicht zu finden. Auch als eine Schuldentilgung kann die Ergänzung dieses Kapitals nicht erachtet werden, da jede Schuldentilgung die Existenz einer Schuldverpflichtung und das Vorhandensein eines Schuldners und Gläubigers voraussetzt, wenn auch nach den gesetzlichen Bestimmungen vor der Wiederergänzung des verlorenen Aktienkapitals eine Dividende nicht verteilt werden darf. Ebensowenig können diese Summen als zur „Verbesserung verwendete Beträge“ angesehen werden; denn eine „Verwendung zur Besserung“ setzt eine Einrichtung oder Anlage voraus, für welche die Beträge verwendet worden sind, eine solche kann aber nicht schon in der Nichtverausgabung eines Betrages, in seiner Zurückbehaltung in der Kasse, womit thatsächlich nur die Wiederergänzung des Aktienkapitals vollzogen wird, gefunden werden.

Nr. 15.

Entscheidung des V. Senats vom 27. März 1893 (Entsch. Bd. I. S. 293).

1) Der sog. Agiogewinn, der seitens einer Aktiengesellschaft oder Kommanditgesellschaft auf Aktien durch die Ausgabe neuer Aktien zu einem den Nominalwert übersteigenden Betrage erzielt wird und gemäß Art. 185b des Handelsgesetzbuches in der Fassung des Gesetzes vom 18. Juli 1884 zur Deckung eines sich aus der Bilanz ergebenden Verlustes zum Reservefonds zu nehmen ist, hat als Gewinn im steuerlichen und wirtschaftlichen Sinne zu gelten und zwar als ein Gewinn, der im Geschäfts- und Gewerbebetrieb der Gesellschaft erzielt worden ist.

2) Der durch den Agiogewinn gebildete Reservefonds stellt kein „Stammvermögen“ im Sinne des § 8 Einkommensteuergesetzes dar. Kann man von solchem bei Aktiengesellschaften überhaupt reden, so wird das Stammvermögen nur durch das Einlage- oder Grundkapital dargestellt. Der Reservefonds aber ist nicht Einlagekapital, auch nicht zusätzliches oder ein Teil desselben, schon deshalb nicht, weil, soweit der Reservefonds zur Deckung von Minderungen am Einlagekapital zur Verwendung kommt, er nicht wie ein Einlagekapitalsteil so wiederergänzt wird, daß es vor seinem Ersatz keinen verteilungsfähigen Gewinn gäbe.

3) Das Einkommensteuergesetz giebt keine Legaldefinition des Ueberschusses im Sinne des § 16 a. a. O. Indessen fallen diejenigen Einnahmen, die geschäftlich und wirtschaftlich als „Gewinn“ zu qualifizieren sind, darunter; eine Aktiengesellschaft kann aber nicht füglich „Gewinne“ verteilen, ohne Ueberschüsse zu haben; der verteilte oder in gewisser Weise verwendete Reingewinn ist eben Ueberschuß. Darunter fällt aber auch unzweifelhaft der Agiogewinn, wenn er auch jetzt nicht mehr als verteilbar anzusehen ist.

Nr. 16.

Entscheidung des V. Senats vom 11. April 1893 (Entsch. Bd. I. S. 302).

1) Das Einkommensteuergesetz erfordert nicht, daß der nach § 1 Nr. 5 steuerpflichtige Konsumverein eine juristische Person sei. Es kommt nur darauf an, daß der Verein die Fähigkeit hat, Vermögensrechte auf seinen Namen zu erwerben und zu besitzen. Dies vorausgesetzt, ist er einkommensteuerpflichtig, wenn er einen „offenen“ Laden hat.

2) Ein „offener“ Laden im Sinne des Gesetzes ist bei Konsumvereinen unter denselben Voraussetzungen als vorhanden anzusehen, wie bei sonstigen Gewerbetreibenden. Wie dort, so bildet auch hier die thatsächlich ungehinderte Zugänglichkeit für jeden Kaufliebhaber dasjenige Moment, wodurch sich die Läden der Konsumvereine den Läden anderer Gewerbetreibenden gleichartig an die Seite stellen; das characteristische Merkmal des offenen Ladens beruht somit in der freien, d. h. körperlich ungehinderten Zugänglichkeit für die Kauflustigen. Dem gegenüber sind Erklärungen des Konsumvereins in den Statuten, daß der Verkauf nur an Mitglieder stattfinde, Bekanntmachungen in den öffentlichen Blättern, Tafeln und Plakaten vor oder im Laden, durch welche Nichtmitgliedern der Eintritt untersagt wird, gänzlich unwirksam.

Nr. 17.

Entscheidung des V. Senats vom 17. April 1893 (Entsch. Bd. I. S. 313).

1) Der neben einer baar eingezahlten Quote des Grundkapitals durch Wechsel der Aktionäre belegte Teil derselben ist als eingezahltes Aktienkapital im Sinne des § 16 Einkommensteuergesetzes und damit als Grundstock für die Berechnung des Abzuges von 3½ % nicht anzusehen. § 16 kennt nur die „bare“ Einzahlung.

2) Ob auch andere als bare Einlagen von den Aktionären (Art. 209 b 209 g des Gesetzes vom 18. Juli 1884) in das Eigentum der Gesellschaft übergehen und so den Thatbestand des „Eingezahltseins“ im Sinne des obigen § 16 bewirken, muß der Beurteilung jedes Einzelfalls vorbehalten bleiben. Niemals aber läßt sich dieser Thatbestand so verwirklichen, daß als „Einlagen“ zur Beschaffung des Grundkapitals lediglich Zusagen der Aktionäre, die rückständigen Einzahlungen leisten zu wollen, in Gestalt von Wechseln, Verpflichtungsscheinen ꝛc. hinterlegt werden, auch dann nicht, wenn die Gesellschaft die Aktionäre gegen Empfang derartiger Schriftstücke von der im Aktienrecht wurzelnden Pflicht zur Vollzahlung des Aktienbetrages endgültig entbinden sollte.

3) Das Grundkapital muß immer, gleichviel, ob es voll oder nur zum Teil einbezahlt ist, und ob für den noch ausstehenden Betrag Wechsel oder sonstige oder auch keinerlei Sicherheiten gewährt sind, zum ganzen nominellen Betrage aus der Passivseite der Bilanz zu ersehen sein. Im Falle einer teilweisen Einzahlung steht diesem Passivposten als Activposten der noch einzu-

fordernde Betrag gegenüber; erst die Differenz beider — also der eingezahlte Betrag — bildet ein Passivum der Gesellschaft.

Nr. 18.

Entscheidung des V. Senats vom 17. April 1893 (Entsch. Bd. I. S. 326.)

1) Ein Hinausgehen über den Kreis der Mitglieder eines Kreditvereins (eingetragene Genossenschaft) ist weder durch die Thatsache, daß der Verein gegen Provision Wechsel für Nichtmitglieder diskontiert, noch dadurch, daß er unbeschränkte Spareinlagen von Nichtmitgliedern annimmt, ohne weiteres gegeben.

2) Da die Genossenschaft ohne Aufnahme fremder Gelder gegen Verzinsung ihren Zweck, das Kreditbedürfnis ihrer Mitglieder zu befriedigen, nicht erfüllen kann, so folgt daraus mit Notwendigkeit, daß die in der Absicht, die nötigen Betriebskapitalien zu beschaffen und mit der sich hieraus ergebenden Schranke erfolgende Geldannahme auch von Nichtmitgliedern nicht nur kein Hinausgehen über den Rahmen des im Statut festgesetzten Zwecks, sondern recht eigentlich ein diesem Zwecke dienendes Mittel ist. So lange sich diese Absicht bethätigt, also die angenommenen Sparanlagen das Bedürfnis nach fremdem Gelde nicht übersteigen, kommt es nicht darauf an, ob der Annahme von Spareinlagen von Nichtmitgliedern in der Höhe der Einlagen Beschränkungen gesetzt sind oder nicht.

3) Durch den Erwerb von Wechseln von Nichtmitgliedern *kann*, aber muß *nicht notwendig*, der Geschäftsbetrieb über den Kreis der Mitglieder hinausgehen. Der Verkauf von Wechseln seitens anderer Vereine 2c. geschieht nicht stets, um ein Kreditbedürfnis zu befriedigen, auch waltet bei der Diskontirung von Wechseln keineswegs bei dem Empfänger immer die Absicht ob, ein Darlehn zu nehmen. Kauft deshalb der Verein zu dem Zweck, um müßige Gelder zinsbar anzulegen, Wechsel, so dient der Betrieb lediglich dem Interesse der Mitglieder. Handelt es sich somit um die nutzbare Anlegung von Geldbeständen, so erlaubt schon das Genossenschaftsgesetz vom 1. Mai 1889 im § 9 selbst die Darlehnsgewährung an Nichtmitglieder. Geriert indessen der Verein gegen Provision Wechsel auch für Nichtmitglieder, dann geht er über den Kreis der Mitglieder hinaus und ist nach § 1 Nr. 4 des Einkommensteuergesetzes steuerpflichtig.

Nr. 19.

Endurteil des V. Senats vom 10. April 1893 (Entsch. Bd. I. S. 343).

In dem Falle, in welchem die Resultate des einen von zwei in Betracht kommenden Geschäftsjahren sich auf Null stellen, ist die Berechnung derartig zu machen, daß die 3 ½ % des Aktienkapitals erst von der Hälfte des zweiten mit einem Gewinn abschließenden Geschäftsjahres in Abzug zu bringen sind und nicht von dem vollen Gewinn unter Halbierung der Differenz. Die Berechnung des steuerpflichtigen Einkommens in einem solchen Falle ergiebt sich z. B. wie folgt: $\frac{127441{,}76 + 0}{2}$ — 45.500 (3 ½ % des Aktienkapitals), d. h. 63720,88 — 45.500 = 18.220,88 Mk.

Nr. 20.

Endurteil des IV. Senats vom 5. Juni 1893 (Entsch. Bd. I. S. 390).

1) Die Ausübung des Gewerbebetriebes einer Aktiengesellschaft durch einen Agenten kann nicht damit begründet werden, daß sie „notorisch" ist, weil

das Vorhandensein eines Gewerbebetriebes erst auf Grund der in jedem Einzelfall obwaltenden thatsächlichen Vorgänge festgestellt werden kann und muß, mithin die Ermittelung solcher Vorgänge voraussetzt. Nur Thatsachen, dagegen nicht aus denselben zu ziehende Schlußfolgerungen oder darauf zu gründende Rechtsbegriffe — eine solche Gedankenoperation liegt in der Kennzeichnung gewisser Vorgänge als Gewerbebetrieb — können offenkundig und deshalb des Beweises nicht weiter bedürftig sein.

2) Die Besteuerung einer außerhalb Preußens existierenden Gesellschaft in Preußen, wo sie keinen Sitz hat, ist dadurch bedingt, daß der § 2b des Einkommensteuergesetzes auf sie zutrifft. Er besagt, daß ohne Rücksicht auf Staatsangehörigkeit, Wohnsitz oder Aufenthalt der Einkommensteuer alle Personen unterliegen mit dem Einkommen aus preußischem Grundbesitz und aus preußischen Gewerbe- oder Handelsanlagen oder sonstigen gewerblichen Betriebsstätten. Diese Bestimmung sowohl als auch diejenige des § 6 Nr. 1 a. a. O., daß von der Besteuerung ausgeschlossen ist das Einkommen aus den in andern deutschen Bundesstaaten belegenen Grundstücken und den daselbst betriebenen Gewerben, ist, wie bei der zwingenden Natur der Reichsgesetzgebung anzunehmen und im Entwurfe des Einkommensteuergesetzes ausdrücklich gesagt worden ist, mit Rücksicht auf das Reichsgesetz vom 13. Mai 1870 wegen Beseitigung der Doppelbesteuerung erlassen, nach welchem (§ 3) der Grundbesitz und der Betrieb eines Gewerbes, sowie das aus diesen Quellen herrührende Einkommen nur von demjenigen Bundesstaate besteuert werden darf, in welchem der Grundbesitz liegt oder das Gewerbe betrieben wird. Es ist deshalb ohne weiteres anzunehmen, daß der § 2b wegen Besteuerung des Gewerbebetriebes in Preußen mit dem § 6 wegen Freilassung des deutschen Gewerbebetriebes außerhalb Preußens korrespondirt und man wird zu der Auffassung gelangen müssen, daß das Gesetz mit „Gewerbeanlage“ und „gewerblicher Betriebsstätte“ in § 2 denselben Begriff verbindet, wie in § 6 mit dem „betriebenen Gewerbe,“ weil, wenn der Gesetzgeber die Grenzen der für Preußen zulässigen Besteuerung hätte enger ziehen wollen, als es das Reichsgesetz gestattet, dieses sicherlich zum Ausdruck gebracht worden wäre. Hiernach hat die Hervorhebung der Anlage und der Betriebsstätte in § 2 nicht die Bedeutung, daß der Begriff des Gewerbebetriebes eingeschränkt wird, sondern es hat damit nur deklaratorisch ausgesprochen werden sollen, daß nach dem Reichsgesetze und dem damit konformen Einkommensteuergesetze der Gewerbebetrieb an einem bestimmten Orte eine gewisse örtliche, als solche erkennbare Anknüpfung voraussetzt. Eine abweichende Auffassung ist auch in der Ausführungsanweisung, Art. 2c und Art. 17, nicht zum Ausdruck gebracht. Der Art. 2 enthält unter c eine zutreffende Ausführung des Gesetzes, wenn daselbst vorgeschrieben ist: „Als solche (Gewerbe- oder Handelsanlagen oder sonstige gewerbliche Betriebsstätten) gelten nicht nur die dem Gewerbebetriebe dienenden sichtbaren Anstalten, wie Zweigniederlassungen, Speicher, Warenlager, Verkaufsstellen, Komtoire, sondern es genügt die Ausübung des stehenden Gewerbebetriebes in Preußen durch ständig zu diesem Zwecke sich daselbst aufhaltende Geschäftsteilnehmer, Prokuristen, Agenten oder andere ständige Vertreter.“ Hieraus ergiebt sich, daß im Falle einer durch dritte Personen bewirkten Thätigkeit das Vorhandensein einer solchen Person in Preußen allein nicht genügend ist, um anzunehmen, daß der auswärtige Geschäftsinhaber auch in Preußen das Gewerbe betreibt; es muß vielmehr auch die Ausübung des Gewerbebetriebes in Preußen durch eine solche Person erfolgen.

3) Für alle Fälle zutreffend und allgemein die Merkmale zu bezeichnen, nach deren Vorhandensein oder Nichtvorhandensein der Thatbestand eines Ge-

werbebetriebes zu bejahen oder zu verneinen ist, das erscheint bei der unendlichen Vielseitigkeit und Mannigfaltigkeit der in Betracht kommenden Lebensverhältnisse einerseits und bei dem Mangel einer gesetzlichen Bestimmung des Begriffs „Gewerbetrieb" andererseits nicht thunlich. Es wird in jedem einzelnen Falle nach den zu ermittelnden näheren Umständen desselben festgestellt werden müssen, ob eine geschäftliche Thätigkeit, welche irgendwo ins Werk gesetzt wird, als die Ausübung eines Gewerbetriebes anzusehen ist, insbesondere ob in den von einer in Preußen wohnenden Mittelsperson für einen auswärtigen Gewerbetreibenden in Preußen vorgenommenen Handlungen sich ein Gewerbebetrieb des auswärtigen Geschäftsinhabers verwirklicht. — Die Thatsache, daß eine gewerbliche Thätigkeit an irgend einem Orte Wirkungen äußert, daselbst in ihren Ergebnissen zu Tage tritt, ist für sich allein und abgesehen von den etwa sonst in Betracht kommenden Umständen nicht maßgebend.

4) Die Beleihung eines Grundstücks seitens einer Hypothekenbank erzeugt noch keine Betriebsstätte desselben an dem Orte, wo das beliehene Grundstück belegen ist. Der Betrieb wird auch nicht schon dadurch bedingt, daß der Vertreter ermächtigt ist, Rechtsgeschäfte im Namen und für Rechnung des Inhabers selbstständig abzuschließen. Der § 2 des Kommunalabgabengesetzes vom 27. Juli 1885, welcher diese Beschränkung aufstellt, stimmt mit dem § 2b des Einkommensteuergesetzes nicht überein. Der Wortlaut des § 2b geht weiter. Damit die Thätigkeit des „Procuristen," Agenten oder anderen ständigen Vertreters dem Inhaber des Geschäfts als sein Gewerbetrieb angerechnet werden kann, ist nur erforderlich, daß die Beziehung auf diesen sich vermöge eines bestehenden Vertretungsverhältnisses rechtfertigt. Ein solches muß vorhanden sein; einerlei aber ist, ob die Vertretung auf einem ausdrücklich erteilten oder auf einem stillschweigend erklärten Auftrage beruht. Sie kann auch vermöge der ausdrücklich oder thatsächlich erklärten Zustimmung des Geschäftsherrn zu den Maßnahmen des Vertreters bestehen. Ebenso ist es gleichgültig, ob der Vertreter ein selbstständiger Geschäftstreibender ist und in diesem seinem Betriebe dem auswärtigen Inhaber als dessen Beauftragter Dienste leistet, oder ob derselbe als Handlungsgehilfe im Dienste des auswärtigen Prinzipals steht. Da das Verhältnis der Person, deren Geschäftsthätigkeit Gegenstand der Beurteilung wird, zu ihrem Machtgeber entscheidend ist, so ist es auch ohne Belang, ob sie die Geschäfte „in besonderen, für das Gewerbe ihres Auftraggebers ausschließlich bestimmten oder in ihren zugleich anderen Zwecken dienenden Wohn- oder Geschäftsräumen" verrichtet und ob die Dienstverträge mit dem Hilfspersonal von dem Auftrageber oder von dem Vertreter abgeschlossen sind. Ein gewisses Maß von Vertretung aber muß unter allen Umständen vorhanden sein; folglich genügt eine nur vermittelnde Thätigkeit nicht.

Die Eigenschaft eines Maklers, welcher die ihm als solchem eigene Handlungssphäre nicht überschreitet, schließt ein Repräsentations- oder Vollmachtsverhältnis aus und berechtigt nur zu den faktischen Diensten eines Zwischenträgers. Diese können ihrer Natur nach selbst dann, wenn die Geschäftsvermittelung häufig und fortgesetzt erfolgt, nicht einen Teil des Gewerbebetriebes eines der Geschäftskontrahenten ausmachen, während andererseits dadurch, daß ein Makler eine über die bloße Vermittelung hinausgehende Wirksamkeit für einen Kontrahenten entwickelt, allerdings eine Ausübung des Gewerbebetriebes desselben trotz der fortbestehenden Maklerthätigkeit entstehen kann.

5) Auch die dem Spezialreservefonds und der Spezialreserve der Hypotheken zugeführten Zinsen sind den steuerpflichtigen Ueberschüssen zuzurechnen. Sie sind Geschäftsgewinn und steuerlich als solcher zu behandeln, einerlei, ob

sie als solcher bei der Aufstellung der Bilanz und der Gewinn- und Verlustrechnung erscheinen oder nicht.

Nr. 21.

Entscheidung des V. Senats vom 5. Juni 1893 (Bd. I. S. 401.)

Bei Berechnung des Abzuges von 3½ % des eingezahlten Aktienkapitals einer Gesellschaft, deren Gewerbebetrieb teilweise außerhalb Preußens liegt, kommt zunächst entscheidend in Betracht, daß nach dem Wortlaut des § 16 Einkommensteuergesetzes der Abzug von dem Gesammteinkommen der nichtphysischen Personen nach Feststellung desselben erfolgen soll. Derselbe ergreift daher nicht blos einen bestimmten Teil des Einkommens, sondern charakterisiert sich wie eine auf dem Gesammteinkommen ruhende Last, welche, wenn das Einkommen demnach in verschiedene Arten, in steuerpflichtige und nicht steuerpflichtige zerfällt, sich pro rata, verhältnismäßig auf jeden Einkommensteil verteilt (Art. 24 Nr. 7 Ausführungsanweisung). Welcher Teil des Gesammtbetrages der 3½ % des Aktienkapitals von dem steuerpflichtigen Einkommen abgezogen werden darf, richtet sich demnach nach dem Verhältnis, in welchem das steuerflichtige zu dem Gesammteinkommen steht. Es wird deshalb zunächst das etwa von der Besteuerung freizulassende gewerbliche Einkommen nach Maßgabe der Bestimmungen des Art. 27 Nr. 4 und 5 der Ausführungsanweisung zu ermitteln und nach Feststellung des von der Besteueruug etwa freizulassenden gewerblichen Einkommens und des Einkommens aus nichtpreußischem Grundbesitze von dem Gesammteinkommen die Höhe des von dem steuerpflichtigen Einkommen abzugsfähigen Teils der 3½ % des Aktienkapitals (z. B 63000 Mk.), nach der Proportion zu ermitteln sein „steuerpflichtiges Einkommen: Gesammteinkommen = x:63000", wobei x den abzugsfähigen Betrag ergiebt.

II.

Abzugsfähige Ausgaben.

Nr. 1.

Entscheidung des V. Senats vom 29. September 1892 (Entsch. Bd. I. S. 7).

Die Ausgabe für Kleidung, Wäsche und Schuhzeug eines im Büreau beschäftigten Büreauvorstehers ist nicht abzugsfähig, um so weniger, als die Kleidung nicht ausschließlich seiner Berufsarbeit zu dienen hat.

Nr. 2.

Entscheidung des V. Senats vom 27. Oktober 1892 (Entsch. Bd. I. S. 28).

Geleistete Unterstützungen an Eltern 2c. können nicht in Abzug gebracht werden; denn nach § 9 I. 3 des Einkommensteuergesetzes vom 24. Juni 1891 sind von dem Einkommen nur die auf *besonderen* Rechtstiteln beruhenden dauernden Lasten in Abzug zu bringen, wodurch es ausgeschlossen ist, den Betrag eines freiwillig oder auf Grund allgemeiner gesetzlicher Unterhaltungspflicht gewährten Zuschusses von dem Einkommen des Gebers zu kürzen. Anderseits ist allerdings auch eine Steuerpflicht des Empfängers solcher

Unterstützung beseitigt (vergleiche Art. 4 I. 4 b und Art. 4 II. 4 der Ausführungsanweisung vom 5. August 1891).

Nr. 3.

Entscheidung des V. Senats vom 7. November 1892 (Entsch. Bd. I. S. 35).

Freiwillige Unterstützungen von Anverwandten ohne besonderen Rechtstitel (Art. 23 der Ausführungsanweisung) dürfen als steuerpflichtiges Einkommen nicht angerechnet werden. Es ist auch unstatthaft, hierbei zu unterscheiden Unterstützungen, welche vom Auslande fließen, von solchen, welche aus dem Inlande kommen. Eine derartig unterscheidende Behandlung findet weder im Einkommensteuergesetz noch in den Ausführungsvorschriften eine ausreichende Begründung. Denn wenn insbesondere Art. 23 a. a. O. derartige Zuwendungen der Eltern an ihre Kinder (oder umgekehrt) als zur Anrechnung beim Empfänger nicht geeignet bezeichnet, so geht diese Bestimmung offenbar von der rechtlichen Erwägung aus, daß sie objektiv nicht zu denjenigen Hebungen gehören, welche nach § 15 des Gesetzes in der Hand des Empfängers steuerpflichtig sind. Es ist bei der Frage nach der richtigen Besteuerung (hier des Empfängers) die Beurteilung ganz unabhängig davon, ob der Geber die fraglichen Bezüge seinerseits versteuert oder, z. B. als Ausländer, mit denselben nicht zur Steuer herangezogen werden kann.

Nr. 4.

Entscheidung des V. Senats vom 24. November 1892 (Entsch. Bd. I. S. 51).

Den Abzug der Schuldenzinsen von den Jahreseinkünften des Steuerpflichtigen (§ 7 des Gesetzes vom 24. Juni 1891) zum Zweck der Feststellung des steuerpflichtigen Einkommens, hat das Gesetz in § 9 I. Nr. 2 vorgeschrieben, ohne anzudeuten, daß diese Bestimmung — abgesehen von solchen Zinsen, welche auf von der Besteuerung ausgeschlossenen Steuerquellen ruhen — irgend einer Beschränkung unterliege. In der Begründung des Gesetzentwurfs heißt es: „unbedenklich ist der Abzug der Schuldenzinsen und Renten, wobei es auf die Unterscheidung von persönlichen, dinglichen und gewerblichen Schulden.... nicht ankommt.“ Auch in den Verhandlungen des Landtages, sowohl in denen der Kommissionen, als auch in den Plenarverhandlungen, ist davon, daß bezüglich des Abzugs der Zinsen je nach dem rechtlichen Charakter oder der wirthschaftlichen Bedeutung der Schuld, für welche die Zinsen bezahlt werden, zu unterscheiden sei, niemals die Rede gewesen.

Der hieraus zu entnehmenden Folgerung, daß der Abzug der Schuldenzinsen im § 9 I. Nr. 2 des Gesetzes ganz allgemein vorgeschrieben ist, steht die Bestimmung des § 9 II. Nr. 1 des Gesetzes (Art. 4 II. Nr. 1 der Ausführungsanweisung) nicht entgegen. Denn dieselbe, welche gerade zu dem Zweck in das Gesetz aufgenommen ist, um durch den Gegensatz den Sinn der Vorschriften unter I. deulicher hervortreten zu lassen, spricht nicht von der Zahlung von Zinsen, sondern nur von Verwendungen zur Vermögensverbesserung und von Kapitalanlagen. Daß für Aufwendungen dieser Art bei Feststellung des steuerpflichtigen Jahreseinkommens der Abzug nicht gestattet sein kann, ist einleuchtend; anderseits stehen sowohl der Wortlaut des § 9 II. Nr. 1 des Gesetzes, als auch der Begriff des reinen Einkommens, auf welches die nach der Leistungsfähigkeit des Steuerpflichtigen zu bemessende Besteuerung beschränkt ist, dem entgegen, auch den Zinsen eines Kapitals, welches angeliehen und zur Vermögensverbesserung verwendet oder angelegt wird, die Abzugsfähigkeit zu versagen.

Daß also das Gesetz, indem es klar und bedingungslos den Abzug der Schuldenzinsen angeordnet hat, von dieser Regel zugleich für gewisse Zinsen eine Ausnahme gemacht habe, ist aus dem Gesetz nicht ersichtlich. Insbesondere giebt es keinen Rechtssatz, wonach nicht abzugsfähig sind: die Zinsen von zu Spekulationsgeschäften aufgenommenen Kapitalien oder auch nur die Zinsen von Kaufgeldern, welche für Grundstücke, die zu Spekulationszwecken erworben sind, geschuldet werden. Daher ist es gleichgiltig, ob hier — wo es sich nicht um einen Spekulationsgewinn handelt, auf welchen Art. 9 der Ausführungsanweisung Anwendung finden würde — die Absicht des Steuerpflichtigen beim Erwerb der in Rede stehenden Grundstücke auf den durch die erwartete Wertssteigerung zu erzielenden Gewinn gerichtet gewesen ist, und ob die Nutzung, welche die Grundstücke zur Zeit abwerfen, zu dem Erwerbspreise in einem entsprechenden Verhältnisse steht; auch kann dahingestellt bleiben, ob die Grundstücke überall als Bauterrain anzusehen sind oder nicht.

Nr. 5.

Entscheidung des V. Senats vom 16. Januar 1893 (Bd. I. S. 104).

Unfallversicherungsbeiträge, die an Aktiengesellschaften zu entrichten sind, können vom Einkommen abgezogen werden. Der § 9 des Einkommensteuergesetzes vom 24. Juni 1891 schreibt vor: Von dem Einkommen sind in Abzug zu bringen: 6) Die von dem Steuerpflichtigen gesetz- oder vertragsmäßig zu entrichtenden Beiträge zu Kranken-, Unfall-, Alters- und Invalidenversicherungs-, Witwen-, Waisen- und Pensionskassen". Art. 25 Nr. 1 der Ausführungsanweisung des Finanzministers vom 5. August 1891 hebt dazu hervor, daß es keinen Unterschied mache, ob der Zahlung eine gesetzliche, statutarische oder freiwillig übernommene vertragsmäßige Verpflichtung zu Grunde liegt. Aus der Entstehungsgeschichte des § 9 ergiebt sich klar, daß als Abzüge vom steuerpflichtigen Einkommen auch Unfallversicherungsbeiträge, die an Aktiengesellschaften zu entrichten sind, zugelassen sind.

Nr. 6.

Entscheidung des V. Senats vom 17. Januar 1893 (Bd. I. S. 121.)

Zu den vom Einkommen in Abzug zu bringenden Ausgaben gehört auch das Honorar, das ein Vormund für die Verwaltung des Vermögens eines Steuerpflichtigen empfängt. Dies ergiebt sich aus § 9 I. Nr. 1 des Einkommensteuergesetzes vom 24. Juni 1891. Das einem Vormunde von dem Vormundschaftsgericht für eine umfangreiche Vermögensverwaltung der Vormundschaft zugebilligte Honorar ist als eine Vergütung für die mit der Vermögensverwaltung verbundene Thätigkeit des Vormundes anzusehen; es sind Verwaltungsunkosten. Die Verwaltung eines Vermögens aber, welches einer willensunfähigen Person zusteht, für die also ein Dritter eintreten muß, ist die Vorbedingung der Erzielung eines Einkommens; ohne wirtschaftliche Verwaltung kann von der Erwerbung und Erhaltung keine Rede sein. Deshalb sind Ausgaben für diesen Zweck zweifellos abzugsfähig. Die zur Erwerbung, Sicherung und Unterhaltung von Einkommensquellen verwendeten Ausgaben (z. B. die zum Zweck der Erhaltung der Arbeitskraft eines Steuerpflichtigen für ärztliche Behandlung, Badereisen 2c. verwendeten) kommen von dem Einkommen nicht in Abzug.

Nr. 7.

Entscheidung des V. Senats vom 19. Januar 1893 (Bd. I. S. 124).

Zu den von dem Einkommen in Abzug zu bringenden Ausgaben gehören nicht die Aufwendungen eines Geistlichen für Amtskleidung und für Aufnahme anderer Geistlichen oder Vorgesetzten bei kirchlichen Festen, Visitationen ꝛc. Das Einkommensteuergesetz vom 24. Juni 1891 enthält keine Vorschrift, welche dahin ausgelegt werden könnte, daß die zum Tragen einer Uniform verpflichteten Militärpersonen, soweit bei ihnen die Verpflichtung zur Anschaffung der Uniform aus eigenem Einkommen überhaupt in Frage kommen kann, berechtigt seien, die Ausgaben dafür von ihrem der Besteuerung unterliegenden Einkommen in Abzug zu bringen. Ebensowenig besteht aber eine Vorschrift für die zahlreichen Beamtenkategorien, welche, wie z. B. die Eisenbahn-, Post-, Steuer-, Forstbeamten ꝛc., im Dienste eine vorgeschriebene Amtskleidung zu tragen haben. Hätte ein Unterschied zwischen Amtskleidung und gewöhnlicher Kleidung gemacht und in steuerlicher Beziehung die Abzugsfähigkeit der Ausgaben für die erstere zugelassen werden sollen, so würde der Gesetzgeber es nicht unterlassen haben, dies durch eine ausdrückliche Vorschrift im Gesetz selbst zum Ausdruck zu bringen. Auch der Art. 21 der Ausführungsanweisung des Finanzministers vom 5. August 1891, welcher in Nr. 4 die von dem Einkommen der Beamten abzurechnenden Ausgaben aufführt, hat der Ausgaben für Uniformen, Amtskleidungen und dergleichen nicht gedacht. — Was die Aufwendungen aus Anlaß der Aufnahme von Geistlichen bei Kirchenfesten ꝛc. anbetrifft, so werden dieselben, auch wenn sie von jeher üblich gewesen, deshalb doch nicht als eine „auf besonderem Rechtstitel beruhende dauernde Last" im Sinne des § 9 I. 3 des Einkommensteuergesetzes vom 24. Juni 1891 aufgefaßt werden können und dies um so weniger, als die Aufwendungen dafür aus dem zur Bestreitung des Haushalts bestimmten Amtseinkommen zu decken sind. Diese Aufwendungen gehören auch nicht zu den in Art. 4 I. Nr. 1 und 2 der Ausführungsanweisung des Finanzministers vom 5. August 1891 erwähnten, von den Jahreseinkünften in Abzug zu bringenden Ausgaben und sind weder als Geschäftsunkosten nach Art. 21 Nr. 4 a. a. O., noch als Dienstaufwand nach Art. 22 Nr. 1 und 3 daselbst abzugsfähig.

Nr. 8.

Entscheidung des V. Senats vom 7. Februar 1893 (Entsch. Bd. I. S. 168).

Zulagen, welche die Offiziere auf Grund der von ihren Vätern gegenüber der Militärbehörde übernommenen Verpflichtungen beziehen, sind von dem Einkommen der Väter in Abzug zu bringen, weil sie auf besonderem Rechtstitel beruhende dauernde Lasten darstellen (§ 9 I. Nr. 3 des Einkommensteuergesetzes vom 24. Juni 1891 und Art. 23 Nr. 3 der Ausführungsanweisung des Finanzministers vom 5. August 1891). Ist die Verpflichtung zur Gewährung der Zulage von dem Vater mündlich ausgesprochen worden, so bedarf sie zu ihrer Rechtsverbindlichkeit nicht einer schriftlichen Form.

Nr. 9.

Entscheidung des V. Senats vom 2. März 1893 (Entsch. Bd. I. S. 234.)

Die von dem Steuerpflichtigen von seinem Einkommen in Abzug gebrachte Ausgabe „an die Armen" ist keine dauernde und abzugsfähige Last im

Sinne des § 9 I. 3 des Einkommensteuergesetzes vom 24. Juni 1891. Selbst wenn das jüdische Religionsgesetz (5. Buch Moses Kap. 14) bestimmte Leistungen an die Armen vorschreibt, so wird hierdurch doch keineswegs eine erzwingbare Verpflichtung begründet, und kann daher auch von einer dauernden Last im Sinne des Steuergesetzes nicht die Rede sein.

Nr. 10.

Entscheidung des V. Senats vom 2. März 1893 (Entsch. Bd. I. S. 235).

Die Angemessenheit der Höhe der im § 9 Nr. 5 des Einkommensteuergesetzes vom 24. Juni 1891 gedachten „regelmäßigen jährlichen Abnutzung" ist wesentlich Sache der Schätzung, welche die gesetzlich dazu berufenen Kommissionen vornehmen können, ohne von der ihnen durch den § 43 a. a. O. eingeräumten Befugnis zur Anhörung sogenannter „Sachverständiger" Gebrauch zu machen. Der Grundsatz, daß die Schätzung der regelmäßigen jährlichen Abnutzungen von Gebäuden u. s. w. der Nachprüfung im Beschwerdeverfahren entzogen ist, schließt einen auf wesentliche Mängel des Verfahrens gestützten Angriff des Resultats solcher Schätzung nicht aus.

Nr. 11.

Entscheidung des V. Senats vom 7. März 1893 (Bd. I S. 250).

Die Beantwortung der Frage, ob die Kosten für einen Haushälter von dem steuerpflichtigen Einkommen des Hausbesitzes in Abzug zu bringen sind, richtet sich lediglich nach der dienstlichen Stellung desselben. Stecken diese Kosten ortsüblich in den in den Mietsverträgen mitenthaltenen Nebenabgaben, so sind in diesem Falle nicht die wirklichen Kosten, sondern nur die ortsüblichen, prozentualen Beträge in Abzug zu bringen.

Nr. 12.

Entscheidung des V. Senats vom 7. März 1893 (Entsch. Bd. I. S. 250).

1) Der Betrag für Gas- und Wasserverbrauch eines Steuerpflichtigen für seine Haushaltung kann von dem steuerpflichtigen Einkommen desselben nicht in Abzug gebracht werden. Werden dem Vermieter die von demselben für Gas- und Wasserverbrauch der Mieter verauslagten Beträge von den letzteren wiedererstattet neben der besteuerten Miete, so scheiden dieselben einfach für die Berechnung des Einkommens des Vermieters aus; sind dagegen die Beträge für Gas- und Wasser in den zu entrichtenden Mieten mitenthalten, so darf, insoweit der Vermieter vertragsmäßig zur Lieferung von Gas und Wasser verpflichtet ist, nur der ortsübliche, näher festzustellende, prozentuale Betrag hierfür von den Mieten in Abzug gebracht werden.

2) Die Einquartierungskosten tragen den Charakter einer Reichslast (Entscheidung des Ober-Verwaltungsgerichts Bd. V. S. 108) und sind deshalb nach § 9 des Einkommensteuergesetzes vom 24. Juni 1891 nicht abzugsfähig.

Nr. 13.

Entscheidung des V. Senats vom 14. März 1893 (Entsch. Bd. I. S. 281).

Die Ausgaben für Versicherung des Haushaltungsmobiliars gegen Feuersgefahr sind bei Berechnung des steuerpflichtigen Einkommens nicht abzugsfähig;

dies ergiebt sich aus § 9 I. 1 des Einkommensteuergesetzes vom 24. Juni 1891 in Verbindung mit Art. 11 II. Nr. 3 und Art. 18 II. 2 der Ausführungsanweisung vom 5. August 1891.

Nr. 14.

Endurteil des V. Senats vom 24. April 1893 (Entsch. Bd. I. S. 364).

Kommunalsteuern sind nirgends im Gesetz für abzugsfähig erklärt und dies ist auch nach der Entstehungsgeschichte nicht gewollt. Wenn in § 9 I. zu 1 des Einkommensteuergesetzes die zur Erwerbung und Sicherung des Einkommens verwendeten Ausgaben und darunter die Deichlasten, selbst wenn sie unter den Kommunalabgaben einbegriffen sind, für abzugsfähig erklärt sind, so folgt gerade daraus, daß die Kommunallasten an sich von dem Abzuge ausgeschlossen bleiben sollten.

Nr. 15.

Entscheidung des V. Senats vom 24. April 1893 (Entsch. Bd. I. S. 364)

Der § 9 II. 1 l. c. erklärt grundsätzlich die Verwendung zu Geschäftserweiterungen, Kapitalanlagen und Kapitalabtragungen wie einer Amortisationsquote einer Pfandbriefschuld, für nicht abzugsfähig. Wenn eine ausnahmsweise Behandlung zugelassen ist, sofern es sich um solche Verwendungen handelt, „welche lediglich als durch eine gute Wirtschaft gebotene und aus den Betriebseinnahmen zu deckende Ausgaben anzusehen sind“, so ergiebt die Entstehungsgeschichte dieser Gesetzesbestimmung, daß dabei an Abzahlung von Hypothekenschulden überhaupt nicht gedacht ist. Die Worte „gute Wirtschaft“ und „Deckung aus den Betriebseinnahmen“ deuten zudem auch schon sprachlich darauf hin, daß hier nur geringfügige, durch gute Wirtschaft bedingte Ausgaben für Meliorationen im laufenden Betriebsjahre gemeint sind. Als solche kann aber die ratenweise Abzahlung einer Hypothekenschuld nicht angesehen werden. Art. 24 Nr. 2 der Ausführungsbestimmungen bezeichnet daher mit Recht diese Schuldentilgung als nicht abzugsfähig.

Nr. 16.

Entscheidung des V. Senats vom 24. April 1893 (Entsch. Bd. I S. 364).

Die Veranlagungskommission hat die Abzüge für Abnutzungen nach pflichtmäßigem Ermessen zu schätzen und wenn sie hierbei nach den allgemeinen Erfahrungen zur Zulassung von $^1/_2$ % des Feuerkassenwertes der Gebäude gelangt, so ist dieser Satz im allgemeinen der höchstzulässige. (Vergl. Erlaß des Finanzministers vom 7. Febr. 1893, Mitteil. aus der Verw. der directen Steuern Nr. 26 S. 4.)

Nr. 17.

Endurteil des V. Senats vom 18. Mai 1893 (Entsch. Bd. I. S. 385)

Zuwendungen an Stiftungen, deren Entrichtung von dem freien Willen des Steuerpflichtigen abhängig sind, sind nicht abzugsfähig. Dieselben genießen nur dann die Abzugsfähigkeit, sobald sie den Charakter einer dauernden, auf privatrechtliche Verpflichtung zurückzuführenden Belastung tragen.

Nr. 18.

Endurteil des V. Senats vom 25. Mai 1893 (Entsch. Bd. I. S. 387).

1) Nur solche Ausgaben können in Abzug gebracht werden, die sich an die einzelne Einkommensquelle knüpfen oder auf dem Gesammteinkommen lasten und zugleich gesetzlich als abzugsfähig anerkannt sind. Hierzu gehören aber nicht die Abgaben und Leistungen an kommunale oder andere öffentliche Verbände, wohl aber die auf besonderen Rechtstiteln beruhenden Ausgaben. (§ 9 des Einkommensteuergesetzes und Art. 4 der Ausführungsanweisung.) Hat ein Steuerpflichtiger als Gutsherrschaft zu den Kirchenbaukosten observanzmäßig beizutragen, so beruht die Beitragspflicht auf einem bestehenden Rechtsverhältnis resp. einer dem Gesetz gleichstehenden lokalen Norm und nicht auf einen besonderen Rechtstitel und ist deshalb als abzugsfähige Ausgabe nicht anzuerkennen.

2) Ebensowenig sind die Kosten für den Neubau eines Schafstalles, der für einen alten baufälligen errichtet werden mußte, nicht abzugsfähig. Bei solchen im landwirtschaftlichen Interesse durchaus gebotenen Ausgaben für „Ersatzbauten" ist daran festzuhalten, daß das Gesetz und die Ausführungsbestimmungen den Abzug eines angemessenen Prozentsatzes für die Gebäudeabnutzung ausdrücklich zulassen und damit die steuerfreie Ansammlung eines Baufonds gestatten.

Nr. 19.

Entscheidung des V. Senats vom 25. Mai 1893 (Entsch. Bd. I. S. 387).

Hat der Steuerpflichtige bezüglich seines auswärtigen Besitztums keine Ertragsberechnung vorgelegt, sondern auf Schätzung gemäß § 27 des Einkommensteuergesetzes, Art. 30 der Ausführungsanweisung angetragen, so gehören zu den dabei der Schätzung unterliegenden Faktoren auch insbesondere die Absetzungen für Abnutzung von Gebäuden, Maschinen 2c. (§ 13 a. a. O., Art. 30 Abs. 4, Art. 11 III. a. a. O.) Ist einmal der nach obigen Bestimmungen zugelassene Weg zur Gesammtschätzung des Reinertrags gewählt, dann liegt in dem ermittelten Reinertrage auch schon jener Abzug für Abnutzung; ihn daneben besonders zur Geltung zu bringen, ist unzulässig.

III.

Berücksichtigung der persönlichen Leistungsfähigkeit.

Nr. 1.

Entscheidung des V. Senats vom 26. September 1892 (Entsch. Bd. I. S. 4).

Die Verpflichtung zum Unterhalte mittelloser Verwandten beeinträchtigt im allgemeinen wesentlich die wirtschaftlichen Verhältnisse der Steuerpflichtigen und ist seitens der Berufungskommission zu prüfen, ob in einem solchen Falle die Bestimmungen im § 19 des Einkommensteuergesetzes gehörig gewürdigt sind.

Nr. 2.

Entscheidung des V. Senats vom 2. Januar 1893 (Entsch. Bd. I. S. 90).

Eine die Leistungsfähigkeit der Steuerpflichtigen wesentliche Beeinträchtigung wirtschaftlicher Verhältnisse ist auch da nicht ausgeschlossen, wo es sich um Einkommen nur aus Kapitalvermögen handelt. Der § 19 des Einkommensteuergesetzes vom 24. Juni 1891 bestimmt: „Bei der Veranlagung ist es gestattet, besondere die Leistungsfähigkeit der Steuerpflichtigen wesentlich beeinträchtigende wirtschaftliche Verhältnisse in der Art zu berücksichtigen, daß bei einem steuerpflichtigen Einkommen von nicht mehr als 9500 Mark eine Ermäßigung der im § 17 vorgeschriebenen Steuersätze um höchstens drei Stufen gewährt wird." Derselbe spricht also nicht von wirtschaftlichen Verhältnissen, welche die Leistungsfähigkeit des Steuerpflichtigen beeinträchtigen. Unter „Leistungsfähigkeit" im Sinne des § 19 a. a. O. ist nicht Arbeitsfähigkeit oder die Möglichkeit, wirtschaftlich thätig zu sein, zu verstehen, sondern sie bedeutet den Umfang und das Maß der Fähigkeit, aus eigenem Vermögen Beiträge für Zwecke des Steuerberechtigten herzugeben. Eine Beeinträchtigung dieser Leistungsfähigkeit kann durch Umstände, welche nicht zu den gesetzlich gebilligten Abzügen führen, nicht bloß bei dem Arbeitseinkommen im engeren Sinne, sondern bei jeder Art von Einkommen eintreten, insbesondere also auch bei solchen aus Kapitalvermögen oder Grundvermögen im Falle der Verpachtung oder Vermietung.

Nr. 3.

Entscheidung des V. Senats vom 4. Mai 1893 (Entsch. Bd. I. S. 376).

Für die beantragte Steuerermäßigung auf Grund des § 19 des Einkommensteuergesetzes macht es an sich keinen Unterschied, ob die in Betracht kommenden, die Leistungsfähigkeit eines Steuerpflichtigen wesentlich beeinträchtigenden wirtschaftlichen Verhältnisse durch eigene Entschließung desselben herbeigeführt sind oder nicht. Es ist vielmehr nach den gegebenen thatsächlichen Unterlagen in ihrer Gesammtheit zu prüfen, ob die behaupteten Verhältnisse derartige sind, daß sie zu einer Ermäßigung im Sinne des § 19 Anlaß geben können und wenn dabei auch der Umstand, daß diese Verhältnisse ohne den freien Willen des Steuerpflichtigen nicht vorliegen würden, immerhin für die Würdigung mit von Bedeutung sein mag, so genügt doch dieser Umstand keineswegs für sich allein, um die Anwendbarkeit des § 19 von vornherein auszuschließen.

IV.

Steuerveranlagung und Beanstandungsverfahren.

Nr. 1.

Entscheidung des V. Senats vom 27. October 1892 (Entsch. Bd. I. S. 23).

Der Steuerpflichtige, welcher die ihm nach § 30 des Einkommensteuergesetzes obliegende Steuererklärung nicht innerhalb der vorgeschriebenen Frist abgegeben hat, hat das Rechtsmittel der Berufung gegen seine Einschätzung für das laufende Steuerjahr kraft des Gesetzes verloren.

Die erst in der Beschwerdeschrift angeführten Entschuldigungen können, auch wenn sie unter Beweis gestellt werden, nach Maßgabe des § 44 a. a. O. nicht berücksichtigt werden.

Nr. 2.

Entscheidung des V. Senats vom 27. Oktober 1892 (Entsch. Bd. I. S. 27).

1) Nach § 43 des Einkommensteuergesetzes vom 24. Juni 1891 und Art. 66 der dazu ergangenen Ausführungsanweisung des Finanzministers vom 5. August dess. Js. kann eine genaue Feststellung der Einkommensverhältnisse veranlaßt und zu diesem Zwecke persönliche Verhandlung mit dem Steuerpflichtigen über die für die Besteuerung erheblichen Thatsachen herbeigeführt, dabei auch nach Art. 57 I. Nr. 3 insbesondere von dem Steuerpflichtigen die Vorlage seiner Bücher verlangt werden. Es trifft die Berufungsinstanz demnach kein Vorwurf der Rechtsverletzung oder eines Mangels des Verfahrens, wenn zum Erweise des behaupteten Mindereinkommens aus dem Geschäfte die Büchervorlage verlangt wurde. Auch ist sie berechtigt, die Einsicht der vollständigen Bücher der in Betracht kommenden Jahrgänge zu verlangen und es sich nicht an der Einsicht des Schlußresultates genügen zu lassen, weil nur durch die erstere die Ueberzeugung zu gewinnen ist, ob der Steuerpflichtige die in steuerlicher Beziehung erheblichen Gesichtspunkte bei der Buchführung überall hat leitend sein lassen und die gezogenen Resultate demnach auch für die Steuerveranlagung maßgebend sind. Daß hierbei eine besondere Rücksicht gegen Sozietätsverhältnisse geübt werden müsse, ist weder durch die bestehenden Vorschriften verlangt, noch liegt es in der Natur der Sache.

2) Die Ausführung, daß das Gesetz es unmöglich beabsichtigt haben könne, einen Kaufmann vor die Alternative der freiwilligen Steuerzahlung bezw. des Verzichts auf die Rechtsmittel oder der Preisgabe seiner Geschäftsverhältnisse an jeden fremden Kaufmann zu stellen, trifft nicht zu, da nicht jeder fremde Kaufmann, wenigstens nicht wider Willen des Zensiten, in Betracht kommt, sondern nur die Mitglieder der Kommissionen, welche nach § 52 des Gesetzes dem Vorsitzenden mittels Handschlages an Eidesstatt zu geloben haben, daß sie die bei den Verhandlungen zu ihrer Kenntnis gelangenden Verhältnisse der Steuerpflichtigen strengstens geheim halten werden und überdies wegen unbefugter Offenbarung solcher Verhältnisse durch § 69 des Gesetzes mit Strafe bedroht sind.

3) Ebenso irrig ist schließlich die Meinung, daß die Versicherung an Eidesstatt jeden anderen Beweis müsse ersetzen können. Ein solches Beweismittel ist im Gesetz überhaupt nicht vorgesehen und nach Art. 57 III. der Ausführungsanweisung, wenn unaufgefordert angeboten, nicht anzunehmen.

Nr. 3.

Entscheidung des V. Senats vom 3. November 1892 (Entsch. Bd. I. S. 31).

Die Vorschriften über die Beanstandung der Steuererklärung beziehen sich auf alle, also auch auf die in Folge besonderer Aufforderung oder freiwillig abgegebener Steuererklärungen. Bei Nichtbeachtung derselben leidet die erste Einschätzung an einem wesentlichen Mangel des Verfahrens, auf dessen Beseitigung event. in der Berufungsinstanz hingewirkt werden muß.

Nr. 4.

Entscheidung des V. Senats vom 14. November 1892 (Entsch. Bd. I. S. 41).

Liegt ein an sich nach Art. 51 der Ausführungsanweisung zulässiges Gesuch auf Verlängerung zur Abgabe der Steuererklärung vor, ohne daß auf dasselbe seitens der zuständigen Behörde ein bewilligender oder ablehnender Bescheid ergangen ist, kann die Berufung gemäß § 30 Abs. 1 des Einkommensteuergesetzes nicht ohne weiteres als verwirkt erachtet werden.

Sinn und Zweck der im § 30 a. a. O. gegebenen Bestimmung weist darauf hin, daß nur derjenige davon getroffen werden soll, welcher sich seiner staatsbürgerlichen Pflicht zur Steuererklärung entziehen will. Das letztere kann bezüglich eines ohne Bescheid auf sein Fristgesuch gebliebenen Zensiten keineswegs angenommen werden, vielmehr war derselbe sehr wohl zu dem Glauben berechtigt, daß die Gewährung des Gesuches keinen Anstand finden würde.

Die Annahme, daß der Pflichtige vor Eintritt des Hindernisses seiner Erklärungspflicht genügen oder die Aufstellung durch einen anderen habe bewirken können, ist irrig. Ganz abgesehen davon, daß niemand in der Lage ist, vorauszusehen, ob in der zweiten Hälfte oder im letzten Drittel der Frist eine Erkrankung eintreten wird, liegt der Begründung der Vorentscheidung anscheinend die Auffassung zu Grunde, daß Hindernisse im Laufe der Zeit vom 4. bis 20. Januar keine Beachtung verdienen, sofern nur ein Teil dieser Zeit hindernisfrei war. Der Satz ist in dieser Allgemeinheit unrichtig; an und für sich wird gewiß nicht jedes minimale Hindernis für ausreichend zu erachten sein; es mag auch unter Umständen angängig sein, ein im Anfange der Frist bestehendes Hindernis für unwesentlich zu erklären, wenn noch ein nach Lage des Falles ausreichender Zeitraum für Abgabe der Erklärung offen blieb. Dagegen verliert der Steuerpflichtige ersichtlich einen Teil der Frist, wenn er in den letzten Tagen behindert ist; anderseits ist es nicht gestattet, ihn darauf zu verweisen, er hätte in den ersten Tagen seine Erklärung abgeben sollen in Voraussicht auf Ereignisse, die er nicht voraussehen konnte. Das Gesetz beruht im Allgemeinen auf der Voraussetzung, daß, wer in der Zeit vom 4. bis 20. Januar die Steuererklärung abgeben muß, dies auch während dieser Zeit thun kann.

Nr. 5.

Endscheidung des V. Senats vom 1. Dezember 1892 (Entsch. Bd. I. S. 66).

Soll das Gesamteinkommen eines Steuerpflichtigen in Ermangelung genügend sicherer Feststellung des Einkommens nach den einzelnen Quellen auf Grund von Wahrnehmungen über seine Lebensweise und seinen Aufwand geschätzt werden (Art. 43 I. der Ausführungsanweisung des Finanzministers vom 5. August 1891), so muß ihm nach § 38 des Einkommensteuergesetzes vom 24. Juni 1891 hiervon Mitteilung gemacht werden, damit er, wie das Gesetz will, vor Feststellung der Steuer zur Widerlegung der Bedenken und zur Aufklärung der in Betracht kommenden Verhältnisse Gelegenheit erhält. Das Unterlassen dieser Mitteilung ist ein wesentlicher Mangel des Verfahrens.

Nr. 6.

Entscheidung des V. Senats vom 1. Dezember 1892 (Entsch. Bd. I. S. 69).

Jeder Steuerpflichtige über 3000 Mark Einkommen hat in der vorgeschriebenen Zeit ohne jede besondere Aufforderung die Steuererklärung bei

Verlust des Beschwerderechtes einzureichen. Seine Sache ist es, wenn er in der qu. Zeit verreist ist, Vorkehrungen zu treffen, daß diese Frist inne gehalten wird. Eine besondere Zuschickung des Formulars kann keiner beanspruchen, nur die Gelegenheit zur kostenlosen Abholung desselben in seiner Gemeinde hat er zu fordern. (Art. 52 Abs. 2 der Ausführungsanweisung vom 5. Aug. 1891.)

Nr. 7.

Entscheidung des V. Senats vom 2. Januar 1893 (Entsch. Bd. I S. 87).

Nachdem der Steuerpflichtige eine Steuererklärung abgegeben hat, muß, wenn gegen die Richtigkeit der Angaben Bedenken zu erheben sind, hiervon dem Pflichtigen unter Mitteilung der Gründe Kenntnis gegeben werden. Wird die vorschriftsmäßige Steuererklärung nicht beanstandet, so ist die Veranlagungskommission gehalten, die Angaben des Pflichtigen seiner Veranlagung zu Grunde zu legen (§ 38 des Einkommensteuergesetzes vom 24. Juni 1891). Die Beanstandung liegt dem Vorsitzenden der Veranlagungskommission ob (Art. 55 a. a. O.) und soll den Pflichtigen darüber unterrichten, in welchen Punkten seine Angaben nicht genügen und der Aufklärung oder des Nachweises bedürfen. Erst dann, nachdem dem Pflichtigen im Beanstandungsverfahren die des Nachweises bedürfenden Punkte bezeichnet und die erforderlichen Beweise nicht erbracht waren, kann letzterer Umstand dem Pflichtigen zum Nachteil angerechnet werden.

Nr. 8.

Entscheidung des V. Senats vom 12. Januar 1893 (Entsch. Bd. I. S. 97).

In den gesetzlichen Vorschriften findet das Verlangen, daß eine „Selbsteinschätzung" des Pflichtigen dessen Veranlagung zu Grunde gelegt werden müsse, keinerlei Unterstützung. Insbesondere bilden die den Steuerpflichtigen obliegenden Steuererklärungen nur ein wesentliches Mittel, nicht aber die alleinige Grundlage für die Veranlagung (Art. 47 Nr. II. der Ausführungsanweisung des Finanzministers vom 5. August 1891), und nach § 38 Abs. 3 des Einkommensteuergesetzes vom 21. Juni 1891 sind die Kommissionen bei Schätzung des Einkommens an die Angaben des Pflichtigen nicht gebunden, sobald an der Richtigkeit einer Steuererklärung trotz gegebener Erläuterungen infolge von Beanstandung Zweifel bestehen bleiben.

Nr. 9.

Entscheidung des V. Senats vom 17. Januar 1893 (Entsch. Bd. I. S. 116).

Ist eine besondere Aufforderung des Vorsitzenden der Veranlagungskommission an einen Steuerpflichtigen auf Einreichung seiner Steuererklärung ergangen, so hängt die Rechtzeitigkeit der letzteren nicht von der Innehaltung der durch die öffentliche Bekanntmachung (§ 24 des Einkommensteuergesetzes vom 24. Juni 1891) vorgeschriebenen Frist, sondern davon ab, ob die in der Aufforderung (§ 25 a. a. O.) gestellte Frist beobachtet war.

Nr. 10.

Entscheidung des V. Senats vom 10. Februar 1893 (Entsch. Bd. I S. 171).

Nach § 43 Abs. 2 des Einkommensteuergesetzes vom 24. Juni 1891 in Verbindung mit Art. 66 Nr. 1 und 2 und Art. 57 I. der Ausführungsanweisung vom 5. August 1891 steht der Berufungskommission und deren Vorsitzenden das Recht zu, die zur Feststellung der Vermögens- und Einkommensverhältnisse der Steuerpflichtigen erforderlichen Erhebungen zu veranlassen, insbesondere von dem Pflichtigen die Vorlegung seiner Geschäftsbücher zu verlangen. Der Art. 57 II. a. a. O. verordnet ferner, daß die Vorlegung der Bücher u. s. w. in der Sitzung vor versammelter Kommission stattfinden, die Kommission aber auch ihren Vorsitzenden oder ein einzelnes Mitglied mit der Erledigung der beschlossenen Beweisaufnahme beauftragen könne. Schon hieraus muß geschlossen werden, daß der Steuerpflichtige verpflichtet ist, der Kommission oder deren Vorsitzenden oder endlich dem beauftragten Mitgliede der ersteren seine Geschäftsbücher vorzulegen, nicht aber einem Dritten, der etwa, ohne Mitglied der Kommission zu sein, oder zu den bei der Steuerveranlagung beteiligten Beamten zu gehören, von der Kommission mit der Einsicht der Bücher betraut werden sollte, es sei denn, daß der Steuerpflichtige sein Einverständnis damit erklärt. Die Richtigkeit dessen wird durch die Bestimmungen der §§ 52 und 69 des Einkommensteuergesetzes wesentlich unterstützt, wonach einerseits die Mitglieder der Kommission zu geloben haben, daß sie die bei den Erörterungen zu ihrer Kenntnis gelangenden Verhältnisse des Steuerpflichtigen strengstens geheim halten werden, während anderseits die bei der Steuerveranlagung beteiligten Beamten kraft ihres Amtseides zur Geheimhaltung verpflichtet sind. Nur für die bei der Steuerveranlagung beteiligten Beamten und die Mitglieder der Kommission sind Strafvorschriften für den Fall gegeben, daß sie die zu ihrer Kenntnis gelangten Erwerbsverhältnisse rc. eines Steuerpflichtigen unbefugt offenbaren sollten. Diese Strafvorschriften würden auf Dritte — Nichtbeamte und Nichtmitglieder der Kommission — nicht ausgedehnt werden können, weil eine analoge Anwendung von Strafgesetzen rechtsgrundsätzlich unstatthaft ist.

Nr. 11.

Entscheidung des V. Senats vom 23. Februar 1893 (Entsch. Bd. I. S. 187).

Das Einkommensteuergesetz vom 24. Juni 1891 sieht eine Beweisführung durch Vertrauensmänner im Sinne des Einkommensteuergesetzes vom $\frac{\text{1. Mai 1851}}{\text{25. Mai 1873}}$ nicht mehr vor, es bleibt vielmehr der Steuerpflichtige selbst für alle seine Angaben in der Steuererklärung oder auf Befragen von zuständiger Seite oder zur Begründung eines Rechtsmittels event. unter der Gefahr bestraft zu werden (§§ 66 und 67 des Einkommensteuergesetzes vom 24. Juni 1891) verantwortlich.

Nr. 12.

Entscheidung des V. Senats vom 23. Februar 1893 (Entsch. Bd. I. S. 193).

Nach Art. 57 der Ausführungsanweisung darf die Veranlagungskommission, falls ihr die erforderliche Kenntnis der Einkommens- und Vermögensverhältnisse eines Censiten noch fehlt, nicht davon absehen, nach Maßgabe der ihr zu diesem Zwecke beigelegten Befugnisse (Befragung des Steuerpflichtigen, Vernehmung von Zeugen rc.) diejenigen Mittel zur Aufklärung der Verhältnisse anzuwenden, von denen sie einen Erfolg erwarten kann.

Nr. 13.

Entscheidung des V. Senats vom 6. März 1893 (Entsch. Bd. I. S. 245).

§ 30 des Einkommensteuergesetzes knüpft an die verspätete Abgabe der Steuererklärung den Verlust der Rechtsmittel, um eine wirksame Nötigung zur Erfüllung der Deklarationspflicht zu gewähren. Nur Umstände, welche für die Entschuldbarkeit der Versäumnis dargethan werden, sollen den Rechtsnachteil ausschließen. Eine Nachfrist kann aber nach schon eingetretener Fristversäumnis zur Steuererklärung überhaupt nicht mehr bewilligt werden. (Art. 54 Abs. 1 der Ausführungsanweisung.)

Nr. 14.

Endurteil des V. Senats vom 14. April 1893 (Entsch. Bd. I. S. 349).

1) Eine unterbliebene Beanstandung der Steuererklärung kann nicht durch eine mit den Zensiten von einem Mitgliede der Veranlagungskommission gepflogene Verhandlung ersetzt werden.

2) Jede erhebliche Erklärung des Steuerpflichtigen kann nur dann zur Grundlage der Entscheidung gemacht werden, wenn sie ordnungsmäßig zu Protokoll genommen oder sonst zu den Akten konstatiert ist.

Nr. 15.

Endurteil des V. Senats vom 21. April 1893 (Entsch. Bd. I. S. 350).

1) Eine die vorgeschriebene und erforderliche Begründung entbehrende Form der Entscheidung bildet einen wesentlichen Mangel des Verfahrens und unterliegt deshalb der Aufhebung. (§§ 44, 46 des Einkommensteuergesetzes.)

2) Sobald ein Zensit zum Erweise der Richtigkeit seiner Angaben die Einsicht der Bücher und sonstigen Beläge anbietet, hat die Veranlagungskommission die angebotenen Beweise zu erheben und zu diesem Zweck die unter Nr. 4 des Art. 55 der Ausführungsanweisung vorgeschriebene Aufnahme einer förmlichen Verhandlung über die Ergebnisse der stattgehabten Beweisaufnahme anzuordnen. Eine Registratur des Vorsitzenden der Veranlagungskommission über einen „mündlichen Bericht" eines Mitgliedes der Veranlagungskommission kann diese Verhandlung nicht ersetzen.

Nr. 16.

Endurteil des V. Senats vom 25. April 1893 (Entsch. Bd. I. S. 367).

Der Steuerpflichtige hat nicht den Beweis für die „Unrichtigkeit seiner Veranlagung" zu erbringen. Seine Sache ist nur, die zur Begründung seines Rechtsmittels erforderlichen Thatsachen und Beweismittel anzuführen. Führt er an, daß sein Einkommen zuvörderst aus Kapitalvermögen bestehe, und tritt er den Zeugenbeweis durch Aufführung der Schuldner und der bedungenen Zinsen an, und sind Anhaltspunkte für ein höheres Kapitalvermögen nicht vorhanden, so darf nur mit dem zugestandenen gerechnet werden.

Nr. 17.

Endurteil des V. Senats vom 1. Mai 1893 (Entsch. Bd. I. S. 370.)

1) Als Verfahrensmangel kann es nicht angesehen werden, wenn dem Zensiten bei der Beanstandung seiner Steuererklärung nicht schon die Gründe mitgeteilt worden sind, welche bei der Entscheidung der Berufungskommission maßgebend geworden sind. Es liegt in der Natur der Sache, daß dies nicht geschehen kann, da erst im Beanstandungsverfahren die Unterlagen für die Veranlagung und im Berufungsverfahren diejenigen für die Entscheidung auf die Berufung gefunden zu werden pflegen.

2) Die Kommission ist in der Auswahl der Sachverständigen nicht beschränkt, am allerwenigsten aber auf das Urteil der vorgeschlagenen „Vertrauensmänner" angewiesen.

Nr. 18.

Endurteil des V. Senats vom 5. Juni 1893 (Entsch. Bd. I. S. 406).

Liegt eine gültige Steuererklärung vor, so muß zur Behebung der nach Ansicht der Veranlagungskommission vorhandenen materiellen Irrtümer nach § 38 Einkommensteuergesetzes, Art. 55 Abs. 5, 6, 7 und Art. 57 I. 4 der Ausführungsanweisung das Beanstandungsverfahren eingeleitet werden. Diese Vorschriften lassen es nicht zu, ohne weiteres von den Angaben des Zensiten abzugehen und eine abweichende Veranlagung vorzunehmen (§ 56 I. Abs. 7, Art. 58 Abs. 2 der Ausführungsanweisung). Event. muß seitens der Berufungskommission das Beanstandungsverfahren nachgeholt werden (Verfügung des Finanzministers vom 13. Mai 1892 und Art. 66 I. Abs. 2 der Ausführungsanweisung.

V.

Rechtsmittel.

Nr. 1.

Entscheidung des V. Senats vom 26. September 1892 (Entsch. Bd. I. S. 4).

Die Berufungsschrift hat bestimmte, zweckmäßige und mit Beweis belegte Angaben zu enthalten und darf sich nicht auf die Auskunft Dritter stützen.

Nr. 2.

Entscheidung des V. Senats vom 29. September 1892 (Entsch. Bd. I. S. 5).

Die Berufungskommission ist nicht von Amtswegen verpflichtet, dem Beschwerdeführer zur Angabe von Beweisen Gelegenheit zu geben, oder über die von ihm beweislos aufgestellten Behauptungen Beweisaufnahmen, z. B. durch Nachfrage nach seinen Geschäftsbüchern, in die Wege zu leiten; es ist vielmehr seine Sache, der Berufungskommission die zur Begründung der Berufung dienlichen Thatsachen vorzulegen und unter Beweis zu stellen (Art. 62 I. Abs. 2 der Ausf.-Anw. vom 5. August 1891). Die Entscheidung der Berufungskommission muß aber die nach der Natur der Sache gebotene, im § 44 des Gesetzes vom 24. Juni 1891 vorausgesetzte und in der Ausführungsanweisung vom 5. August 1891 Art. 66 Nr. 2 Abs. 5 vorgeschriebene Begründung durch Kenntlichmachung der zur Anwendung gebrachten Rechtsnormen enthalten.

Nr. 3.

Entscheidung des V. Senats vom 27. Oktober 1892 (Entsch. Bd. I. S. 24).

Die Beschwerdeschrift kann einen Erfolg hinsichtlich der Berechnung des Einkommens bei gänzlichem Mangel eines Ueberbürdungsnachweises, der übrigens schon in der Berufungsinstanz zu führen ist, nicht haben.

Die Beurteilung der für die Anwendung des § 19 des Einkommensteuergesetzes und deren Maß vorliegenden thatsächlichen Unterlagen unterliegt nicht einer Nachprüfung des Ober-Verwaltungsgerichts.

Nr. 4.

Entscheidung des V. Senats vom 3. November 1892 (Entsch. Bd. I. S. 30.)

Die Berufungskommission hat abweichende Angaben des Beschwerdeführers über die Größe des Grundbesitzes von den in der Veranlagungsinstanz angenommenen Ziffern zu prüfen, widrigenfalls das Verfahren an einem wesentlichen Mangel leidet und die Entscheidung unhaltbar ist.

Nr. 5.

Entscheidung des V. Senats vom 15. Dezember 1892 (Entsch. Bd. I. S. 78).

Wendet sich ein Steuerpflichtiger mit einer Beschwerde an eine inkompetente Behörde, so hat diese die Beschwerde an die kompetente Behörde abzugeben, ohne daß die Zwischenzeit auf die Frist angerechnet wird. Dies ergiebt sich aus § 81 des Einkommensteuergesetzes vom 24. Juni 1891 in Verbindung mit § 3 des Gesetzes über die Verjährungsfristen bei öffentlichen Abgaben vom 18. Juni 1840. Der § 44 des Einkommensteuergesetzes, wonach die Beschwerde seitens des Steuerpflichtigen bei dem Vorsitzenden der Berufungskommission anzubringen ist, steht dem § 3 des Gesetzes vom 18. Juni 1840 nicht entgegen.

Nr. 6.

Entscheidung des V. Senats vom 9. Januar 1893 (Entsch. Bd. I. S. 95).

Den Vorschriften über das Veranlagungsverfahren entspricht es nicht, daß ein Steuerpflichtiger, der Berufung eingelegt hat und einer ihm gemäß Art. 62 der Ausführungsanweisung des Finanzministers vom 5. August 1891 nur vom Vorsitzenden der Veranlagungskommission gewordenen Auflage zur Vorlegung von Geschäftsbüchern keine Folge leistet, das Recht verliert, mit seinen Beweisanträgen in dem Berufungsverfahren fernerhin gehört zu werden. Die Berufungskommission ist nicht befugt, erfolglose Bemühungen des Vorsitzenden der Veranlagungskommission in der Weise zu verwerten, daß sie zunächst zwar den versuchten Beweis für wesentlich erachtet, aber zugleich die Erhebung ablehnt, weil der Zensit die Aufforderung des Vorsitzenden der Veranlagungskommission zu einer Zeit unbefolgt ließ, als sie mit der Sache noch nicht befaßt war und beispielsweise ihre Beurteilung des Wertes der Steuererklärung noch ausstand.

Nr. 7.

Entscheidung des V. Senats vom 17. Januar 1893 (Entsch. Bd. I. S. 116).

Bei Prüfung der Frage, ob nach § 30 des Einkommensteuergesetzes vom 24. Juni 1891 der Verlust des Rechtsmittels eingetreten ist, liegt es der Berufungskommission ob, das gesamte Vorbringen des Pflichtigen zu erwägen, insbesondere auch, was derselbe zur Begründung des Gesuchs um Verlängerung der Frist für die Abgabe der Steuererklärung angeführt hat. Eine Beschränkung allein auf dasjenige, was zur Rechtfertigung der Berufung geltend gemacht ist, widerspricht der Natur der Sache und der Fassung des § 30 a. a. O.

Nr. 8.

Entscheidung des V. Senats vom 24. Januar 1893 (Entsch. Bd. I S. 143).

Nach Einlegung der Berufung ist der Vorsitzende der Veranlagungs-Kommission im Rahmen der ihm übertragenen vorbereitenden Erörterungen zum Erlaß einer Aufforderung zur Steuererklärung nach Art. 62 I Abs. 3 der Anweisung vom 5. August 1891 nicht mehr berechtigt.

Nr. 9.

Entscheidung des V. Senats vom 6. Februar 1893 (Entsch. Bd. I. S. 159.)

Die Entscheidung der Berufungs-Kommission hat mit der Beurteilung der Steuererklärung zu beginnen und die Abweichungen von derselben oder den zu derselben im Beanstandungsverfahren etwa gegebenen Erläuterungen, zu denen sie gegenüber den Anträgen des Pflichtigen gelangt, thatsächlich und rechtlich zu begründen. (Art. 66 Nr. 2 Abs. 5 der Ausführungsanweisung.)

Nr. 10.

Entscheidung des V. Senats vom 14. Februar 1893 (Entsch. Bd. I. S. 182).

Wenn nicht von dem Vorsitzenden der Veranlagungskommission, sondern von dem Steuerpflichtigen wegen angeblich zu hoher Veranlagung Berufung eingelegt ist, muß eine Erhöhung des Steuersatzes im Berufungsverfahren für unzulässig erachtet werden. Dieser in der Verfügung des Finanzministers vom 27. Mai 1892 ausgesprochene und näher begründete Satz führt dahin, daß die Berufungskommission, auch wenn sie den rechtlichen Standpunkt ihres Vorsitzenden teilt, auf die allein von dem Pflichtigen eingelegte Berufung eine Erhöhung der Veranlagung gar nicht vornehmen darf, daß also die Unterlassung ihr keinesfalls zum Vorwurf gereicht, und daß demzufolge auch die Erhöhung im Beschwerdeverfahren unstatthaft ist. Die Beschwerde des Vorsitzenden der Berufungskommission, gegen deren nur auf Anrufen des Steuerpflichtigen ergangene, eine Ermäßigung des veranlagten Satzes aussprechende Entscheidung kann äußersten Falles nur eine Wiederherstellung der Veranlagung erreichen.

Nr. 11.

Endurteil des V. Senats vom 23. Februar 1893 (Entsch. Bd. I. S. 187).

Die Berufungskommission ist befugt, den Steuerpflichtigen unter Mitteilung ihrer Bedenken zu unmittelbarer Auskunft aufzufordern und sie ist zu solchen Erörterungen verpflichtet, nachdem auf das angebotene Beweisverfahren eingegangen und dieses letztere unzweifelhaft zu Gunsten desselben ausgefallen war, sofern sie dessen ungeachtet den bestimmten Erklärungen bezw. Nachweisen des Zensiten und der gehörten Gutachten glaubte nicht folgen zu können. Wenn sie dies unterläßt und außerdem ohne jede Anführung besonderer Entscheidungsgründe, welche dem Pflichtigen die erforderliche Auskunft über die angewendeten Rechtsnormen und darüber geben konnten, weshalb seinen Angaben nicht gefolgt bezw. die Glaubwürdigkeit versagt worden ist, die Berufung verwirft, so liegen wesentliche Mängel des Verfahrens darin, derentwegen die Berufungsentscheidung nicht aufrecht erhalten werden kann.

Nr. 12.

Entscheidung des V. Senats vom 23. Februar 1893 (Entsch. Bd. I. S. 189).

Nach §§ 44, 46 des Einkommensteuergesetzes kann eine Beschwerde gegen die Entscheidung der Berufungskommission nur durchdringen und eine solche Entscheidung nur dann für unhaltbar erklärt werden, wenn dieselbe auf der Nichtanwendung oder auf der unrichtigen Anwendung des bestehenden Rechts, insbesondere auch der von den Behörden innerhalb ihrer Zuständigkeit erlassenen Verordnungen beruht, oder wenn das Verfahren an wesentlichen Mängeln leidet. Es scheiden somit bei der Prüfung der Beschwerdeinstanz vorab alle diejenigen thatsächlichen Anführungen und beigebrachten Beweismittel aus, die die Beschwerde enthält, so daß sich die vorzunehmende Prüfung nur auf das bei Fällung der fraglichen Entscheidung beigebrachte und bekannte thatsächliche Material erstreckt. Neue Anführungen in der Beschwerde können, selbst wenn sie richtig sind, nicht berücksichtigt werden, und der Censit hat sich selbst die Sachlage beizumessen, da er dieselben nicht früher angebracht hat.

Nr. 13.

Entscheidung des V. Senats vom 23. Februar 1893 (Entsch. Bd. I. S. 193).

Wie der Vorsitzende der Veranlagungskommission bezw. diese selbst nach § 35 Abs. 5 bezw. § 38 Abs. 1 des Einkommensteuergesetzes in angethanenen Fällen dem Steuerpflichtigen auch von Amtswegen Gelegenheit zur persönlichen Verhandlung über die für die Veranlagung erheblichen Thatsachen und Verhältnisse gewähren können, so gilt dasselbe nach § 43 Abs. 2 a. a. O. für die Berufungskommission und deren Vorsitzenden.

Nr. 14.

Entscheidung des V. Senats vom 23. Februar 1893 (Entsch. Bd. I. S. 193).

Wenn es auch nach Art. 62 a. a. O. Sache des Pflichtigen ist, die zur Begründung des Rechtsmittels der Berufung erforderlichen Thatsachen und Beweismittel anzuführen, so lassen doch die weiteren, in den Art. 62 und 66 für das Verfahren bei Behandlung der Berufungen gegebenen Vorschriften keinen Zweifel darüber, daß auch in der Berufungsinstanz eine weitere Aufklärung da einzutreten hat, wo der Inhalt der Berufungsschrift einen unmittelbaren und direkten Anlaß dazu giebt.

Nr. 15.

Endurteil des V. Senats vom 4. April 1893 (Entsch. Bd. I. S. 338).

Die Entscheidung der Berufungskommission ist nicht haltbar, sobald sie nicht darüber, weshalb die von dem Censiten beanspruchten Abzüge versagt sind, Auskunft giebt.

Nr. 16.

Endurteil des V. Senats vom 17. April 1893 (Entsch. Bd. I. S. 355.)

Wird nachgewiesen, daß der Steuerpflichtige seine Berufungsschrift am letzten Tage nachmittag 4 Uhr in den für amtliche Sachen im Geschäftslokal befindlichen Briefkasten eingesteckt hat, dessen Leerung nach Aufschrift um 5 Uhr bevorstand, muß die Frist durch Einwerfung der Berufungsschrift in den Briefkasten des Vorsitzenden der Veranlagungskommission als gewahrt angesehen werden.

Nr. 17.

Endurteil des V. Senats vom 18. April 1893 (Entsch. Bd. I. S. 357).

1) Einen Rechtssatz, daß ein Zensit bei abweichenden Auslassungen in der Steuererklärung und den sich daran knüpfenden Verhandlungen überhaupt keinen Glauben verdient, giebt es nicht; vielmehr ist das Beanstandungsverfahren recht eigentlich dazu bestimmt, Aufklärung zu verschaffen und anderweitige Erklärungen des Zensiten, welche dem Gesetze entsprechen, zu erzielen. Ebenso knüpft das Gesetz keine anderen Nachteile an die Nichtbeibringung einer Bilanz für den Kaufmann, als daß er weniger leicht den Nachweis der Ueberbürdung zu führen vermag.

2) Das Einkommensteuergesetz kennt zwar die Art der Beweisführung durch Vertrauensmänner nicht, indessen ist jeder angebotene Beweis von Erheblichkeit seitens der Veranlagungskommission auch thatsächlich zu erheben, sei es selbst oder durch Kommissarien.

Nr. 18.

Endurteil des V. Senats vom 18. April 1893 (Entsch. Bd. I S. 359).

Hat ein Steuerpflichtiger laut protokollarischer Erklärung nach Verhandlung mit einem Kommissar der Berufungskommission seinen in der Berufung gestellten Antrag modifiziert und ist die Berufungskommission demnächst dem so abgeänderten Antrage entsprechend verfahren, so ist der Steuerpflichtige nicht mehr befugt, in der Beschwerdeschrift beim Oberverwaltungsgericht darüber Beschwerde zu führen, daß die Kommission nicht über seine Anträge hinaus noch günstiger für ihn entschieden habe. Nachdem einmal der Zensit selbst die im Protokoll vorgenommene Berechnung des steuerpflichtigen Einkommens vorbehaltlos als richtig anerkannt hat, bestand für die Berufungskommission kein Anlaß, viel weniger eine gesetzliche Nötigung, von Amtswegen den bezüglichen Verhältnissen näher zu treten.

Nr. 19.

Entscheidung des V. Senats vom 6. März 1893 (Entsch. Bd. I. S. 245).

Ueber die Verwirkung des Rechtsmittels hat nicht der Vorsitzende der Veranlagungskommission, sondern nur die über das event. nicht zulässige Rechtsmittel zur Entscheidung berufene Behörde zu entscheiden. (Art. 62 I. Abs. 2 der Ausführungsanweisung vom 5. August 1891.)

Nr. 20.

Entscheidung des V. Senats vom 27. Februar 1893 (Entsch. Bd. I. S. 209.)

1) Ein Hausverwalter ist als solcher nach den maßgebenden Vorschriften des § 53 des Einkommensteuergesetzes vom 24. Juni 1891, des Art. 71 der Ausführungsanweisung vom 5. August 1891, der Verordnung vom 7. September 1879 und der §§ 165, 170 der Zivilprozeßordnung nicht als

eine empfangsberechtigte Person anzusehen, an welche die Zustellung eines für einen Bewohner des Hauses bestimmten Bescheides der Berufungskommission ordnungsmäßig bewirkt werden kann.

2) Das vom Steuerpflichtigen eingelegte Rechtsmittel der Beschwerde soll nach § 44 des Einkommensteuergesetzes vom 24. Juni 1891 binnen vier Wochen bei dem Vorsitzenden der Berufungskommission angebracht werden. Ist das Rechtsmittel irrtümlich bei der Veranlagungskommission angebracht worden, so muß nach der Bestimmung des im § 81 a. a. O. in Bezug genommenen Gesetzes vom 18. Juni 1840 § 3 die Zwischenzeit bis zur Abgabe der Beschwerde seitens der Veranlagungskommission an die zuständige Behörde auf die gedachte Frist angerechnet werden.

VI.
Kosten.

Nr. 1.

Entscheidung des V. Senats vom 19. September 1892 (Entsch. Bd. I. S. 1).

Die Frage, ob und in welchem Umfange der Steuerpflichtige an die Staatskasse Auslagen zu erstatten hat, welche dieser in dem auf Feststellung der Steuerpflicht gerichteten Verfahren, einschließlich der Rechtsmittel (Berufung und Beschwerde), etwa erwachsen sind, ist nicht aus § 49 des Einkommensteuergesetzes, sondern aus § 71 ebendort in Verbindung mit Art. 86, 87 der Ausführungsanweisung vom 5. August 1891 zu beantworten. Die Kostenfrage ist nach dieser Richtung durch das Gesetz vom 24. Juni 1891 in einem besonderen Abschnitte (VIII.) selbstständig und erschöpfend geordnet.

Die aus Anlaß der Beschwerde beim Ober-Verwaltungsgericht entstehenden Kosten fallen hiernach der Staatskasse zur Last; jedoch sind diejenigen Kosten an Porto, Zeugengebühren oder anderen baren Auslagen, welche durch die gelegentlich der eingelegten Rechtsmittel (. . . . Beschwerde an das Ober-Verwaltungsgericht) erfolgenden Ermittelungen veranlaßt werden, von dem Steuerpflichtigen zu erstatten u. s. w. — Eine weitergehende Ausnahme kennt das Einkommensteuergesetz für das Beschwerdeverfahren nicht, folglich erscheint es unstatthaft, etwa in sinngemäßer Anwendung des § 103 des Landesverwaltungsgesetzes eine Verpflichtung zur Erstattung der baren Auslagen des Verfahrens beim Ober-Verwaltungsgericht auszusprechen.

Nr. 2.

Endurteil des V. Senats vom 4. April 1893 (Entsch. Bd. I. S. 331).

Der § 71 des Einkommensteuergesetzes erstreckt sich nur auf diejenigen Kosten, welche — abgesehen von der Steuererhebung — bei der Steuerveranlagung oder durch die gelegentlich der eingelegten Rechtsmittel erfolgenden amtlichen Ermittelungen veranlaßt werden. Wird somit einem Sachverständigen seitens eines Zensiten und nicht seitens der Behörde der Auftrag zur Erstattung eines Gutachtens erteilt, so hat auch dieser als Extrahent die dadurch erwachsenen Kosten allein zu tragen.

Chronologische Zusammenstellung der Entscheidungen.

Datum der Entscheidung.	Seite	Nr.
1890		
9. Dezember	62	74
1891		
12. November	56	14
18 „	24	46
1892		
2. Februar	5	157
2. „	9	164
10. März	43	5
11 „	15	129
14. „	67	6
14. „	67	7
24. „	60	55
28. „	58	48
2. April	22	98
2. „	56	6
11. „	59	49
13. „	68	28
26. „	3	154
26. „	4	155
27. „	21	96
27. „	22	97
3. Mai	6	158
4. „	23	99
4. „	24	45
7. „	47	168
12. „	58	46
12. „	58	47
14. „	47	167
17. „	63	76
18. „	20	27
18. „	23	100
24. „	8	161
24. „	61	72
24. „	62	75
25. „	14	10
30. „	40	70
3. Juni	21	95
9. „	39	66
10. „	61	71
14. „	44	160
15. „	26	49
16. „	54	3
23. „	40	69
23. „	54	15
28. „	45	161
28. „	45	162
4. Juli	35	34
5. „	6	159
6. „	45	163
8. „	46	164
9. „	26	50

Datum der Entscheidung.	Seite	Nr.
9. Juli	33	109
11. „	44	159
16. August	1	5
16. September	9	162
19. „	123	1
21. „	25	47
26. „	57	15
26. „	111	1
26. „	118	1
28. „	48	170
29. „	105	1
29. „	118	2
30. „	3	5
30. „	15	26
4. October	43	158
4. „	62	74
5. „	48	169
6. „	75	1
6. „	78	1
6. „	89	1
7. „	11	168
8. „	34	110
10. „	81	1
19. „	25	48
20. „	94	1
27. „	105	2
27. „	112	1
27. „	113	2
27. „	118	3
29. „	46	165
1. November	19	4
1. „	46	166
1. „	61	73
3 „	89	2
3. „	113	3
3. „	119	4
4. „	5	156
5. „	27	152
7. „	60	54
7. „	106	3
14. „	75	2
14. „	75	3
14. „	114	4
15. „	51	174
17. „	42	72
17. „	42	73
19. „	16	130
19. „	35	112
21. „	82	2
22. „	9	163
24. „	38	38
24. „	76	4
24. „	82	3
24. „	82	4

Datum der Entscheidung.	Seite	Nr.
24. November	106	4
25. "	7	160
29. "	53	179
1. Dezember	55	5
1. "	114	5
1. "	114	6
6. "	52	176
7. "	68	14
8. "	60	53
12. "	70	1
12. "	70	2
12. "	89	3
15. "	43	74
15. "	94	2
15. "	119	5
16. "	49	171
19. "	40	68
22. "	71	3
1893		
2. Januar	112	2
2. "	115	7
5. "	59	50
6. "	3	41
7. "	34	111
9. "	79	2
9. "	119	6
10 "	19	134
12. "	37	37
12. "	59	51
12. "	115	8
13. "	12	169
14. "	18	132
16. "	83	5
16. "	89	4
16. "	95	3
16. "	107	5
17. "	71	4
17. "	71	5
17. "	107	6
17. "	115	9
17. "	119	7
18. "	31	57
19. "	57	16
19. "	58	17
19. "	83	6
19. "	108	7
20. "	76	5
24. "	12	170
24. "	72	6
24. "	77	6
24. "	79	3
24. "	83	7
24. "	90	5
24. "	120	8
30. "	84	8
30. "	96	4
31. "	50	173
31. "	51	175
31. "	65	79
3. Februar	13	173

Datum der Entscheidung.	Seite	Nr.
3. Februar	72	7
3. "	90	6
3. "	90	7
4. "	26	51
6. "	73	8
6. "	73	9
6. "	84	9
6. "	120	9
7. "	2	40
7. "	74	10
7. "	108	8
10. "	115	10
11. "	69	29
13. "	77	7
14. "	80	4
14. "	96	5
14. "	120	10
17. "	11	167
20. "	39	67
20. "	59	52
21. "	66	81
22. "	20	4
22. "	29	54
23. "	74	13
23. "	84	10
23. "	116	11
23. "	116	12
23. "	120	11
23. "	121	12
23. "	121	13
23. "	121	14
27. "	55	4
27. "	97	6
27. "	97	7
27. "	98	8
27. "	122	20
28. "	10	165
28. "	77	8
28. "	84	11
28. "	84	12
28. "	98	9
2. März	108	9
2. "	109	10
3. "	13	171
3. "	13	172
6. "	36	36
6 "	74	11
6. "	98	8
6. "	98	10
6. "	116	12
6. "	122	19
7. "	74	12
7. "	85	13
7. "	109	11
7. "	109	12
8. "	31	56
9. "	91	9
13. "	91	10
13. "	99	11
13. "	99	12

Datum der Entscheidung.	Seite	Nr.	Datum der Entscheidung.	Seite	Nr.
13. März	99	13	14. April	117	14
14. „	10	166	17. „	74	14
14. „	78	9	17. „	87	18
14. „	92	11	17 „	93	13
14. „	92	12	17. „	101	17
14. „	109	13	17. „	102	18
17. „	13	172	17. „	121	16
17. „	78	10	18. „	66	80
20. „	85	14	18. „	122	17
20. „	85	15	18. „	122	18
23. „	41	71	21. „	117	15
24. „	52	177	22. „	1	6
24. „	53	178	22. „	2	6
25. „	31	58	24. „	36	35
27. „	100	14	24. „	87	19
27. „	100	15	24. „	110	14
28. „	63	77	24. „	110	15
4. April	86	16	24. „	110	16
4. „	86	17	25. „	81	6
4. „	121	15	25. „	117	16
4. „	123	2	1. Mai	117	17
5. „	30	55	4. „	88	20
6. „	81	5	4. „	112	3
7. „	18	133	15. „	75	15
7. „	50	172	15. „	88	21
7. „	64	178	18. „	94	15
8. „	29	53	18. „	110	17
10. „	102	19	25. „	111	18
11. „	17	131	25. „	111	19
11. „	67	82	5. Juni	102	20
11. „	93	14	5. „	105	21
11. „	101	16	5. „	118	18

Alphabetisches Register.

Die beigefügten Zahlen verweisen auf die Seiten

A.

F.

G.

O.

P.

T.

U

V.

Druck von Albert Koenig in Guben.

Kolibri 360 GmbH
Ferdinand-Jühlke-Straße 7
99095 Erfurt, Deutschland
produktsicherheit@kolibri360.de